BASTEI LÜBBE

Über den Autor:

**Hardy Krüger**, in Berlin geboren,
wurde bereits in jungen Jahren als Schauspieler berühmt
und hat sich seit einigen Jahren
auch als Schriftsteller einen Namen gemacht.
Hardy Krüger ist auf allen Kontinenten zu Hause
und hat mit seinen Büchern
die klassische Reiseerzählung neu belebt.

Archivbilder:
S. 33 John Reader; S. 48 und S. 49 Archiv Monty Ruben; S. 42 Paramount Pictures Corporation and Malabar Productions, Inc.; S. 79 dpa/Ossinger; S. 105 oben, S. 106, S. 107, S. 112, S. 113, S. 114, S. 115, S. 116 und S. 117 Museum of Church History and Art, Salt Lake City; S. 105 unten, S. 115 Utah Travel Council, Salt Lake City; S. 127 Nicholas J. Eason; S. 132 und S. 133 David Muench; S. 152 Zefa/Damm; S. 168 oben und unten Zefa/Damm; S. 196 C. G. Radliffe; S. 198 Okapia/McHugh; S. 208 und S. 209 Beryl Te Wiata; S. 220 City Art Gallery Collection, Auckland; S. 223 Archiv für Kunst und Geschichte; S. 239 Archiv für Kunst und Geschichte; S. 241 Jean-Pierre Leloir; S. 242 sipa press/Lido; S. 243 Deutsches Institut für Filmkunde; S. 244 Fondation International Jacques Brel; S. 246 Deutsches Institut für Filmkunde; S. 247 Fondation International Jacques Brel; S. 276 Okapia/Bown/OSF; S. 287 Bavaria; S. 302 aus: Sharon R. Keller (Hrsg.), The Jews. A Treasury of Art and Literature, Hugh Lauter Levin Associates Inc., New York, 1992; S. 303, Metropolitan Museum of Art, New York; S. 305, aus: Richard Ettinghausen, Die Kunstschätze Asiens: Arabische Malerei, Editions d'Art Albert Skiva, Genf, 1962; S. 311 Ronald Codrai; S. 335 Bavaria/DRA;
Gauguin-Gemälde:
S. 252 Selbstbildnis oder Bei Golgatha, 1896, Museo de Arte, São Paulo; S. 253 Mädchen mit Mangoblüten, 1899, Metropolitan Museum of Art, New York; S. 261 Frauen und Schimmel, 1903, Museum of Fine Arts, Boston; S. 270 Junges Mädchen mit Fächer, 1902, Museum Folkwang, Essen; S. 282 und S. 283 Woher kommen wir? Was sind wir? Wohin gehen wir?, 1897, Museum of Fine Arts, Boston

Alle Bildtexte schrieb Anita Krüger.

Hardy Krüger

# Weltenbummler

## Willkommen auf fünf Kontinenten

Fotografiert von

Anita Krüger

BASTEI LÜBBE

BASTEI LÜBBE TASCHENBUCH
Band 60433

1. Auflage: 1994
2. Auflage: Dezember 2003

Vollständige Taschenbuchausgabe
der im Gustav Lübbe Verlag erschienenen Hardcoverausgabe

Bastei Lübbe Taschenbücher und Gustav Lübbe Verlag
sind Imprints der Verlagsgruppe Lübbe


Gesamtgestaltung: KOMBO KommunikationsDesign, Köln
Satz: Kremerdruck GmbH, Lindlar
Druck und Verarbeitung: B.o.s.s. Druck und Medien GmbH, Kleve
Printed in Germany
ISBN 3-404-60433-4

# INHALT

**EINE AFRIKANISCHE GESCHICHTE** ist ein Selbstgespräch im Zelt während der letzten dunklen Stunde einer Nacht. Unter dem Kilimanjaro, der für die Afrikaner der Berg des bösen Geistes ist. In dem Buschland, das lange Jahre für mich Heimat war.

Mein Selbstgespräch ist dreißig Jahre weit zurück gewandert. In ein Afrika zurück, das ein großes Abenteuer war. Oder was der junge Mann, der ich einmal gewesen bin, für das große Abenteuer hielt. In einem Land, das aus roter Erde ist. Mit grünen Hügeln. Unter einem endlos hohen Himmel. Mit dem ungezwungenen Leben von Filmleuten im Busch. An Lagerfeuern. Unter Zelten. Mit Löwen, die nachts an unsere Zelte kommen. Mit halsbrecherischen Fahrten im offenen Jeep zwischen Büffelherden. Beim Aufspüren von Nashörnern im wild verwachsenen Busch. Und später mit dem Wunsch zu bleiben. Eine

Farm zu bauen. An jedem frühen Morgen beim Erwachen sehen dürfen, wie der Schnee auf dem Kilimanjaro seine Farben mischt.

Der junge Mann, der ich einmal gewesen bin, hat sich den Wunsch erfüllt. Die ersten Jahre waren gut. Dann liefen sie auf Abschied zu. Der Mann, der ich geworden bin, hat die Trennung überstehen müssen. Trennung von der Farm. Trennung von Afrika.

Zwei Bücher sind alles, was geblieben ist. »Eine Farm in Afrika« beschreibt die guten, ersten Jahre. »Wer stehend stirbt, lebt länger« stellt den Abschied dar. Ich habe die Trennung für endgültig gehalten.

Bei Aldous Huxley und Somerset Maugham ist zu lesen, sie seien ständig auf der Suche nach einem zweiten Ostafrika gewesen, doch dieser Garten Eden würde sich auf der Welt nicht wiederholen. Ich für mein Teil habe nicht danach gesucht. Im Gegenteil. Ich kehrte in das zurück, was mein Zuhause ist. Die Welt des Films. Und des Theaters.

Bei einer solchen Arbeit traf ich Anita Park aus Illinois. Sie fragte mich nach dem Kilimanjaro aus. Dann sagte sie, daß sie unbedingt eine Safari machen müsse. Eine Safari in das Land meiner Vergangenheit. Und so entstand, zu meiner eigenen Überraschung, ein Wiedersehen mit der Erinnerung.

Nach langem Abstand sind zwei Filme daraus geworden, die der NDR im Winter 1994/1995 senden will. Als Drehvorlage konnte uns eine Geschichte dienen, die ich lange Zeit zuvor als »Selbstgespräch im Zelt« geschrieben hatte. Sie beginnt auf Seite 14.

**IM LAND DER MORMONEN** sind Blätter aus der Zeit der Entstehung eines Filmes über den US-Bundesstaat Utah.

Die Geschichte begann mit Joseph Haydn und einem alten Wohnmobil. Der Komponist ist den Lesern dieses Buches wohlbekannt. Das Wohnmobil hingegen habe ich vorzustellen: Es ist neun Meter lang und ein wahrer Veteran. Wir stromern schon seit Jahren mit ihm durch den noch immer ziemlich wilden Westen von Amerika. (Wir, das sind Luv und ich. Luv ist die Fotografin dieses Buches. In ihrem Paß ist als Name »Anita« eingetragen. Doch ich nenne sie nur in Gegenwart von Fremden so.)

Am Küchentisch des Wohnmobils habe ich schon so manche Geschichte aufgeschrieben. Luv hat deshalb eine Sachbezeichnung für das klobige Gefährt. Wegen der Landkarten am Pinbrett und der fliegenden Blätter auf

der Couch nennt sie es »Schreibwerkstatt auf Rädern«. Ich sehe den Veteranen eher als schützendes Dach über unseren Köpfen. Bei Hagel, Hitzewellen, Tonnenregen. Oder einem Blizzard, wie es ihn unverhofft im Westen gibt. Später dann, wenn das Wetter durchgezogen ist, steht unser Dach in einem weiten Land, ganz allein für sich. Oder neben dem Lagerfeuer einer amerikanischen Familie mitten drin in einem Fichtenwald. Steht an einem See mit Schilf. Steht auch schon mal vor einem roten Fels. Weil wir, ohne uns ins Grundbuch einzutragen, einfach ein Stück Erde nehmen und in dem weiten Land, wenn auch nur auf Zeit, zu Hause sind.

Auf der Suche nach einem Thema für die »Weltenbummler«-Reihe waren wir im Sommer 1992 durch die große Salzwüste gerollt. Als ich im Tabernakel von Salt Lake City Joseph Haydn und seinen »Wundern dieser Welt« begegnet bin, hatte ich gefunden, wonach ich suchte. Wir schlugen am Ufer des Colorado unser Lager auf. Während Luv Fische fing, habe ich die Szenenfolge für unseren Film geschrieben.

Zur gleichen Zeit stellten in Hamburg die Männer des »Weltenbummler«-Teams unsere technische Ausrüstung zusammen. Als ich sie aus einem Postamt vom Rand der Wildnis wissen ließ, daß ich das Konzept beisammen hätte, machten sie sich auf den Weg zu unserem Rendezvous am Fluß. Unsere gemeinsamen Gedanken am Lagerfeuer zu dem Film, den der NDR dann am 11. November 1992 ausstrahlte, stehen in der Geschichte, die auf Seite 76 beginnt.

**MONOLOG AM FLUSS** ist eine Geschichte, die von den Gedanken einer Frau erzählt. Ihr Name ist Phatravadi. Sie lebt in Thailand.

Ebenso wie ihr König ist Phatravadi an dem Fluß aufgewachsen, der breit und braun und träge dem Meer entgegenzieht und auf seinem Weg die Hauptstadt in zwei Teile trennt.

Als kleines Mädchen konnte sich Phatravadi von seinen Ufern nicht fortdenken. Sobald sie sich erwachsen glaubte, kehrte sie ihm dennoch den Rücken und suchte ihr Glück auf einer Schauspielschule für die Studios von Hollywood. Damals sind wir uns begegnet. Als sie zu ihrem Fluß zurückging, mußte ich versprechen, sie in Bangkok zu besuchen. Das Versprechen habe ich erst Jahre später eingelöst.

Mit Dankbarkeit denke ich an eine Zeit zurück, die von ganz besonderem Zauber war. Phatravadi hat mich gelehrt, meine »Augen des Westens« geschlossen zu halten und die Bilder ihres Lebens zu betrachten, wie ein Thai sie sieht. Es waren heitere Bilder, die sie mit Worten für mich malte.

So sah ich beispielsweise ein steinernes Fabeltier, das am Portal des Hauses über die Geburt des neuen Menschen wachte. Ich konnte auch das kleine Mädchen sehen, wie es den breiten Fluß durchschwimmt. Oder wie die Großmutter eine Opfergabe für die Wassergeister windet, aus Orchideen, die noch den Tau der Nacht auf ihren Blättern haben. Ich sah die zwölfjährige Phatravadi im flachen Boot bei einem Mönch, der eine Schale Reis erbittet. Mir gefiel das Klassenzimmer mit der Karte eines Landes an der Wand, das früher Siam hieß und das sich niemals den Eroberern fremder Mächte unterworfen hat.

Es waren viele Bilder. Selbst die Schlangengöttin Naga ist dabeigewesen, und ich habe sehen können, wie sie ihr nasses Haar auswringt und mit dem gewaltigen Wasserstrom die Feinde Buddhas bis ins Meer hinunterspült.

Ein erregend schönes Bild war Phatravadi als junge Frau, die sich hingebend vor ihren Buddha auf den Tempelboden legt.

Es ist in diesem Bild gewesen, daß sie sagte: »In deinen Augen lese ich die ersten Sätze, mit denen du über das Sonderbare unserer Begegnung schreibst.«

Im Herbst 1989 ist zunächst ein Film mit ihr entstanden, den der NDR am 29. Dezember 1990 ausgestrahlt hat.

Als Versuch eines Portraits habe ich jetzt, Jahre später, den Monolog der Phatravadi geschrieben. Er beginnt auf Seite 134.

**AM RAND DER WELT** ist die Geschichte eines Sommers auf Neuseeland. Der Sommer fand im Dezember statt. Bei diesen letzten großen Inseln zwischen Australien und dem Südpol stehen die Jahreszeiten auf dem Kopf. Für Luv und mich war es der erste Flug dorthin.

Während einer späten Nachtstunde auf unserem langen Flug nach Auckland, irgendwo über dem Indischen Ozean, fiel mir eine Sonderheit aus meiner Jugend ein: Im Schulatlas hatten sie Neuseeland an den Rand der Welt gezeichnet, und die rechte Kartenseite endete mit Längengrad 168 Ost.

Da bei solcher Behandlungsweise nun aber fast der gesamte Staat Neuseeland unter den Tisch gefallen wäre, hat der Kartograph eine Erweiterung in den weißen Rand des Kartenblattes gezeichnet, ein kleines Fenster gewissermaßen, und das ließ den Blick frei auf die beiden Inseln bis knapp 178 Ost. Mit diesem Einfall war es dem Mann gelungen, Neuseeland für die Sexta des Jahn-Real-Gymnasiums in Berlin-Lichtenberg zu erhalten.

Nun ist es aber eine weithin bekannte Tatsache, daß ein Teil der Nordinsel sich noch ein Stück über den 178. Längengrad hinaus nach Osten in den Pazifik streckt, ein Umstand, dem der Kartograph nicht mehr hat Rechnung tragen können. Vermutlich sagte sich der gute Mann, wo der Kartenrand zu Ende ist, da sei auch sein Latein am Ende und für ein Neuseeland in Gänze gäbe es somit am Rand der Welt beim besten Willen keinen Platz.

Es ist anzunehmen, daß der unbekannte Kartenzeichner meiner Jugend diese Inseln leider niemals hat besuchen können. Andernfalls hätte er im Schulatlas eine Doppelseite für sie freigemacht.

Dieses Neuseeland ist ein wahres Wunder der Natur. Dem fast durchweg temperierten Australien vorgelagert, leben die Neuseeländer in allen Klimazonen dieser Welt, die von ewigem Eis bis zu subtropischer Flora und saharagleichen Wüstenzonen reichen. Zwischen der Südinsel und der Antarktis liegen allenfalls 2500 Kilometer offene See. Diese rauhe Lage sorgt für vier Jahreszeiten, mit warmen Sommern, Schnee im Winter und Gletschern, deren Eis ins Meer abstürzt.

Die Nordinsel hingegen, wenn auch nur durch eine

Meerenge von 50 Kilometern Breite von der größeren Schwester abgetrennt, kennt so gut wie keinen Schnee, hat Geysire, heiße Quellen, fauchende Vulkane, weiße Strände, ist auch lieblich, voller Blumen und lebt selbst im Winter mit Temperaturen, die sommerlich, von einem warmen Meer beeinflußt, milde sind.

Beide Inseln blieben ganze Ewigkeiten unbewohnt. Die ersten Seefahrer, die sich an ihren Küsten niederließen, waren Kannibalen aus der Südsee, die mit ihren primitiven Auslegerkanus ein Meer bezwungen hatten, das die berühmten Entdecker ihrer europäischen Majestäten lange scheuten. Der Holländer Abel Tasman und der britische Captain Cook segelten erst sechshundert Jahre später in den bis dahin als unbezwingbar angesehenen Pazifik. Ihre Kunde von Ackerboden und Weideland brachte Engländer und Schotten an das andere Ende ihrer Welt. Seither haben sich weiße Menschen und braune Menschen das Land zeitweilig im Frieden, doch meist auf kriegerische Weise teilen müssen.

Wie sie im Verlauf der Jahrhunderte zusammenwuchsen und auf welch buntschillernde Weise sie sich im Jahre 1840 eine Nation gegründet hatten, ist in vielen Büchern nachzulesen, verständlich wurde für mich aber alles erst, als ich auf das Maorimädchen Rima und Jules mit seinem Tiger stieß.

Die Begegnung mit Jules war der Anfang der Neuseelandreise. Er hatte sich in Frankfurt zollfrei eine Kamera gekauft und wollte wissen, ob Luv wohl für die daheimgebliebene Mutter seiner Kinder das eine oder andere Foto schießen würde. Als sich im Gespräch ergab, daß ich Sonntagspilot auf einmotorigen Maschinen war, trug uns das eine Einladung auf die südliche der beiden Inseln ein.

Die Begegnung mit dem Maorimädchen aus dem Norden läßt sich in ebenso knapper Form nicht schildern.

Im Dezember 1990, als über Neuseeland Sommer war, habe ich an der Bay of Islands eine Geschichte über sie geschrieben. Nicht nur über sie. Auch über den Mann mit seinem Tiger.

Im Frühjahr danach sind zwei Filme daraus geworden, die der NDR am 17. und 31. Oktober 1991 ausgestrahlt hat. Die Geschichte unseres Sommers beginnt auf Seite 178.

**HIVA OA** ist die Geschichte von Tod und Liebe auf einer Südseeinsel. Ich bin ein Teil von ihr geworden und gebe unverändert an den Leser weiter, was sich ereignet hat. Alles. Auch das Unerklärbare.

Dieses Unerklärbare steht bereits am Anfang der Geschichte, denn ich habe von meiner Freundschaft zu einem Mann zu berichten, den ich in meinem Leben niemals traf und der mich dennoch, Ewigkeiten später, wie mit einem Zeitmagneten zu seinem Grab auf eine Südseeinsel zog. Der Mann ist Jacques Brel gewesen. Dichter. Liedermacher. Sänger.

Wenn ich die Augen schließe, kann ich sein fahles Gesicht auf der schwarz ausgehängten Bühne des Olympia sehen, und durch meinen Kopf braust das Gedicht über den kalten Wind seiner belgischen Heimat, Le plat pays.

Das Leben des Jacques Brel war kurz. Sein Grab

ist auf einer Insel, die von der Welt vergessen scheint. Sie heißt Hiva Oa, und das Unerklärbare setzt sich hier fort: Auf der gleichen Felseninsel liegt nämlich auch Paul Gauguin begraben. Der Maler hat, genau wie Brel, die letzten Jahre seines Lebens auf Hiva Oa zugebracht. Seine leuchtenden Farben und die goldenen Körper seiner Vahine lassen an Tahiti denken.

Ich wußte nicht, daß Gauguin seine letzten Bilder an einem Strand gemalt hat, der aus schwarzer Lava ist. Das Meer zeigt bei dieser Insel wenig Südseelieblichkeit, und das Grollen des Pazifik war fast körperlich zu spüren, als ich die Gräber von Gauguin und Brel besuchen ging. Aus den Schatten ihrer Gärten sahen mir Gaugins Vahine nach. Sie glaubten, daß ich der Dritte sei. Aus der Welt des Brel war kein Mann mehr übers Meer gekommen. Nun aber lebte ich im Dorf und war ganz sicher der, auf den Brel gewartet hatte. Als ihm seine Krankheit keine Hoffnung ließ. Als er dem Grab des Malers die Frage stellte: »Wird dir das Warten nicht auch allmählich lang, Gauguin? Unser Warten auf den Dritten?«

Das Unerklärbare auf Hiva Oa eröffnete am 18. Oktober 1987 die Reihe »Weltenbummler« beim NDR. Der Film war nach einer unveröffentlichten Erzählung entstanden, in der ich das Paris der frühen sechziger Jahre festgehalten habe und von dem Zeitmagneten schrieb, der mich auf Umwegen zu Jacques Brel in die Südsee holte. Im Sommer 1993 habe ich die alten Texte neu gefaßt und lege sie jetzt erstmals vor. Sie beginnen auf Seite 236.

**BRIEF AUS DUBAI** erzählt von der Wanderschaft eines Beduinenvolkes, das mit sich und aller Welt in Frieden leben will.

Es geht um viel kargen Sand, aus dem Allah Erdöl sprudeln ließ. Es geht um die Suche nach einer neuen Zukunft für diese Enkel wilder Nomaden, deren Leben schon vor der Zeit des Öls keine Armut kannte. Es geht auch um die Weltreligionen Judentum, Christentum und Islam, die mir im Ursprung das gleiche Anliegen zu haben scheinen und die alle drei im kargen Wüstensand des Jezirat Al Arab zu Hause sind. Und schließlich geht es um den Sohn eines beliebten Fürsten seines Volkes.

Mein junger Freund heißt Ahmed bin Sa'id Al Maktoum. Für jeden Araber ist damit erkennbar, daß er Ahmed ist, Sohn des Sa'id, aus der Familie der Maktoum.

Die Bekanntschaft mit Scheich Ahmed geht auf

einen Flug zurück, bei dem wir als Passagiere beieinander saßen.

Ein anderes Mal sind wir uns in Berlin begegnet. Die Mauer war gefallen. Ich konnte meine Frau endlich zu den Stätten meiner Kindheit bringen, die am Rand der Stadt, im Osten, sind. Ahmed fragte nach dem Ziel der Reise. Ich verfiel achtlos in die Erklärungsweise der Berliner. »Es geht darum«, sagte ich, »Luv meine olle Sandkiste zu zeigen.« Als Scheich Ahmed fragte, was so eine Sandkiste wohl sei, erklärte ich ihm den Rand aus Holz zum Abstellen der Eierpampe und beschrieb den märkisch-weißen Sand, in den Berliner Mütter ihre Lieblinge zum Buddeln schicken. Die Größenverhältnisse gab ich aus der Erinnerung mit drei mal drei Metern an. Daraufhin hörte ich Ahmeds Lachen. »Die Sandkiste bei mir zu Haus reicht von Horizont zu Horizont«, sagte er, »vielleicht hat mich deshalb meine Mutter nie zum Buddeln vor die Tür geschickt.«

Anfang 1993 habe ich den Gedanken an Scheich Ahmed herangetragen, einen Film über Dubai zu drehen. Die Zustimmung kam bedenkenlos, als ich ihn aber bat, vor der Kamera beim Erzählen der Geschichte mitzuhelfen, ließ er sich mit der Antwort Zeit. Erst gegen Jahresende hat er zugestimmt. Er nahm das deutsche Filmteam in seinem Land wie alte Freunde auf.

Der NDR plant die Ausstrahlung unseres Filmes für den Winter 1994/1995. Mein Brief aus Dubai ist der Abschluß des zweiten »Weltenbummler«-Buches und ist auf Seite 284 abgedruckt.

# EINE AFRIKANISCHE GESCHICHTE

*Zeit gleicht in Afrika der Landschaft. Beide strecken sich vor dir aus, so weit dein Auge reicht.*

Es liegt daran, daß die Zikaden schweigen. Wenn sie schweigen, wachst du auf. Jeden Morgen ist das so. Es ist die abrupte Stille, die dich weckt. Die Luft hat noch den kalten Biß der Nacht in sich. Auch die Finsternis im Zelt wird noch eine Weile bleiben. Die ganze Nacht sind die Zikaden schrill gewesen. Urplötzlich brechen sie dann ab. Mittendrin. Wie durch den Taktstock eines Dirigenten. Und du wachst auf. Die Rückenmuskeln schmerzen. Das Feldbett ist recht schmal. Und hart gespannt. Das war früher auch schon so. Du brauchst dich nur der Länge nach zu strecken. Streck ganz einfach mal den Schmerz aus deinen Muskeln raus. Und höre dir die Stille an. Tcha. Verschränk die Arme unterm Kopf und warte auf die Ochsenköpfe.

Wie weit ist es zu dem Sumpf von hier? Eine Meile. Höchstens zwei. Nach Nordost. Deine alte Fahrspur lang. Auf die Ansammlung von Lavabrocken zu. »Devil's Dance Hall.« Gar nicht schlecht gewählt, der Name. Kreisrund aufgehäufte Lavabrocken. Wer die wohl so kreisrund hingeworfen hat? Deine alte Spur hat sich wie im Schlangenkurs durch das Teufelszeug gewunden. Heute gibt es deine Spur nicht mehr. Zugewachsen. Und vom Wind verweht. Ist ja ewig lange her. Der Sumpf war früher voll mit Ochsenköpfen. Wenn die losgelegt haben mit dem Gequake, hast du gewußt, daß die Monsune an der Küste angekommen sind. Noch zwei Tage und die Regenwolken sind bei dir am Berg. Regnen sich am Kili ab. Oder schneien neuen Schnee auf sein altes Eis. Der Inder auf Smuckers Farm sagt, der Regen will in diesem Jahr nicht kommen. Deshalb quaken auch die Ochsenköpfe nicht. Jedenfalls nicht die ganze Bande. Das versammelte Orchester quakt ja nur des Regens wegen. Drei oder vier andere legen aber doch schon los. Priester ihres Stammes. Anbeter von Tageslicht. Bißchen dünn, die Stimmen, heute. Hören auch schon wieder auf. Die Priester tauchen ab in braunes Wasser. Das Gras im Sumpf liegt wieder still.

*Junger Leopard. Aus dem Versteck fotografiert.*

Schweigen auch um unser Zelt herum. Kein Vogel singt. Haben Geier Stimmen? Weiß nicht. Aus dem Gedächtnis fortgewischt. Ebenso wie Spurenlesen. Abdrücke im Sand. Huf vom Kudu? Oder Spur vom Buschbock? Hast du mal unterscheiden können. Sehen heute einer wie der andere aus. Tcha. Dauert nicht mehr lange, und die Sterne hören auf zu glitzern. Dann ist die Uhr halb sechs. Das ist eine Sache, die sich niemals ändert. Tageslicht kommt immer um die gleiche Zeit. Abenddämmerung zwölf Stunden später. Unter dem Äquator ist das so. Monatein und monataus. Jeden Tag. Jetzt so wie früher.

Früher ist lange her. Früher war das Mädchen nicht in deinem Leben. Schade. Viel vertane Zeit. Luv. Weck sie nicht auf. Wo waren die Gedanken stehn geblieben? Ach ja. Bei dem Übergang von einst zu jetzt. Dieses Jetzt ist gut. Aber nur, solange du den kleinen Jungen in dir nicht vergißt. Kinder leben glücklich in dem Jetzt, denn das Früher haben sie noch nicht gehabt. So wie Luv. Für viel von dem Früher war in ihrem Leben keine Zeit. Das Kind in ihr ist noch immer da. Wenn sie sich freut, kannst du das sehen. Wie bei dem Leoparden gestern. Luvs Fotos von dem Kerl sind sicher gut. Es war nicht mehr damit zu rechnen, daß der Leopard noch kommt. Ein junges Tier. Nicht viel älter als ein Jahr. Einer von den älteren Burschen hätte sich von deinem bißchen Blätterwerk nicht täuschen lassen. Jede Katze mit Erfahrung ahnt dich und das Mädchen in dem Versteck voraus. Der Kleine gestern hat euch nicht geahnt. Ihr habt unter dem Wind gelegen. Kein bißchen Witterung für den Leopard. Das war gut.

Gut ist auch, wie das Mädchen mit dem Wind umgeht. Luv. Sucht den Wind. Und bleibt in seinem Schatten. Hat schnell gelernt, nicht vor ihm her durch hohes Gras zu gehen. Erstaunlich schnell gelernt. Und auch das andere lernt sie noch. Die andere Art von Wind. Den sie nicht auf Anhieb finden kann. Weil der nur wie Atem ist. Dauert nicht mehr lange, und das Mädchen geht mit dem genauso um. Hebt den Kopf. Wartet auf ein wenig Luft, die sich bewegt. Spürt das Kühle auf den Augen. Wenn sie die Luft auf den Augen fühlt, legt sie sich *unter den Wind* ins Gras. Hat die Witterung des Leoparden. Und spürt das Gras. Hört auf das Hämmern ihres Herzens. Hört das Hämmern nicht in ihrer Brust. Hört ihr Herz im Gras. So ist das. Nicht anders. Es ist gut, daß es so ist. Wir haben noch immer etwas vom Tier in uns. Das Leben in der Stadt läßt den Instinkt verkümmern. Im Busch erinnerst du dich wieder. Tcha. Ist so. Streck dich noch mal aus. Bis Tageslicht hast du noch Zeit. Gott, was das Mädchen schlafen kann.

Bring sie vor dem Frühstück zu den Sümpfen runter. Der Inder auf Smuckers Farm sagt, die Herde steht schon seit Tagen bei den Sümpfen. Und häng das Tankfaß an den Jeep. Bei Smuckers machen sie dir das Faß mit Wasser voll. Schwer zu glauben, daß es Bill Smuckers nicht mehr gibt. War bei weitem nicht mehr jung, aber gedacht als Mann mit sieben Leben. Jagdflieger im Zweiten Weltkrieg. Schlacht über England, wie sie damals sagten. Royal Air Force. Schnauzbart, lang wie die Lenkstange an einem Motorrad. Tcha. Bill Smuckers. Der Inder sagt, es sei Krebs gewesen. Bills Frau soll zurück nach Sussex sein. Oder nach Kent. Wie hat sie doch noch mal geheißen? Dein Gedächtnis für Namen war noch nie viel

*Der Schnee des Kilimanjaro darf nicht sterben.*

wert. Rhonda, oder? Richtig. Rhonda. Schwarzhaarig. Helle Augen. Rhonda. Auf den Hochzeitsfotos war sie hübsch. Der Inder hat von Rhonda die Smuckers Farm gekauft. Sagt er. Schwer zu glauben: Ein Inder und macht Rinder fett. Schlachtvieh. Ist einem Hindu nicht erlaubt, es sei denn, der Mann kommt aus dem Süden. Kerala. Dann ist er vielleicht Christ. Und die Sache könnte stimmen. Fragt sich nur: Was macht Rhonda mit dem Geld? Welche Bank tauscht Schillinge aus Kenia um? Andererseits, was geht dich das an? Nichts. Ein jeder trennt sich von Besitz auf seine Weise. Rhonda verkauft. Und du verschenkst. Oder? Verschenkst die Farm. Siebzehn Jahre Arbeit und dann verschenken. Weil du gegen schlechte Wirtschaft in dem Staat nicht länger kämpfen kannst. Sagst du. Oder aber: nicht länger kämpfen *willst?* In dem Staat auf der anderen Seite des Berges. In Tansania. Können oder wollen. Kommt auf das gleiche raus. Kommt auf das Zurückgeben raus. Das Zurückgeben an Leute, denen das Land einmal gehörte. Ganz am Anfang mal. Weil die Leute auf dem Land zu Hause waren, bevor die Weißen kamen.

Wie lange ist das her? Hundertfünfzig Jahre. Oder? Ja. Die ersten weißen Menschen, die je den Kilimanjaro sahen, sind 1848 hergekommen. Zwei deutsche Forscher waren das. Wie hießen die noch

*Ein Wunder der Natur: der Natron-See.*

mal? Muß passen. Mangel an Gedächtnis, wie gesagt. Tcha. 1848. Für Deutschland hat sich in dem Jahr viel verändern sollen. Märzrevolution. Schwarzrotgold. Paulskirche. Wann die beiden Deutschen am Kilimanjaro wohl erfahren haben, daß es in Frankfurt eine Nationalversammlung gab? Und ob sie wohl froh gewesen sind, als die anderen Weißen kamen? Die Briten? Stanley? Livingstone? Und als dann die Truppen aus den Schiffen stiegen, Fahnen hißten, Bauern aus Europa kommen ließen? Das Land wie einen Kuchen unter sich verteilten und den Kuchen ihren Monarchen schenkten? Als die Jahrhundertwende kam, hat das Land den Ureinwohnern schon nicht mehr gehört. War da schon Kolonie der Britenkrone. Und Kaiserliches Deutsch-Ostafrika. Aber lang gehalten hat das nicht. Sechzig Jahre. Das ist alles. Oder? Ja. Höchstens siebzig. Nach siebzig Jahren hatten die Afrikaner sich das Land zurückgeholt. Im Grunde, ohne viel dafür zu tun. Dann hatten sie »Uhuru«. Also Freiheit. Unabhängigkeit. Und haben mitangesehen, wie die nächsten Weißen kamen. Die Neuen haben Geld gebracht, Maschinen, Ehrgeiz, Habgier, Zuneigung, neue Techniken und neue Waffen. Andere brachten Lebensmittel gegen Hungersnöte. Und Soldaten für den Transport. Lang geblieben sind auch diese Leute nicht. Und wer noch da ist, geht demnächst zurück.

*Hardys erstes Buch. Die Chronik seiner Farm, die Anno 1907 von der deutschen Familie Trappe gegründet wurde.*

Woran das wohl liegt? Weiß nicht. Überlege mal. Du liebst das Land. Und seine Menschen. Bis dahin ist die Sache gut. Aber sie bleibt nur gut, wenn du nicht auf Echo wartest. Deine Zuneigung ist nicht erwidert worden. Kaum anzunehmen, daß sie je erwidert wird. Also. Soll doch die Entscheidung bleiben, wie sie ist: Rhonda verkauft, du gibst zurück. Ein jeder, wie gesagt, trennt sich von Besitz auf seine Weise. Und außerdem: Wenn du dieses Land am Berg hier liebst, mußt du nicht unbedingt ein Stück davon besitzen. Eben. Lern das endlich. Was dir gefällt, das nimmst du dir. Behältst es. Ein paar Wochen lang. Das Land. Den Berg. Den Regenwald. Eine Herde Büffel. Nimm dir den Natronsee. Die roten Farben. Den Fieberbaum. Nimm dir die weite, goldfarbene Savanne.

Früher bist du mal gestromert. Weißt du noch? Was du dir erstromerst, gibst du keinem mehr zurück. Denk mal nach: Hast du den Begriff »Zeit« zurückgegeben? Nein. Nicht zurückgegeben. Im Gegenteil. Fest in dich aufgenommen. Zeit ist vorher das Synonym für Uhr gewesen. Von dem Gedanken hast du dich in Afrika getrennt. Weißt du noch? Es ist fast unmerklich gewesen, als du dir gesagt hast: *Zeit, was ist das schon?* Du hast begonnen, das Leben unter dem Eis des Vulkans zu verstehen und hast gewußt, wie sehr du vorher der Sklave des Begriffes *Zeit* gewesen bist. Wie oft hattest du dir gesagt: *Dafür habe ich keine Zeit,* oder: *So lange kann ich nicht warten.* Und wie oft ist es vorgekommen, damals, bei deinem Leben in Paris, daß dein Telefon geklingelt hat und ein Produzent war außer Atem: *Es ist eine sehr wichtige Sache! Bitte kommen Sie um ein Uhr zu Fouquets!* Wenn auf dem Weg dahin dein Taxi im Verkehr eingekeilt gewesen ist und das Hupkonzert der anderen eingekeilten Autos wurde ohrenbetäubend, fürchterlich, ist Nervosität in dir hochgekrochen: *Ich werde zehn Minuten zu spät kommen!* Hier aber? Unter dem Berg? Wenn der Inder von der Smuckers Farm mit seinem Landrover auf dem Weg zum Markt einen Weizenfarmer vom Westkilimanjaro trifft und sagt: »Laß dich mal wieder sehen«, dann meint der andere: »Gern. Ich komm vorbei. Irgendwann in diesen Tagen.« In Afrika gleicht die Zeit der Landschaft. Beide strecken sich vor dir aus, so weit dein Auge reicht. Tcha. So ist das. Gut, daß du es nicht vergessen hast.

Wenn du jetzt gähnst, wacht das Mädchen auf. Und dann ist da noch etwas: Das Unerklärbare. Dieses Zelt hier. Nimm nur mal das Zelt. Glaubt dir keiner, wenn du das zu Hause erzählst. Wieviele Zelte es wohl gibt, aus kräftiger Plane, gut genäht? Also, Safarizelte. Solche, die du in Nairobi leihen kannst. Wieviele? An die hundert? Nein. Wohl eher achtzig. Immerhin. Und die liegen weiter in Nairobi. Oder sind mit Großwildjägern irgendwo im Busch. Deine Nummer Achtzig aber ist nicht eine unter vielen. Dein Zelt ist ein Wiedersehen mit der Erinnerung. Dieses Zelt war dir einmal vertraut. Unter seinem Dach hast du deine erste Nacht im Busch verbracht. Am Mto wa Mbu, Fluß der Moskitos. Gott, wie lange ist das her? Lange. Aber eigentlich wie gestern erst gewesen. Duke war in seinen besten Jahren. Und du? Weiß nicht. Junger Mann, tcha, Duke Wayne. Lebt nicht mehr. Schon lange nicht mehr. Krebs. Wie so viele. Wie Bill Smuckers. Aber die Jahre damals waren eine gute

Zeit. Mit Howard Hawks. Red Buttons. Monty Ruben. Das ganze Land hat uns gehört. Serengeti. Lake Manyara. Sechs Monate im Jeep. Tiere fangen. Giraffen. Büffel. Dann das Nashorn. Im Ngorongoro-Krater. Und die Forderung von Hawks: Näher ran. Und die Bordwand an der Flanke von dem Biest. Und das Stampfen. Schnaufen. Und dein Lachen. Laut. Vor Angst. Unausweichlich dann das Horn. Erinnerst du dich an das Horn? An das Loch im Blech vom Jeep? An den aufgerissenen Schenkel von dem Mann neben dir? An sein Blut? Trotzdem. So einen Film machst du jederzeit noch mal. Braucht dich einer nur zu rufen. Schade ist, es ruft ja keiner. Schade ist, daß sie solche Filme nicht mehr machen. Bleibt wohl so. Gewöhn dich dran. Tcha. Wo waren die Gedanken stehn geblieben? Richtig. Bei dem Zelt. Glaubt dir zu Hause keiner. Also, wie erzählst du das? Ganz einfach. Wie es gewesen ist. Der Wahrheit nach. Etwa so:

*Das Unerklärbare an der Geschichte um das Zelt ist erst ein paar Wochen alt und beginnt mit einem Ausstatter, den wir in Nairobi suchen. Wir suchen eine Firma, die Zelte verleiht. Ein Zelt soll für uns beide sein, für Luv und mich, das andere wird für zwei Afrikaner gebraucht, die auf einer Safari die guten Geister bei allen Gelegenheiten sind. Beim Aufschlagen des Lagers. Und beim Abbauen der Zelte.*

*Seiten 23 bis 25: Weites Land. In ständig neuem Licht.*

*Besonders, wenn du nicht lange am selben Ort bleibst. Wenn du weit in den Norden willst auf deiner Safari und erst Wochen später dann zum Berg hin stromerst. Wenn du beispielsweise den alten Smuckers fragen willst,ob du dein Lager wieder mal auf seinem Land aufschlagen darfst. Oder ob du die Zelte neben einen Fluß hinstellst und das nächstemal auf den langgestreckten Hügeln der Massai Mara. Außerdem brauchst du die beiden Männer für den zweiten Geländewagen, der eine Ladefläche hat und die Lasten transportiert. Lasten wie beispielsweise das Duschzelt. Oder das andere fürs Klo. Die Tische, Feldbetten, das Wasserfaß und die Lebensmittel: Brot, Käse, Wein. Wenn du Glück hast, deutsches Bier. Und wenn du noch mehr Glück hast, können die beiden Jungs dann auch noch kochen. Soviel zur Erläuterung des Hintergrunds. Nun zum Ablauf des Geschehens. Und zwar der Reihe nach: Luv und ich kommen nach Nairobi. Wir steigen im Norfolk ab. Ich lasse meine Finger durch die gelben Seiten wandern. Ein Buschpilot bietet seine Cessna an, Zelte und zwei Helfer. Der Buschpilot ist Bayer. Sein Name ist Franz Lang. Die Helfer heißen Ben und Joseph. Ich werde mit dem Bayern handelseinig. Wir trinken ein Glas zum Abschluß des Geschäfts. Um genau zu sein: Franz Lang bestellt Kaffee, ich nehme Bier, und das Unerklärbare setzt ein: Der Bayer sagt mit einem breiten Grinsen, die Zelte müßten mir bekannt vorkommen. In dem einen hat nämlich John Wayne gewohnt. Das andere hat einmal mir gehört. Der Buschpilot hat sie in einem Lagerhaus gefunden und preiswert ersteigern können. Allerdings mußte die eine oder andere Plane ausgewechselt werden. Jedenfalls sind das die beiden Zelte. Mit kargen Klappmöbeln ausgestattet. Und mit einer unbezahlbaren Erinnerung. Mit einer Erinnerung, die keiner kennt. Weil nur Duke und ich sie kennen. Duke hat nicht gesprochen. Und ich, sagt Franz, werde das ganz sicher auch nicht tun.*

Tcha. So ist das gewesen. Zwei Tage später ist Luv in meine Erinnerung eingezogen. Sie wollte wissen, welches von den beiden Zelten meines war. Ich konnte es nicht sagen. Es war mir nicht in den Sinn gekommen, ein Zeichen in den Zeltpfahl einzuschnitzen. Tcha. Wiedersehen mit einem Zelt. Nein. Mehr als das. Wiedersehen mit der Erinnerung. Schade, daß sich der Berg in Wolken hüllt. Jeden Tag. Schon beim Aufstellen der Zelte war das so. Und ist so geblieben. Morgens, vor der Dämmerung, denkst du an das Bild, das du von früher kennst. Mit den Wolken auf den Flanken. Und der Schnee nimmt die Farbe von dem frühen Himmel an. Mal sehen, wie das heute wird.

*Seite 27: Erinnerungen an glückliche Jahre im Schatten des Kilimanjaro.*

Dreh dich noch einmal auf den Bauch. Vielleicht hast du ja heute Glück. Das Gesicht der Frau leuchtet in der halben Dunkelheit. Nicht jedes Wiedersehen mit deiner Erinnerung hat sie gut gefunden. Nein. Wie kann sie auch? Das Wiedersehen mit der Stadt ist schlimm gewesen. Nairobi. Begegnung mit dem Leid. Weil es viel zu viele Menschen gibt. Zu viele Neugeborene alle paar Minuten. Kenia hat die größte Geburtenexplosion der Welt. Nicht Indien, wie es immer heißt. Auch nicht China. Wenn es um Neugeborene geht, schlägt Kenia alle Länder. Weil Verhütung unter Katholiken Sünde ist. Weil die Muslime so viele Kinder wollen, wie es nur irgend geht. Und weil die Stämme tief im Busch bis heute nach der Regel leben, daß viele Kinder eine Versicherung für die alten Tage sind. Früher mal hat das gestimmt. Damals war das System im Dorf gesund. Früher hat ein Stamm seine Bedürftigen versorgt. Einem verletzten Bauern haben die Nachbarn Mais und Milch gebracht. Ein Waisenkind ist in die Boma anderer Eltern eingezogen. Den Kranken hat der Medizinmann auskuriert. Ein Alter, der seine Stunde kommen sah, verließ den Kral und ging zum Sterben in den Busch. Dennoch wußten die Leute, was Erbarmen war. Fürsorge. Oder Mitleid. Und heute? Überlege mal: Wissen sie das nicht mehr? Doch. Sie wissen es. Aber das Pendel schlägt jetzt in die andere Richtung aus. Zu der Seite hin, die Notwehr heißt. Wer das System von Fürsorge erhalten will, kann sich Mitleid nicht mehr leisten. Wen das Dorf nicht mehr ernähren kann, den stößt es aus. Und wer ausgestoßen ist, der wandert in die Stadt. Weil da Hoffnung sein soll. Arbeit. Glück. Millionen junger Leute denken so. Und Millionen stoßen auf das Leid. Ziehen mit ihrer Misere in die Blechhütten der anderen Miserablen ein. Und da endet alle Hoffnung dann. Ja. Leid in der Stadt. Und du stehst davor. Schüttelst den Kopf. Du weißt ja noch, was einmal für eine Stadt gewesen ist. Bäume in den Straßen. Blüten überall. Sauberer Himmel. Klare Luft.

*Neue Bilder. Jeden Tag.*

*Seite 29: Erschrecken eines Unerfahrenen: Der junge Elefant wäre fast über das schlafende Krokodil gestolpert.*

Wenig Autos. Treffpunkt im New Stanley. Wie hieß die Bar noch mal unter dem Baum im Freien? Thorntree, glaube ich. Thorntree, ja. Mit White Hunters an dem einen Blechtisch. Und Bernhard Grzimek an einem anderen. Kaum Gedränge auf den Bürgersteigen. Aber Leute anderer Länder. Alle Farben Haut. Weiß, Braun, Gelb. Und Schwarz. Die Schwarzen waren damals schon die Armen. Nicht alle. Aber viele. Wir haben Geld für sie gesammelt. Haben uns gesagt, daß wir niemanden verhungern lassen. Damit war das Gewissen eingelullt. Oder? Ja. Zugegeben. Aber verlorene Hoffnug hat es damals schon gegeben. Nimm nur mal die kleinen Schulhäuser der Missionare. Wenn ein Kikuyu-Junge vierzehn war, haben ihn die frommen Lehrer in die Welt entlassen. In unsere Welt der Weißen. Für uns hat die Schulbildung des Knaben meist nicht ausgereicht. Seine Kenntnisse in Rechnen, Schreiben oder Lesen waren nicht gut genug für eine Zukunft in einem Handelshaus oder einer Bank. Wir haben ihn als »houseboy« angestellt. Zum Wäschewaschen, Bügeln, Unkraut jäten. Wenn er seine Enttäuschung in den Busch zurücktrug, hat ihn das Dorf nicht haben wollen. Seine wenn auch noch so karge Bildung ließ die Stammesbrüder spüren, wie ungebildet sie gewesen sind. Der kleine Kerl war ihnen fremd geworden, und er kehrte in die Stadt zurück. Lebte wieder bei den Weißen. Hatte Bett, Kleidung, Essen, Taschengeld. Mehr als das gab es nicht im Leben. Er gewöhnte sich daran. Tcha. So war das damals. Oder? Ja. Ist so gewesen.

*Leid in der Stadt. In Kenia vermehren sich die Menschen rasanter als in China oder Indien. Die Bevölkerungsexplosion ist auch auf dem Lande Grund zu großer Sorge.*

Im Vergleich zu heute war das ein gänzlich anderes Land. Was gut ist heute, sind die Schulen. Nicht nur in der Stadt. Auch an der Küste. Und tief im Busch. Das kleine Schulhaus der Missionare wird nicht mehr gebraucht, und wer auf der Universität gewesen ist, geht nicht mehr zu seinem Stamm zurück. Nie im Leben. Wer auf der Uni war, geht in die Politik. Arbeitet in den Gerichten, Chefetagen, Supermärkten. Oder in der Zeitungsredaktion. Hinter der Fernsehkamera. Wer was gelernt hat, macht Karriere. Wird rasch reich. Oder? Ja, sieht ganz so aus. Sieht aus wie Wohlstand anhäufen in Windeseile. Und deshalb sieht es auch so aus, als ob sich eine Sache

*Langer Schulweg durch den Busch.*

nicht verändert hat: Ebenso wie damals gibt es heute eine Oberschicht. Und von denen existiert weit entfernt das Volk. In dem Leben hier hat die Leiter wenig Sprossen. Ein paar der Sprossen hat man oben angebracht, die anderen sind unten. Der Abstand zu den Sprossen, die weit oben sind, ist groß. Ob die neuen Leute auf der Leiter oben das eine oder andere für ihr Gewissen tun? Geld sammeln für die Armen? So wie früher? Weiß nicht. Vermutlich ja. Warum auch nicht? Obgleich das wie der Tropfen sein wird, auf dem heißen Stein. So eine Spende kann leicht in den Slums versickern. Es gibt zu viele Menschen, die da leben. Und zu wenige, die Arbeit haben. Kein Wunder, daß sie stehlen gehen. Einbrechen. Überall. Am lichten Tag. Und bei Dunkelheit? Wenn du weiß bist, gehst du im Dunklen besser nicht zu Fuß. Ob das wohl nur für Weiße gilt? Überlege mal: Wie ist das wohl für einen Schwarzen nachts auf der Straße? Für einen, der Geld in seiner Tasche hat? Oder Ringe an den Fingern? Kriegt der auch ein Messer in den Bauch? Meinst du ja oder meinst du nein? Warte. Laß mal nachdenken. Ich meine nein. Der reichgewordene Afrikaner geht schon längst nicht mehr zu Fuß durch seine Straßen. Tcha. So ist das. Ich glaube nicht, daß du dich irrst. Jedenfalls war das der miserable Teil deiner Erinnerung. Deinem Mädchen hast du mit der Stadt nichts Gutes angetan.

Das Wiedersehen war erst im Tsavo wieder gut. Raus aus der Stadt. Und runter von der Asphaltstraße. Nach der Sonne navigieren. Wie grün der Busch geworden ist! Du mußt das Wunder nennen. Wirklich wahr. Wie die Natur sich selbst gerettet hat, das kannst du gar nicht anders nennen. Es hat eine Zeit gegeben, da sah es aus, als würde Tsavo sterben. Anfang der siebziger Jahre, oder? Ja. Ist gut zwanzig Jahre her. Die große Dürre war gekommen. Fast eine Dekade lang. Die Wissenschaftler haben geglaubt, daß der Busch nicht mehr zu retten sei. Auch die Wildhüter haben es gesagt. »Der Tsavo verwandelt sich in eine große Wüste.« Alle haben es gesagt. Nur Simon Trevor nicht. Simon. Der Mann ist immer noch im Tsavo. Mittendrin. Kaum zu glauben, daß Simon lebt. Oder nicht verkrüppelt ist. Dieser Simon Trevor hat immer viel riskiert. Gott, wenn ich noch dran denke! Wie der mit seiner Kamera vor dem alten Elefantenbullen steht! Und der trompetet! Dreht sich im Kreis! Stellt voller Wut die Ohren auf! Und dieser Simon bringt sich nicht in Sicherheit. Das Herz hat mir in die Schläfen hoch geschlagen.

*Seiten 33/34:
Wildhüter
im Tsavo und
berühmter
Tierfilmer:
Simon Trevor.*

Vergesse ich mein Lebtag nicht. Und dann das Bild bei unserem Wiedersehen! Zum Lachen! Erst noch deine Geschichten von dem Mann, wenn der für Disney eine Löwenmutter mit ihren Babys filmt, oder wie der sich in das träge Wasser des Athi River legt, weil er eine Büffelherde an der Tränke drehen will, und wie wir ihn dann im Tsavo aufstöbern, filmt er einen Haufen Elefantenkot! Nein. Nicht den Kot. Simon filmt einen Mistkäfer in dem Elefantenkot. Aber seine Erklärung dazu hat eingeleuchtet. »Es herrscht die Meinung vor, Mensch und Tier seien bewegliche Lebewesen vor dem unbewegbaren Hintergrund der Pflanzenwelt«, hat er gesagt. »In Wahrheit aber wandert auch die Flora über das Land dahin. Der Wind hilft ihr dabei, denn er trägt ihren Samen von Ort zu Ort. Bei dieser Wanderschaft hilft aber nicht allein der Wind. Auch Elefanten und Mistkäfer können Bäume pflanzen. Es ist bekannt, daß ein Elefant täglich tonnenweise Blätter frißt. Mit den Blättern kommt auch der Samen von Akazien oder anderen Bäumen in seinen Verdauungstrakt und wird viele Meilen später wieder ausgeschieden. Ein Samenkorn, das solch eine Behandlung erfährt, ist frisch gehalten, feucht geblieben und deshalb bereitwilliger zum Keimen als eines, das der Wind davongetragen und die Sonne ausgetrocknet hat. Dieses Keimen aber wird erst möglich, wenn ein Mistkäfer des Weges kommt. Der kleine schwarze Kerl vergräbt den großen Haufen Elefantenkot, und der Umzug innerhalb der Natur ist abgeschlossen: Meilenweit vom alten Ort entfernt kann eine neue Schirmakazie wachsen.« Tcha. Simon. Ich seh ihn noch, wie er das erklärt. Und wie er sagt, daß wir über Elefanten eigentlich recht wenig wissen. Weil wir erst vor einem Menschenalter begonnen haben, die Lebensart des Elefanten zu studieren. Was meint er wohl mit einem Menschenalter? Achtzig Jahre? Oder neunzig? Zu Hause schlägst du das bei Brehm mal nach. Oder in der Encyclopedia Britannica.

Auf jeden Fall kam Simon zu dem Schluß, der Mensch solle aufhören, die Natur zu regulieren. »Die Natur kann das alleine besser«, hat er gesagt. »Nimm nur mal die Wiedergeburt des Tsavo.

Kann es ein besseres Beispiel geben? Jahrzehntelang erschien uns der Tsavo so grün wie Englands Wiesen. Wir müssen geglaubt haben, daß dieser paradiesische Zustand ewig währt, jedenfalls erklärten wir den gesamten Busch östlich des Kilimanjaro zum Tierschutzgebiet, und als wir das getan hatten, waren wir sogar noch stolz auf uns. Wir glaubten, das Aussterben der Kreaturen Gottes verhindert zu haben. In Wahrheit aber hatte der Mensch sich erdreistet, in den unerklärbaren Zyklus der Natur einzugreifen. Der Tierbestand vermehrte sich nämlich auf rasante Weise. Die Zahl der Elefanten im Tsavo stieg auf 45 000 an. Um existieren zu können, verkonsumiert ein einzelner Elefant im Durchschnitt 500 Pfund an Grünzeug jeden Tag. Oft reißt er einen ganzen Baum aus der Erde, nur weil er an die zarten Blätter in der Krone will. Wenn nun ein jeder dieser 45 000 Elefanten täglich 500 Pfund Grünzeug frißt, muß der Busch zur Ernährung dieser Tiere allein in unserer Region 225 Tonnen Gras und Blätter an jedem Tag des Jahres wachsen lassen.

Das hat der Tsavo nicht gekonnt. Die Herden fraßen sich durch die Wälder und ließen Ödland hinter sich zurück. Also begann der Mensch zu regulieren. Das Regulativ hieß »Auslese«. Die Entscheidung, welche Tiere an der Fortpflanzung gehindert wurden, überließ der Mensch nicht länger der Natur. Er begann abzuschießen, was er nicht für überlebenswichtig hielt. Prompt erregte sich darüber, was wir »Öffentliche Meinung« nennen. Das Ergebnis war eine gewisse Ratlosigkeit. Und zwar weltweit. Besonders aber hier im Busch. In diesem Zustand der Pause holte sich die Natur zurück, was ihre ureigene Sache ist. Vom Menschen anfangs unbemerkt, machte sie sich an das Wunder. Die große Trockenzeit setzte ein. Jahr um Jahr um Jahr. Die Pflanzenwelt verdorrte. Aus dem Tsavo wurde eine große Wanne Staub. Die Elefanten verdursteten oder gingen an Hunger ein. 10 000 Elefantenkadaver lagen in dem Staub. Das Festmahl der Geier streckte sich über Wochen hin. Dann, und zwar lang bevor die Marabus mit ihren Aufräumarbeiten fertig waren, setzte der große Regen ein. Jahr um Jahr um Jahr. Aus hartgebackenen Sümpfen schoß wieder Gras. Verdorrte Bäume wurden grün. Neue Büsche wuchsen zwischen staubigem Gestein hervor. Aus der Wüste Tsavo ist abermals ein grüner Park geworden. Der Mensch sollte aus diesem Ereignis lernen. Wir hier im Tsavo sind auf dem besten Weg dazu. Wir verstehen es jetzt, die Natur

*Seiten 36/37:
In den Sümpfen
der Amboseli.*

allein zu lassen. Wenn wir ihren Zyklus regulieren wollen, richten wir nur unvorhersehbaren Schaden an.«

Tcha. Simon. So hat er das erzählt. Luv will jetzt öfter auf Safari gehen. Mir wäre das schon recht. Mal sehen. Am besten bringst du sie noch vor dem Frühstück zu den Sümpfen runter. Um die Zeit hat sie gutes Licht für die Elefantenherde, die da stehen soll. Danach gibt es endlich Spiegeleier. Mit Weißbrot. Gräßlich. Englisches. An dem Weißbrot kann einer sehen, wo die Briten einmal Kolonien hatten. Rings um die Welt. Wenn du Weißbrot siehst, dieses eckige, haben die Briten das als eines ihrer Markenzeichen hinterlassen. Tcha. Spiegeleier. Sag Joseph mal, daß er die Spiegeleier auf Tomaten macht. Unten Zwiebeln in die Pfanne. Dann Tomaten. Obendrauf die Eier. Schmeckt viel besser. Außerdem hältst du dann ohne Mittagessen bis zum Abend durch. Nicht so wichtig. Immerhin. Abends könntest du deine Geschichte endlich mal erzählen. Die neue. Von den beiden Afrikanern. Probier die Story an deinem Mädchen aus. Und hör dir dabei selber zu. Danach weißt du, was du machst. Aufschreiben oder beiseitelegen. Mit dem Erzählen machst du ihr den größten Spaß. Jede Frau sollte zu Hause einen Geschichtenerzähler haben, das sagt sie doch immer. Einen, der nur ihr selbst

*Zwei, die in Afrika geboren sind. Monty Ruben und William Kipkemboi Kimosop.*

KENIA
UGANDA
MOUNT ELGON
4209
4321
4310
Tugen Hills
Baringo-See
Kabarnet
Marigat
Bogoria-See
Mogotio
Nakuru
Nakuru-See
3950
3894
5199
4145
Mount-Kenya-Nationalpark
MOUNT KENYA
Viktoria-See
Naivasha-See
Nairobi
TANSANIA
Natron-See
Amboseli-Nationalpark
Tsavo-Nationalpark
N
120 km
2878
2941
3231
3082
3648
2865
3099
3185
Momella Game Lodge
KILIMANJARO
5895
5151
Ngorongoro-Krater
Mt. Meru
4565
Mto Wa Mbu
Arusha
Eyasi-See
Manyara-See
ATLANTISCHER OZEAN
INDISCHER OZEAN
KENIA/TANSANIA

gehört. Also gut. Aber geh die Sache trocken an. Fragt sich, wie trocken? Weiß nicht. Ausgewogen.

Versuch's mal so:

Die Geschichte handelt von zwei Männern, wie sie unterschiedlicher nicht denkbar sind. Der eine hat einen kurzen, knappen Namen. Monty Ruben. Der Name des anderen ist etwas länger: William Kipkemboi Kimosop. Beide sagen, daß sie Afrikaner sind. Der eine hat eine weiße Haut. Die Haut des anderen ist schwarz. Einer wie der andere sind sie in Kenia zur Welt gekommen und großgezogen worden. Haben ihre Hosenböden auf Schulbänken des gleichen Landes abgewetzt. Die Sprachen Englisch und Suaheli sind ihnen von Kindheit an vertraut. Der eine spricht Suaheli mit dem Akzent der Briten. Im Englisch des anderen hört selbst ein ungeübtes Ohr die Konsonantenfärbung der Kisuaheli leicht heraus. Der weiße Afrikaner ist weitaus älter als der Schwarze. Er ist schon ein Freund von mir gewesen, als wir beide jung waren. Die Begegnung mit dem schwarzen Afrikaner stammt aus den letzten Wochen. Bis zu der Safari dieses Frühlings hatten sich die beiden Männer nicht gekannt. Die Brücke zwischen ihnen bin ich. Wegen der langen Jahre unserer Freundschaft beginne ich meinen Versuch zweier Portraits mit dem älteren der beiden.

*MONTY RUBEN SASS NEBEN MIR IM KINO, als ich ihn zum ersten Male sah. Wir schrieben das Jahr 1960. Das Kino befand sich in Arusha, einer kleinen Stadt im Norden von Tanganyika. Arusha war damals ein Ort mit sauberen Straßen. Inmitten eines Kreisverkehrs stand eine Normaluhr. Es kam vor, daß an ihren weißen Pfosten ein Massai lehnte und die Autos um sich herum betrachtete. Wenn ein Massai nach tagelanger Wanderung bei so einer Uhr verharrt, steht er auf einem Bein und hält das andere angewinkelt. Die Fußsohle des angewinkelten Beines steckte stets in einer Sandale aus dem Gummi eines Autoreifens und berührte den Oberschenkel des Standbeines. Wenn der Massai ein Krieger seines Stammes war, trug er in der einen Hand einen blauroten Schild aus Leder und einen Speer, der in Birmingham geschmiedet worden war. Die Normaluhr ist von den Engländern gestiftet worden. Gleiche Uhren waren über ganz Afrika verteilt zu finden. Sie wurden »clocktower« genannt. Das Straßenbild um den Kreisverkehr herum war damals friedlich. Ab und an umrundete ein Landrover den Clocktower. Auf der Pritsche kauerte ein magerer schwarzer Junge, der auf* der Farm des Wagenlenkers beschäftigt war und »houseboy« genannt wurde. Der Wagenlenker war in jedem Fall ein Weißer. Schotte. Grieche. Oder Italiener. Engländer waren allerdings in der Überzahl. Zum Wochenende brachten die Farmer ihre Frauen nach Arusha. Englische Farmersfrauen verblühten in dem kolonialen Lebensstil recht schnell. Im Norden von Arusha stieg ein Berg aus roten Felsen auf, der Meru hieß und fast so hoch wie der Kilimanjaro war. Der Name Kilimanjaro entstammt übrigens der Sprache der Ureinwohner und bedeutet »Berg des bösen Geistes«. Es wird vermutet, daß der Name seinen Ursprung in der früheren vulkanischen Tätigkeit des Berges hat. Die Einwohner von Arusha konnten den Kilimanjaro allerdings nicht sehen. Der Meru verhinderte die Sicht. An den unteren Flanken des Meru hatten die Verwalter des Landes ihre Gärten angelegt. Über rote Ziegeldächer hinweg rankten Bougainvilleen in den buntesten Farben. 1960 war Tanganyika Mandatsgebiet der UNO. Die Regierunsgeschäfte lagen in den Händen der Briten. Sie hatten ihre Lebensweise nach Afrika gebracht. Mit Golfclub, Tennisplätzen, Internaten, Uniformen, Barclays Bank, Beratungen in Steuersachen, Krankenhaus und einem Lions Club. In den beiden Hotels gab es Pubs mit beschränkten Öffnungszeiten. Wenn im Buckingham Palace Geburtstag war, konnte es vorkommen, daß ein geschlachtetes Rind auf der Theke landete und der Spender Gin und Bier für jeden orderte, der sein Glas auf die Queen erheben wollte. Die Stämme der Ureinwohner waren die Warush und Chaga. Ihre kleinen Ackerflächen für Bananen und Kaffee lagen draußen vor der Stadt. Die Kinder ließen sie zu Missionaren in die Schule gehen. In den Wellblechhäusern ihrer »shambas« stellten ihre Frauen Körbe und bunte Tücher her. Shamba ist das Suaheliwort für Farm. Was die Leute zu verkaufen hatten, brachten sie in wild angestrichenen und hochbeladenen Autobussen nach Arusha auf den Markt. Die Warush und Chaga galten als »friedfertige Eingeborene«. Wenn die Männer Bananenbier gebraut hatten, gab es unter ihnen Streit. Ansonsten hatten die Polizisten mit den Leuten nicht viel Ärger. Das Leben in Arusha verlief normal, meistens still. Die wenigen Touristen nannten es idyllisch. Die Geschäfte waren fast ausnahmslos im Besitz von Sikhs aus dem Norden Indiens. Es gab zwei Preisklassen in ihren Läden. Der weiße Kunde zahlte den normalen Preis. Der schwarze Kunde zahlte mehr.

Das einzige Kino gehörte einem Griechen. Auf dem Bürgersteig vor dem Kino bettelten armselige Kreaturen mit Gliedern, die absichtlich *verkrüppelt waren. Der Grieche ließ hauptsächlich Filme aus Neu Delhi laufen. Das änderte sich, als Jeeps und Trucks und Kamerafahrzeuge mit amerikanischen Kennzeichen alle Straßen zu dem Kino hin blockierten. Die Wagen waren schlammverkrustet, rotverstaubt. Roter Staub lag auch auf den Männern, die sich von ihren hohen Sitzen auf die Bürgersteige fallen ließen. An die hundertfünfzig Männer. Filmleute aus Amerika. Von der Filmgesellschaft Paramount. Sie waren aus dem tiefen Busch gekommen. Wie Söldner sind sie mit ihren schweren Wagen in die verschlafene Provinzstadt eingefallen. Der Anführer der Kolonne war schon zu Lebzeiten Legende: Howard Hawks. Produzent. Regisseur. Ein hagerer Mann mit weißem Haar. Hoch aufgeschossen. Er überragte so gut wie jeden auf dem Bürgersteig. Nur John Wayne war größer als er. Die beiden hatten gemeinsam viele Western hergestellt. Sie kleideten sich wie Cowboys. Auch ihr Gang erinnerte an Westernhelden. Hawks und Wayne schienen unzertrennlich. Wayne wurde von seinen Freunden Duke genannt. Er ging auf steifgewordenen Beinen neben dem Produzenten durch die Kinotür. Die anderen hundertfünfzig Männer folgten. Einer von den hundertfünfzig bin ich gewesen. An dem Morgen*

*Hardy mit John Wayne. Wohnzimmer in Hardys Momella Farm, 1960.*

*noch Greenhorn in Afrika, ein Rad in der Maschinerie aus Hollywood. Schauspieler in dem Film »Hatari«. Auf dem Weg in ein Provinzkino von Tanganyika. Das war der Tag, an dem ich Monty Ruben traf. Er war aus Nairobi hergekommen. Sein Vater hatte ihn geschickt, mit Tausenden von Metern Film, die aus dem Kopierwerk eingetroffen waren, einem Labor in Hollywood, und mit dem Flugzeug um die halbe Welt geflogen. Jack Ruben hatte die Büchsen in Nairobi aus dem Zoll geholt und den Sohn beauftragt, die Büchsen zu Howard Hawks zu fahren. Seine Dreharbeit der letzten Wochen steckte in dem Material. Auftrag Nummer zwei für Monty: ein Kino mieten. Die Filmleute wollten endlich sehen, was sie wochenlang am Lake Manyara gekurbelt hatten. Monty hat sich damals in der Herstellung von Filmen noch nicht ausgekannt. Doch er wußte, wie man dem gewitzten Griechen für einen guten Preis seinen Kinosaal abhandelte. Und nicht nur das. Wenn Howard Hawks den obersten Häuptling der Massai treffen wollte, hat Monty ihn am heiligen Ol Doinyo aufgespürt.*

*Montys Kenntnisse lagen in Afrika. In Ostafrika, genau gesagt. Dieses Land war sein Zuhause. Sein Vater hatte es ihm von Nord bis Süd gezeigt. Als Monty noch ein kleiner Junge war. Und als der alte Pionier sich ein Streckennetz geschaffen hat. Für seine Zehntonner. Für sein Transportgeschäft. Wie ein Spinnennetz hat er die Strecken über das Land gelegt. Im Norden bis zu Addis Abeba hin. Und im Süden über Rhodesien nach Portugiesisch Ost. Beim Ausprobieren neuer Strecken hat er Monty auf dem Laster mit dabeigehabt. Der Kleine hat in der Fahrerkabine aufrecht stehen müssen. Sonst hätte er von dem Land nicht viel gesehen. Als Monty in die Schule kam, hatte er schon viel erlebt. Und jeden Tag dazugelernt. Beim Einrichten von Lagerhäusern, tief im Busch, nahm Monty am Palaver mit den Stämmen teil. Wenn am Horizont zu sehen war, wie Gewitterregen über die Usambaras niedergingen, hat Jack Ruben seinen Sohn gelehrt, welche Art von Flachland der baldigen Sturzflut wegen unbedingt zu meiden war. Diese Kindheit wurde zum Grundstein der Kenntnisse, die Monty Ruben den Job bei Howard Hawks einbrachten. Montys Dasein änderte sich von Grund auf an jenem Tag im Kino von Arusha. Howard Hawks machte ihn nämlich zum ›Scout‹ des Produzenten. Er nannte ihn seinen ›Trailblazer in East Afrika‹. Das sprach sich in Hollywood herum. In den nächsten zwanzig Jahren hat Monty Ruben viele Filme durch Ostafrika begleitet. Einige davon sind Klassiker geworden: »Born Free«, »Out Of Africa«, »Gorillas In The Mist«. Und unzählige mehr. Die Stars der Filme wurden seine Freunde: Jimmy Stewart, Ava Gardner, Clark Gable, Edward G. Robinson. Wer auf Safari gehen wollte, holte sich Rat bei ihm.*

*Wie ich schon sagte, nahm die neue Richtung im Leben des Monty Ruben ihren Anfang an dem Tag, als wir im Kino von Arusha nebeneinander auf unseren Stühlen saßen. Howard Hawks hatte seine hundertfünfzig Männer nicht nur hergebracht, um das Ergebnis unserer ersten Arbeitswochen anzusehen. Der Altmeister sah sich auf der Leinwand auch die Arbeit der anderen achtzig Männer an, die weit von uns entfernt und auf sich allein gestellt ihre Szenen drehten. Von denen habe ich noch nicht erzählt. In der Sprache Hollywoods war das die »second unit«. Sie hatten keine Schauspieler dabei. Schauspieler drehten in der »first unit« von Howard Hawks. Die »first unit« machte »action«. Fing wilde Tiere für die Kameras. Drehte Spielszenen mit den Frauen. Die »second unit« war zuständig für Stilleres. Für Landschaften. Sonnenuntergänge. Für die Wanderung von Büffeln durch die Serengeti. An dem Morgen, als Monty zwischen uns im Kino saß, hing nach Betrachten der Arbeit dieser »second unit« der Unwille von Howard Hawks im Saal. Er hatte eine Sache bestellt, die ihm die Männer von Nummer zwei nicht liefern konnten. Monty wollte wissen, was Howard haben will, und ich sagte ihm, es wird die Geburt eines Gnus auf Film gebraucht und dann noch eine Hyäne, die mit der Mutter um das Neugeborene einen Kampf führt. »So was kann er auch nicht kriegen«, sagte Monty Ruben leise, »nicht von der Nummer zwei. Die Burschen fahren in Kolonne durch den Busch, mit Jeeps und Trucks und einem Kamerakran. Mit dreißig Wagen sind die unterwegs und zusätzlich mit einer Cessna, zur Aufklärung von oben. Wenn die Kolonne sich in Bewegung setzt, flüchten alle Tiere.« Er stand auf und wollte wissen, ob er mal einen Vorschlag machen dürfe, denn in Nairobi kenne er einen Tierfilmer, und so eine Szene mit Gnu und Neugeborenem und einer Hyäne würde dieser Mann schon zuwegebringen. Montys Wortmeldung hatte einen Dialog zur Folge, der mir wegen seiner Komik unvergeßlich ist. Also, Eröffnungszug Hawks: Dreht Ihr Freund auf 35 Millimeter? Ruben: Nein, 16 Millimeter Arriflex. Wenn Sie 35 wollen, müßten Sie ihm eine Panavision leihen. Hawks: Braucht er ein paar Jeeps von uns? Ruben: Sein alter Landrover reicht aus. Hawks: Wird er*

*Monty Ruben vor Hardys altem Zelt, 1994.*

*Männer von der second unit haben wollen? Ruben (schüttelt den Kopf): Sein Houseboy hat zwar keinen Führerschein, aber im Busch ist er der beste Fahrer, den ein Tierfilmer sich wünschen kann. Hawks: Wie steht es mit dem Honorar? Ruben: Wären fünfzig Dollar pro Tag zuviel? Hawks (zieht die Augenbrauen hoch): Fünfzig Dollar? Ruben (glaubt zu weit gegangen zu sein): Landrover, Fahrer und Verpflegung sind in dem Preis mit drin. Hawks (sieht Duke an): Fünfzig Dollar? Ruben (will den Job für den jungen Engländer retten): Ich kann ihn fragen, ob er es für vierzig macht. Hawks: Wie lange wird er brauchen? Ruben (zählt an den Fingern ab): Gnu, Neugeborenes und Hyäne... (setzt sich dem Blick von Hawks nicht länger aus) Mein Freund wird wohl in die Massai Mara fahren müssen. Hawks: Wie lange? Ruben (sieht zur Leinwand hin): Sagen wir mal, zwei Wochen? Hawks: Zwei Wochen? (Anmerkung des Erzählers: Es gelingt mir mühelos, die Gedanken des Howard Hawks zu lesen. Seine Männer von Nummer zwei hatten sich während der letzten sechs Wochen ohne Erfolg an der Sache versucht.) Hawks: Also tatsächlich, Monty, zwei Wochen, ohne jeden Scherz? Ruben (verbreitet Hoffnung): Vielleicht kann er es in einer schaffen, wenn wir ihm die Daumen halten.*

*Pause bei Howard Hawks. Dann: Aufstehen. Und: Nicken. Bedeutet: Audienz beendet. Bedeutet: Der Tierfilmer kann fahren. Monty erkämpft eine Telefonverbindung mit Nairobi. Der Tierfilmer fährt los. Der Mann ist nach vier Tagen wieder da. Und hat auf Film: das Gnu, die Geburt, den Kampf gegen die Hyäne. Und somit geschah der Einzug des jungen Afrikaners Monty Ruben in die Welt der Leute mit Kameras, Drehbüchern und Zelluloid.*

*Das nächste halbe Jahr hat Monty bei unserem Tierfang mitgeholfen. Die Wildnis war ihm vertraut. Jeder Arbeitstag hat das gezeigt. Als die Zeit um war, kehrte er in sein Leben in der Stadt zurück. Ich seh uns noch an dem letzten Morgen bei den Bündeln abgebauter Zelte stehen. Kaffeebecher in der Hand. Staubwolken eilig anfahrender Jeeps um uns herum. Am Kilimanjaro hingen weiße Wolken. Der Gedanke an die Rückkehr nach Hollywood fiel mir schwer. Monty goß den kalt gewordenen Kaffee aus seinem Becher in die Reste unseres Feuers von der Nacht.*

*In der Stadt wartete seine Frau auf ihn. Hilary. Engländerin. Sie schreibt Bücher, sagte er. Zeitungsberichte. Romane. Kinderbücher. Außerdem warteten da noch zwei Töchter auf den Vater. Mandy und Lissa. Sie hatten Plätze in einem guten Mädcheninternat bekommen.*

*Seiten 46/47 (im Uhrzeigersinn): Marabus, auch »die Müllabfuhr von Afrika« genannt.*
*Kudus am Bogoria-See, seltengewordene Tiere, denen William Kipkemboi Kimosop Heimat und Sicherheit gegeben hat.*
*Ein ungehaltener Büffel. Siesta, Massai Mara Game Reserve.*
*Ein Kuriosum in der Natur: Der »walking stick« ist ein flügelloses Insekt; es ähnelt einem winzigen Zweig und ernährt sich von Pflanzen.*
*Junge Nashornkuh, Nairobi National Park.*
*Touristen übersehen oft die kleineren Bewohner Ostafrikas: Vögel, die es in allen Farben gibt.*
*Täglicher Besucher bei unserem Zelt: Ein Kolobus-Affe, Nähe Baringo-See.*

*Dies war ihr letztes Jahr in dem Haus in Rosslyn. Rosslyn sei eine Villengegend am Rand der Stadt. Mit Gärten, schön und weitläufig, fast wie kleine Parks. Das Haus ist ein Geschenk gewesen, ein Hochzeitsgeschenk von Montys Vater Jack. Es steht im Schatten bunter Bäume. Leuchtend rote Blüten weit ausladender Flamboyants legen sich auf die violetten Blätter eines Baumes, der Jacaranda heißt. Ich hörte Monty zu und konnte seine Bilder sehen. Als der letzte Jeep in einer steilen Säule Staub am Horizont verschwunden war, haben auch wir uns auf den Weg gemacht. In dem Haus von Hilary und Monty Ruben bin ich danach oft zu Gast gewesen. Als Monty mich zu seinem Vater brachte, war es mir, als hätte ich diesen Jack Ruben seit Jahren schon gekannt. An seiner Sprache war zu hören, daß er aus Rußland an das Horn von Afrika gekommen war. Über die Abenteuer seines Lebens hat der Mann nicht sprechen wollen. Auch Monty glaubt, daß er nicht alles über seinen Vater weiß.*

*»Es liegt an seinem Aberglauben«, hat Monty mal gesagt. »Dieser Jack Ruben ist König der Abergläubigen. Das ist der Grund, weshalb er nichts erzählen will. Wir alle sind begierig, etwas über unsere Wurzeln zu erfahren, ganz besonders seine Enkelkinder wollen russische Geschichten hören, aber so oft wir ihn auch drängen, hören wir den gleichen erschreckten Satz von ihm: ›Wozu? Wollt ihr etwa jetzt schon*

*Jack Ruben fuhr Fracht von Somalia bis Mozambique.*

*meinen Nachruf schreiben?‹ Mit dem Satz ist jeder weiteren Frage ein Riegel vorgeschoben. Mit Ausdauer habe ich ihm trotzdem einiges entlocken können. Das wenige ist schnell erzählt: Jack Ruben stammt aus der Ukraine. Sein Vater handelte mit Textilien. Jack war der zweitälteste von vier Brüdern. Schwestern gab es keine. Die Familie war mit einem hohen Offizier verwandt, einem Offizier des Zaren. Dieser Glücksumstand verschaffte dem Textilhändler, der Jude war, bestimmte Privilegien. Nach den Pogromen von 1903 oder 1904 war die Familie nicht mehr sicher. Mein Großvater schickte seine Frau mit den vier Söhnen nach Palästina. Das Land in der Wüste war zu jener Zeit türkisch. Mein Großvater, der Textilhändler, blieb in der Ukraine zurück. Der Grund dafür ist nicht bekannt. Auch über sein Schicksal ist nichts zu erfahren. Meine Großmutter, hieß es, war verkrüppelt. Seit wann und in welchem Maße sie behindert war, ist nicht zu ergründen. Ihr Schicksal in der Türkei muß bedauernswert gewesen sein. Es gelang ihr nicht, vier hungrige Mäuler zu stopfen. In ihrer Bedrängnis erinnerte sie sich an einen Bruder, der Simon Heller hieß und wegen der Pogrome nach Ostafrika ausgewandert war. Sie befahl den beiden ältesten ihrer Söhne, sich auf einem Schiff nach Mombasa durchzuschlagen und Onkel Simon aufzuspüren. Die Burschen waren knapp elf und zehn Jahre alt. Der Zehnjährige war Jack, mein Vater. Die Brüder versteckten sich auf einem Frachter, der Rinder nach Mombasa fuhr. Sie begannen ihre Suche an der Küste. Später schlugen sie sich bis Nairobi durch. Nach einigen Monaten hatten sie Onkel Simon gefunden. Keiner weiß, wie. Sie haben zwei oder drei Jahre lang in Nairobi eine Schule besucht. Das war die einzige Ausbildung, die sich die Familie Heller leisten konnte. Mitten im Ersten Weltkrieg hat sich meine Großmutter, trotz ihrer Behinderung, überraschend nach Kenia durchgeschlagen. Sie übergab ihrem Bruder ihre beiden anderen Söhne und kehrte nach Palästina zurück. Niemand hat je wieder von ihr gehört. Bei Ausbruch des Krieges hatte sich mein Vater bereits freiwillig gemeldet. Er mußte dafür allerdings sein Alter auf Sechzehn hochschrauben. Immer noch galt er als Russe, aber die britische Armee nahm ihn auf. Sein*

*Jack Ruben und seine schöne Polin. Montys Eltern. Als halbe Kinder nach Kenia eingewandert.*

*Kriegsschauplatz war Ostafrika, wo bekanntlich Briten gegen Deutsche um ihre Kolonien kämpften. Der Soldat Jack Ruben verbrachte den Krieg mit Gefangenenbewachung und Viehtransport. Die deutschen Gefangenen bewachte er in Tanganyika. Der Viehtransport bestand aus Fußmärschen nach Mozambique, was damals eine Kolonie der Portugiesen war. Bei Kriegsende erhielt Vater die britische Staatsbürgerschaft. Die Armee händigte ihm eine magere Abfindung aus. Auf einer Auktion von Kriegsbeständen ersteigerte er acht Maultiere. In Nairobi fand er einen jüdischen Schmied namens John Rifkin, der dem jungen Mann zu einem erschwinglichen Preis vier Pritschenwagen für seine Maultiergespanne baute. Das war der Beginn der Ruben Brothers Transport Company. Mein Vater hat die Transporte nach Portugiesisch-Ost wieder aufgenommen, doch nun auf eigene Rechnung und Profit. Ein Jahr später hat er eine Fahrspur durch das Land der Shifta gelegt und ist nach Dschibuti und Asmara vorgestoßen, und als er einen Lastkraftwagen bezahlen konnte, hat er Fracht nach Addis Abeba gefahren. Die Strecke war später übrigens durch Aufständische vermint, aber auch das hat ihn nicht vom Geldverdienen abgehalten. Zu dem Zeitpunkt hieß die Firma schon Express Transport Company und war zu einer regelrechten Flotte von Lastwagen angewachsen. Jack Ruben ließ Stahlplatten unter die Trucks schweißen und musterte abenteuernde Italiener an, die sich von den verminten Straßen nicht abschrecken ließen. Express Transport wuchs und wuchs und wurde zur größten Transportgesellschaft in Ostafrika. Wir hatten Büros in Mombasa und Dar es Salaam und Eldoret. Unsere Lagerhäuser waren über Uganda, Kenia und Tansania nach einem wohldurchdachten Wegenetz verteilt. Vaters Brüder legten ihren Gewinn in Farmen an. In ihrer freien Zeit sollen sie nach Gold gegraben haben. Mit welchem Resultat, ist nicht bekannt. Es scheint, daß keinem von ihnen ein langes Leben beschieden war. Doch nun zu meiner Mutter. Ich glaube, daß sie das Glük des Jack Ruben gewesen ist. Sie stammt aus einer jüdischen Familie in Polen. Ihr Vater träumte von einem Leben ohne Verfolgungen in Amerika. Als der Erste Weltkrieg zu Ende war, machte er sich mit seinen beiden Töchtern auf den Weg. In Italien änderte er das Ziel der Reise. Niemand weiß warum. Eine dieser unerklärbaren menschlichen Verwirrungen muß in seinem Kopf vorgegangen sein, jedenfalls buchte er eine Passage nach Mombasa. Als die drei Nairobi erreichten, waren ihre Mittel aufgebraucht. Die jüdische Gemeinde nahm sie bei sich auf. Interessanterweise waren die Juden Nairobis in den frühen Jahren keine Händler, sondern führten als Handwerker ein gutbürgerliches Leben. Sie machten meinen Großvater zum Vormann in einer Tischlerei, und als er seine eigene Möbelfabrik gründen wollte, fiel ihm das Geldsammeln unter seinen Mitmenschen nicht schwer. Ungefähr um die Zeit verliebte sich mein Vater in die junge Polin. Umgekehrt soll die Liebe genauso lichterloh gebrannt haben. Anfang der zwanziger Jahre fand die Hochzeit statt. Kurz danach schenkte meine Mutter mir das Leben. Nicht viel später bekam ich einen Bruder. Ich bin froh, daß dieser Jack Ruben aus der Ukraine seine geliebte Polin in Ostafrika getroffen hat, und nicht woanders auf der Welt, denn ich wäre nicht gern in einem anderen Land geboren. Wenn ich zurückblicke, sehe ich mich als einen kleinen Jungen in einem endlos weiten Land. Ich sehe mich auf einem Baum über einer Elefantenherde. Manchmal stehe ich am Ufer des Lake Naivasha mit meiner Angelrute in der Hand. Oder ich lerne noch einmal mit Angst und Schrecken umzugehen, mit meinen Bleifüßen vor Angst beim Anblick meiner ersten schwarzen Mamba. Oder mit meinem Schrecken bei der Begegnung mit einer Büffelherde in gut zwei Meter hohem Gras. Ich kann mich auch zwischen grüngestrichenen Wänden meiner Schule sehen, und unvergeßlich bleibt das Bild, wie ich im Garten Wasser bohren will und mein Vater mich zum Radio ruft, denn in Europa gibt es wieder Krieg: ›Hitler hat die Heimat deiner Mutter überfallen.‹ Jack Ruben meldete sich zum zweiten Mal in seinem Leben freiwillig zur britischen Armee. Für einen Einsatz an der Front war er nicht mehr jung genug. Er versah seinen Dienst als Offizier in Ostafrika. Mit Erregung verfolgte er am Radio die Ereignisse auf den weit entfernten Kriegsschauplätzen. Das nächtliche Abhören der BBC-Weltnachrichten wurde für die Familie Ruben zu einem nahezu religiösen Ritual. Aus meinen Eltern waren unerschütterliche britische Patrioten geworden. Das änderte sich auch nicht, als die Königin ihre Kolonie zwanzig Jahre später in die Unabhängigkeit entließ und alle Engländer im Land aufgefordert wurden, die Staatsbürgerschaft der Republik Kenia anzunehmen. Meine Eltern lehnten auf der Stelle ab. ›Ein Mann sollte seinen Paß nicht mit den Hemden wechseln‹, sagte Jack Ruben damals zu seinen Söhnen. ›Dieses Kenia ist ohne Frage gut zu mir gewesen. Ebenso, wie ich gut zu Kenia war. Wir haben uns gegenseitig den Respekt erwiesen. Und dabei sollten wir es auch bewenden lassen. Ich empfinde mich als Engländer. Wie ein Kenianer werde ich mich niemals fühlen.‹ Andere weiße Siedler haben damals ebenso gedacht, und urplötzlich wurde der Unterschied zweier Generationen deutlich. Väter und Söhne mußten nach innen hören, als sie sich eine Frage stellten, die es vorher nicht gegeben hatte. Die Frage lautete: ›Was ist Heimat?‹ Antwort der Väter: ›Das Land der Ahnen.‹ Antwort der Söhne: ›Das Land aller Gedanken, die ich seit Kindesbeinen denke.‹ Im Hause Ruben ist noch eine andere Überlegung hinzugekommen. Ich habe meinen Vater darauf gebracht, daß der Zweite Weltkrieg mitbestimmt hat, wo für uns Heimat ist. Der Krieg war weit entfernt gewesen. Die Rubens kannten ihn nur vom Hörensagen. Doch immerhin: Dem Vater hat er die britische Armee gegeben, eine Gemeinschaft Gleichgesinnter, die sich eine Heimat jenseits der Küsten ihres Vaterlandes schufen. Mir, dem Sohn, hingegen hat der Krieg den Weg nach England abgeschnitten. Zwischen Mombasa und Southampton gab es wegen der U-Boote keine Schiffsverbindung mehr. Das geplante Studium im United Kingdom fand lange Zeit nicht statt. Es war der Krieg, der mich Kenia als Heimat hat erkennen lassen. Ich begann, die unerklärbaren Wanderungen der Elefanten zu erforschen. Was mir an theoretischem Wissen fehlte, habe ich, wenn auch mit ziemlicher Verspätung, beim Studium der Zoologie in England nachgeholt. In der Zeit bin ich Hilary begegnet. Für sie ist Großbritannien Heimat. Dennoch habe ich nicht bleiben wollen. Auch nach unserer Hochzeit nicht. Im August 1952 habe ich Hilary nach Kenia gebracht. Zwei Monate später begann ein blutiger Aufstand gegen die Weißen im Lande. Die Aufständischen wurden Mau Mau genannt. Hilary war sehr tapfer. Acht Jahre lang hat sie mit einer Pistole unter ihrem Kissen schlafen müssen. Ich habe einen Job als Polizist angenommen. Es muß eine instinktive Handlung gewesen sein, oder ist es meine Art gewesen, der Krise zu begegnen, in die wir alle geraten waren? Wer weiß das schon zu sagen? Dann kam 1961, und wir wurden in die Unabhängigkeit entlassen. Für mich ist es nicht die Kolonie gewesen, die ihre Unabhängigkeit erhielt. Ich betrachtete Kenia zu dem Zeitpunkt bereits als mein Land. Deshalb fiel mir der nächste Schritt nicht schwer: Als die Briten ihre Flagge über British East Africa einholten, war das auch das Ende meiner Zugehörigkeit zu dem Vereinigten Königreich. Ich bin Bürger der neuen Republik geworden. Dieser Schritt ist übrigens nicht rückgängig zu machen. Selbst für Geld und gute*

*Montys Tochter Lissa war noch ein kleines Schulmädchen, als John Wayne und Hardy in Ostafrika den Tierfängerfilm »Hatari« drehten. Heute zieht Lissa Waisenkinder auf, deren Mütter von Wilddieben ermordet wurden: Elefantenbabys, wie den Fußballer auf der nächsten Seite, bereitet sie behutsam auf das Leben in der Wildnis vor.*

*Worte gibt mir Whitehall meine alte Nationalität nicht mehr zurück. Und warum sollte ich sie wiederhaben wollen? Die letzten dreißig Jahre habe ich das nicht gewollt. Es ist ein gutes Leben gewesen. Ich kann mir kaum ein besseres Land zum Leben denken. Hilary schreibt in der Stille unseres Hauses ihre Bücher. Die Töchter sind leider bereits flügge. Mandy beispielsweise hat sich der Liebe wegen für ein Leben in London entschieden, aber in jedem Jahr kommt sie für lange Zeit nach Haus. Lissa, die Jüngere, ist hier geblieben und hat eine Arbeit, die es in einem anderen Land kaum geben kann: In einem Waisenhaus für Elefanten zieht sie Babys groß, deren Mütter von Wilddieben getötet worden sind. Die Tochter eines Wildhüters im Tsavo führt die Station, Daphne Sheldrick ist ihr Name, und der Sinn der Arbeit liegt darin, den Elefantenbabys die Mutter zu ersetzen, bis sie reif genug für ihr Leben in der Wildnis sind. Ja, so ist das in diesen Tagen bei der Familie Ruben. Ein gutes Leben, wenn auch nicht immer Honigschlecken. Die dreißig Jahre seit unserer Staatsgründung sind oft recht schwer gewesen. Wie hätte es auch anders können sein? Kenia ist von den gleichen Krankheiten befallen, die andere junge Staaten auszukurieren haben. Ganz besonders die jungen Staaten hier in Afrika. Drei Sorgen sind es, die mich vorwiegend bewegen. Sorge eins: Es mangelt uns an Managern mit überdurchschnittlichem Talent, und zwar auf allen Ebenen, von der Regierung bis zur Industrie. Sorge zwei: Anstatt aus der Geschichte*

*anderer Staaten zu lernen, wiederholen wir deren Fehler, und das mit einem Eifer, der seinesgleichen sucht. Sorge drei: Das moralische Prinzip der Verantwortlichkeit für alle unsere Handlungen ist noch weithin unbekannt, und das in allen Schichten der Bevölkerung. Ja. Damit bin ich nun am Punkt. An dem von damals, als sich die Frage nach der Heimat stellte. Und an dem von jetzt, weil Heimat ja auch Nächte ohne Schlaf bedeuten kann.«*

Das ist die Geschichte von dem Afrikaner mit der weißen Haut, und da ich von langatmigen Übergängen nicht viel halte, gehe ich mit großem Spaß ohne Gedankenpause die des schwarzen Afrikaners an...

*ALS ICH WILLIAM KIPKEMBOI KIMOSOP ZUM ERSTEN MAL gesehen habe, stand er neben einem Mann, der von Statur und Alter an seinen Vater denken ließ. Der Große war in Khaki gekleidet und hatte die goldfarbenen Abzeichen eines Wildhüters an seinem Hemd. Der Jüngere neben ihm bestach durch seine wachen Augen. Ich schätzte ihn auf achtzehn Jahre. Der Registriertisch des Wildhüters verdeckte ihn bis annähernd zu den Schultern hin. Die Höhe des Tisches ließ den Jungen schmal erscheinen. Schmal und klein. Es war also ein heißer Tag im Mai, wie ich schon erzählte, als sich unser Pfad mit dem des William Kipkemboi Kimosop zum ersten Male kreuzte. Wir waren auf der Suche nach Flamingos und wollten einen See erreichen, den die Afrikaner Bogoria nennen. Es ist ein abgelegener See in einem abgelegenen Land. Die Welt der Weißen hat diese grünen Hügel Afrikas vergessen. Nur begeisterte Anhänger der Vogelkunde wissen dieses Land zu schätzen. Sie kommen Jahr für Jahr in kleinen Gruppen und stöbern den Goliathreiher auf, der als Rarität gilt. Die Ornithologen sagen, daß es in diesem menschenleeren Busch außerdem noch 450 andere Vogelarten geben soll. Für mich ist der Flamingo der eindrucksvollste unter ihnen. Ich halte es für ein Bild, das ein Mensch sein Lebtag nicht vergißt, wenn Hunderttausende von diesen Flamingos auf Stelzenbeinen dicht an dicht im flachen Wasser stehen und der ganze See eine rosa Farbe annimmt. In der Absicht, Luv dieses Bild zu zeigen, hatte ich sie zum Manyara-See gefahren. Doch an seinem Rand standen nur einige wenige herum. Die anderen waren davongeflogen.*

*Wer diese großen Vögel im Wasser stehen sieht, will nicht glauben, daß sie sich in die Luft erheben können. Aber wenn erst mal einer startet, folgen andere nach. Sie fliegen nie allein. Immer nur in Gruppen*

*– oder ist es besser, eine Anzahl Vögel einen Schwarm zu nennen? Ich habe es vergessen. Wie auch immer, die Flamingos üben jeden Tag den Flug. Und an einem Tag, den selbst der Vogelkundler nicht erahnt, fliegen sie davon. Ich sagte zu Luv: »Erfahrung lehrt, daß die Flamingos vom Manyara-See zum Nakuru fliegen.« Sie fliegen nie woandershin, und darauf kann sich Luv verlassen. Der Nakuru ist ein See, der im Afrikanischen Graben liegt, und die Fahrt dahin ist von großem landschaftlichen Reiz. Als wir von Süden her über die Hügel kamen, stand ein weißer Dunst über dem See. In der Nacht mußte es heftig geregnet haben, denn der Weg zum Ufer war verschlammt. Sobald sich die Wolken hoben, war zu sehen, daß ich den Mund zu voll genommen hatte. Auch im Nakuru standen nur ein paar Flamingos. So wenige wie bei uns zu Haus im Zoo. Luv hat zu verstehen gegeben, daß ich mir das nicht weiter zu Herzen nehmen solle, aber für mich war jetzt eine Sache des Stolzes daraus geworden, und auch wenn sie über mich lachen würde, ging es nun nicht mehr anders: Ich mußte ihr das Bild eines Sees in hellem Rosa zeigen.*

*Der Wildhüter am Nakuru überlegte, ob die Flamingos nicht eventuell nach Norden geflogen sein könnten, denn seit ein Mann namens William Kipkemboi Kimosop die Gegend um den Bogoria zum Reservat gemacht hatte, seien sie da ungestört. Wir nahmen die gut ausgebaute Asphaltstraße, die nach Norden führt, bis wir zu dem Skelett einer Brücke kamen. Es gab keinen Weg über das Skelett hinweg. Die Stahlträger hatten Rost angesetzt. Zwei oder drei Baubuden standen verlassen an der Straße. Eine Fahrspur führte die Böschung hinunter und verlor sich zwischen grünen Büschen und goldfarbenem Gras. Auf einem Schild stand zu lesen, daß der Neubau dieser Brücke von den Bürgern der Bundesrepublik Deutschland gestiftet sei. Unsere Geländewagen waren mit Kurzwellensendern ausgerüstet, und ich sagte zu Ben und Joseph in dem Fahrzeug hinter uns, daß meinen Landsleuten wohl das Geld knapp geworden sei, denn an der Brücke arbeitete schon seit langem keiner mehr. Aus dem Lautsprecher kam Josephs Antwort. »Es ist wegen der Politik und steht in der Zeitung.« Er bemühte sich, sehr korrekt zu sprechen. »Präsident Daniel arap Moi hat befohlen, Kenia braucht nur*

*William Kipkemboi Kimosop. Wildhüter vom Bogoria-See. Die Zahl »seiner« Flamingos gibt er mit einer Million an. Wer nachzählen will, findet sie auf den nächsten Seiten.*

*eine politische Partei. Opposition ist verboten. Die Amerikaner und die Engländer sagen, Kenia soll richtige Demokratie sein. Die Deutschen sagen, ohne Oppositionspartei schicken sie kein Geld mehr für die Brücke. Der Präsident hat Opposition jetzt wieder erlaubt. Die Deutschen sagen, der Brückenbau geht weiter. Nächsten Monat kommt das Geld.« Wir fuhren die Böschung hinunter und fanden nach einigen hundert Metern die Asphaltstraße wieder. Gegen Mittag erreichten wir das Umland des Bogoria-Sees. Ein Gatter versperrte die Weiterfahrt. Das Gatter war überdacht. Auf einem Schild stand: »Lake Bogoria National Reserve.« Die Hauswand neben dem Schild roch nach frischer Farbe. Hinter dem Registriertisch stand ein uniformierter Wildhüter mit dem jungen Mann, den ich für seinen Sohn gehalten habe. Von den beiden habe ich schon erzählt. Nach dem Umweg über die Flamingos bin ich jetzt also wieder am Anfang der Geschichte angelangt.*

*Die Begrüßung durch den Wildhüter war freundlich. Um mich nach der Beschaffenheit des Bodens für unser Zeltlager zu erkundigen, fragte ich ihn, ob es bei ihm in der Nacht auch geregnet habe, und bevor der*

*Mann antworten konnte, sagte der Junge neben ihm, nein, es habe leider nicht geregnet, am Bogoria sei der Boden knochentrocken. Der Junge sprach ein grammatikalisch ausgewogenes Englisch. Ich hielt ihn für den Absolventen einer Highschool in der Provinzhauptstadt. Als nächstes stellte ich die Frage nach den Flamingos, und wieder war es der Junge, der dem Wildhüter das Wort abschnitt. »Bei uns sehen Sie Flamingos in großer Zahl«, sagte er, »nachdem Sie in Nakuru vermutlich keine angetroffen haben.« Ich fand es erstaunlich, daß er von unserer Reiseroute wußte, und fragte ihn, wie er die erraten habe. »Der Schlamm an Ihren Geländewagen ist der schwarze Schlamm von Nakuru«, sagte er. »Kann es sein, daß Sie vorher im Tsavo waren? Der rote Staub vom Tsavo liegt auf beiden Wagen, etwas älter und verkrustet, aber von keinem Regen fortgewaschen.« Der Knabe begann mir zu gefallen. Ich legte die Shillings für Parkeintritt und Zeltlager auf den Registriertisch und hörte ihn fragen, ob mir der Preis nicht »etwas hoch angesetzt« erschiene. Als ich antwortete, daß ich »an der Forderung nichts zu bemängeln« hätte, lachte er. »Das will ich glauben. In Nakuru haben Sie das Dreifache zahlen müssen, auch wenn Sie vergeblich nach Flamingos Ausschau hielten.« Dann lachte er noch einmal. Es war ein breites, angenehmes Lachen, mit kräftigen Zähnen hinter den Lippen. Während ich den Rest meiner Shillings in die Tasche steckte, bot er sich als Begleitung an und sagte, er kenne sich in dem Schutzgebiet aus und werde uns einen Platz für die Zelte anweisen, der bei einer Süßwasserquelle liege. Der Bogoria selbst sei ein Sodasee, aber im Reservat gebe es auch frische Quellen. Der Junge wartete nicht auf Antwort. Sein Blick ging zu einer Uhr, die neben dem Portrait des Präsidenten hing. Dann sagte er zu dem Mann, den ich für seinen Vater gehalten hatte: »Shabani, nach Sonnenuntergang verriegelst du das Tor.« Er schien es gewohnt, Befehle zu erteilen. Der Wildhüter richtete sich auf und legte die Hand an den Mützenrand. »Yes, sir!«*

*Marabu. Vor Tagesanbruch.*

*Wir waren dem Boß begegnet. Er streckte mir die Hand entgegen. »Nennen Sie mich William«, sagte er. Wir waren William Kipkemboi Kimosop begegnet. Klein und schmal lief er neben mir zum Wagen. Er steckte in Shorts und einem bunten Hemd. Ich wollte wissen, wie sein offizieller Titel laute. »Senior County Game Warden«, sagte er. Ich mußte lachen. Er sah alles andere als ein »Senior« aus. Als ich ihm das sagte, nickte er. »So manch ein Besucher findet das. Obgleich ich schon 1966 geboren bin.« Dann fügte er hinzu: »Am 4. September.« Am nächsten Tag kam er in Uniform in unser Camp. In Khaki. Mit goldenen Sternen auf den Schultern. Und einem Stöckchen unter seinem Arm, den er in der Manier britischer Offiziere angewinkelt hielt. Ben fragte ihn, wie er seinen Kaffee haben wolle, und er bestellte ihn schwarz, stark und mit etwas Zucker. Ich sagte, bei seinem Geburtsjahr müsse er bereits fünfundzwanzig Lenze zählen, doch für einen Wildhüter mit »Senior«-Rang sei das noch immer ungewöhnlich jung. Seine Antwort kam mit großem Ernst. »Ich hatte während meiner Schulzeit von klein auf gute Noten. Als Belohnung hat der Ältestenrat des Stammes meine Ausbildung auf der Universität ermöglicht. Es ist das University College of Egerton gewesen, welches am Stadtrand von Nakuru liegt. Ich habe dort das Fach ›Wildlife Conservation and Management‹ belegt und*

*Aufziehender Sturm über Williams kleinem Reich.*

*mit Diplom abgeschlossen. Es lag mir daran, den Stamm nicht zu enttäuschen. Gleichzeitig qualifiziert mich das Diplom zur Leitung und Verwaltung eines Naturschutzparkes oder Wildreservates. Nun ist es so, daß meinem Stamm in Kenia verbriefte Sonderrechte zugestanden werden. Unsere Heimat sind die Tugen Hills, von denen wir auch den Namen haben. Das Stammeseigentum erstreckt sich bis weit in die Ebene von Baringo hinein, und alles Land der Tugen wird von uns selbst verwaltet. Unsere Regierung ist ein Gremium, das wir regelmäßig wählen und das den offiziellen Titel ›Baringo County Council‹ trägt. Wir unterstehen in keiner Weise der Zentralregierung in Nairobi, und während über ganz Kenia hinweg die Reservate dem ›Kenya National Park Service‹ unterstehen, verwalten die Tugen beispielsweise auch ihre Naturschutzgebiete selbst. Daraus leitet sich ab, daß der stammeseigene County Council die Leitung seiner Nationalparks vorzugsweise einem Tugen übertragen wird. Und das selbst dann, wenn der Auserwählte aussieht wie ein Junge von der Highschool.« Er sah zu Luv hinüber und lächelte. »Doch genug davon. Die Flamingos warten. Wir sollten zu ihrer Bucht hinübergehen.«*

*Der »Senior Game Warden« muß haushalten. Sein Naturschutzpark ist knapp bei Kasse.*

*Wir stiegen durch trockenen Busch zu einem Hügel hoch. Von Osten her war ein Gewitter hereingezogen. Dunkle Wolken ließen den Himmel drohend erscheinen. Das Geschnatter der Vögel war schon zu hören, bevor eine Senke den Blick auf den See freigab. Die Flamingos standen vor einem Spiegel aus dunklem Wasser. Sie standen da in einer Zahl, wie ich sie noch nie gesehen hatte. Hinter dem See stieg ein Hügel zu den Gewitterwolken hoch. Über seine grüne Wand zogen die Schatten dieser schwarzen Wolken. Ein silbriges Licht, das gefährlich wirkte, fiel auf das endlose Rosa der Flamingos in der Bucht. Luv sagte, das Bild übertreffe alles, was sie habe erwarten können. Ich fragte William, wieviele Vögel das wohl sein könnten, da unten in der Bucht, und er meinte, eine Million käme der Zahl recht nah. Als der Regen zu fallen begann, nahmen die Flamingos ihre Flügel von den Rücken. Luv sagte: »Wie warm der Regen ist.«*

*Am nächsten Morgen wollte sie wieder zu der Flamingobucht. Ich blieb auf dem Hügel oben und sah zu, wie sie ihre Fotos machte. William begann, Gefallen an uns zu finden. In den nächsten Tagen kam er immer wieder in unser Camp. Gemeinsam zogen wir durch den Busch und suchten Tiere. Meist früh am Morgen. Und dann wieder vor Sonnenuntergang. William lief auf schmalen Pfaden vor uns her. Er hatte niemals ein Gewehr dabei. Wir legten uns ins Gras und sahen seinen Tieren zu. Er nannte sie tatsächlich so: »Meine Tiere.« Williams Tiere leben am Bogoria in großen Rudeln beieinander. Gazellen. Zebras. Giraffen. Wasserböcke. Nur die Paviane sondern sich von Williams anderen Tieren ab. Besonders stolz ist der Mann auf seine Herden einer Antilopenart, die »Großes Kudu« genannt wird. Die Tiere sind in Ostafrika vom Aussterben bedroht. Ihr gewundenes Horn ist bei den Buschbewohnern sehr beliebt. Ein kleines Blasinstrument wird aus dem Horn gemacht. Schon seit Jahrhunderten. Und Kudufleisch wird gern gegessen. »Es ist das Große Kudu gewesen, das mir den Gedanken gab, aus dem Bogoria-See ein Reservat zu machen«, erzählte William uns. »Ich hatte gelernt, daß es in den Nationalparks anderer Gegenden kaum mehr welche gab. Das Kleine Kudu gibt es noch recht häufig. Das Große Kudu hingegen wird andernorts nicht mehr oft gesichtet. Hier aber, an unserem See, bin ich noch auf eine Herde dieser schönen Tiere gestoßen, und wenn ich dafür sorgen wollte, daß die Herde sich ungehindert vermehren kann, dann mußte ein Tierschutzgebiet am Bogoria entstehen, und dafür wiederum brauchte ich den ganzen Busch ringsum als Reservat. Also bin ich zu meinen Leuten gegangen, zu den Familien, die am See leben, und habe sie gebeten, ihr Land als Schenkung einzubringen. Die Idee war ungewohnt für meine Leute. Seit Jahrhunderten haben sie ihre Kühe und die Ziegenherden in diesen Hügeln weiden lassen, und seit Anbeginn der Zeit hat sich mein Volk am Fleisch der wilden Tiere satt gegessen. Das Wort ›Jäger‹ ist ein geläufiges Wort in der Tugensprache, das Wort ›Wilddieb‹ jedoch kommt in unserer Sprache überhaupt nicht vor. Zu meiner Überraschung ist es leichter gewesen, die Bauern zur Schenkung des Landes zu bewegen, als ich es mir ausgemalt hatte. Was das Grasen der Ziegen in dem Reservat betraf, so konnte das schließlich weitergehen, wie es seit eh und je gegangen ist, denn das Großwild war schon immer an die*

*Häuser der Bauern am Bogoria-See.*

*Geysire und heiße Quellen. Am Bogoria-See kocht und brodelt es in allen Farben.*

*Seiten 64/65 (im Uhrzeigersinn): Webervogel, Baringo-See. Zebras, Amboseli National Park. Leierantilope, Tsavo. Warzenschweine, Nairobi National Park. Weibliches Kudu, eine Antilopenart, die in Ostafrika selten geworden ist. Strauße, Serengeti. Große Kudu-Bullen, Bogoria-See-Naturschutzgebiet.*

*Nachbarschaft von kleinen Gruppen domestizierter Tiere gewöhnt. Als es nun um die weit schwierigere Aufgabe ging, meinen Leuten den Fortbestand der Kuduherde nahezulegen, habe ich mir besonders gute Tierfilme und einen Projektor ausgeliehen und gefragt: ›Könnt ihr euch den Bogoria ohne diese Schöpfung der Götter denken? Könnt ihr euch denken, daß es am Bogoria eines Tages nur noch Kühe gibt?‹ Die Antwort war einmütig. Die Schönheit der Aufnahmen hatte die Bauern überzeugt, und sie trennten sich von ihrem Land. Rings um den Bogoria wurde nicht mehr gejagt. Tiere lernen schnell, wo sie geschützt sind und wo nicht. Unser Wildbestand nahm zu. Bogoria lebt. Nur weiß die Welt das scheinbar noch nicht recht. Es kommen kaum Touristen an den See. Was sie in unsere Kasse zahlen, reicht nur knapp, den Wildhüter Shabani und zwei Anlernlinge zu entlohnen. Doch es wird jedes Jahr ein wenig besser. Eines Tages wird es bei uns gut.«*

*Schutz vor Wilddieben: Die Hirten am Bogoria sind mit Feldstechern ausgestattet.*

*Er ist stolz gewesen, dieser William, richtig froh über das kleine Reich, das er sich erschaffen hat. Das Land ist von ungewohnter Lieblichkeit. Sanfte Hügel fallen zu dem See hin ab. Viele Büsche tragen bunte Blüten. Ab und an wird der liebliche Eindruck von einem Fauchen unterbrochen, das aus Geysiren stammt. Weißgrauer Dampf schießt fauchend aus dem Boden. Lavabecken füllen sich mit kochend brodelndem Wasser. Die Lavabecken leuchten von Rot bis Grün in allen Farben. Ab und an trafen wir auf eine Ziegenherde. Der Hirte war meist nicht weit entfernt. Die Kleidung des Mannes erschien mir ärmlich. Ein Feldstecher, den er in Händen hielt, wollte zu der Ärmlichkeit nicht passen. In einer Senke häufelte ein Bauer Bohnen an. Auf einem Baumstumpf nahebei hatte auch er ein Fernglas liegen. Es schien mir von der teuren Sorte. William benutzte auf unseren Streifzügen das gleiche Glas. Als er sah, daß ich in meinen Gedanken eine Verbindung zwischen den Ferngläsern der Bauern und dem auf seiner Brust gefunden hatte, sagte er: »Zu meinem Bedauern ist es nicht gelungen, alle Männer des Stammes daran zu hindern, auch weiterhin rings um den See zu jagen. Außerdem waren Wilddiebe aus Somalia in Kenia eingefallen. Sie jagten mit modernsten Waffen, vollautomatisch, wie sie sonst nur Soldaten haben. Es ist den Ver-*

*brechern tatsächlich gelungen, den Bestand der Nashörner im Tsavo zu dezimieren. Ich war besorgt, daß die Somalis mit ihren Geländewagen auch über unsere ungeschützten Hügel kommen würden, denn das Horn des Kudu ist als Aphrodisiakum ebenso begehrt wie das Nasenhorn des Rhinozeros. Wir hatten den Bogoria-See jetzt zwar zu einem Tierschutzgebiet erklärt, aber wir konnten uns keine Wildhüter leisten, die unsere Tiere auch tatsächlich hätten schützen können. Die Lösung des Problems lag in unserer Hauptstadt, die Kabarnet heißt und weit abgelegen oben in den Tugen Hills zu finden ist. Ich dachte nicht daran, mir Gewehre für meine Bauern zu erbetteln, denn schließlich haben wir ja eine Polizei, und wenn es nottut, auch den Schutz durch die Armee. Es ging um eine andere Art von Schutz: um die rechtzeitige Warnung. Wir mußten alles sehen. Aber wir durften nicht gesehen werden. Jeder Eindringling mußte ausgemacht werden, sobald er über unsere Hügel kam. Dafür brauchte ich Feldstecher für die Hirten, und alle Bauern mußten solche Gläser mit zu ihren Äckern nehmen. Außerdem dachte ich mir, daß an allen Hosenbünden diese Walkie-Talkies hängen sollten, wie man sie im Kino bei den Amerikanern sieht. Die Lösung, wie gesagt, lag in Kabarnet. Denn unsere Hauptstadt hat eine Partnerstadt mit Namen Hürth. Es ist eine deutsche Partnerstadt, und man hat mir erzählt, daß Hürth in einem großen Industriegebiet gelegen ist, und die Bürger der Stadt hätten den Bürgern von Kabarnet ihre Hilfe nie versagt. Nun, ich habe den Weg nach Kabarnet nicht vergebens machen müssen. Stück für Stück habe ich unsere Feldstecher zusammengebettelt. Der Busch bei uns hat seitdem viele Augen. Und die Wildhüter von Bogoria sind jetzt nicht nur zahlreich. Sie sind auch unbezahlt.«*

*Inselbewohner des Baringo-Sees mit seinem Papyrusboot.*

*William benutzte die Wörter gern auf originelle Art. War ihm ein Wortspiel gelungen, hat er verschmitzt gelacht. An manchen Tagen haben wir ihn auf seinen Dienstwegen begleitet. Beispielsweise zum Baringo-See hin. Im Gegensatz zum Bogoria ist dieser See nicht schwefelhaltig. Flüsse bringen Süßwasser zu ihm, aber nicht nur Süßwasser. Auch Schlamm. Das läßt den See dickflüssig erscheinen. Seine rotbraune Färbung nimmt sich gut aus vor dem grünen Hinter-*

*Seiten 68/69: Der Viehtrieb auf dem Baringo-See ist eine Einmaligkeit auf unserer Welt. Die Bauern der Inseln lassen ihr Vieh durch den krokodilverseuchten See zum Festland schwimmen.*

*grund hügeliger Inseln. Die Inseln in dem See sind winzig klein. Menschen vom Stamm der Njems sind darauf zu Hause. Den Weg zum Festland machen sie in Booten, die sie aus Papyros flechten. Das sind flache Gefährte, federleicht, und die Männer bewegen sie mit Paddeln fort, die wie Pingpongschläger geformt sind. Kleine Jungens fischen mit Schnur und Haken von dem flachen Ufer aus. Zum Erangeln einer Mahlzeit brauchen sie viel Zeit, denn die Fische sind recht klein. Andererseits ist Zeit etwas, wovon diese kleinen Kerle recht viel haben, denn es sah mir nicht so aus, als würden sie von ihrem Elternhaus den Weg zu einer Schule machen. Der Eindruck von friedlicher Idylle eines Insellebens ohne Widrigkeit oder Gefahr schlug am Nachmittag um und wurde zu einem Bild von wirbeligem Treiben, wie ich es noch nie gesehen hatte. Die Njems ziehen Rinder auf ihren Winziginseln groß, und wenn das Viehzeug zur Auktion muß, führt der Weg zum Festland durch das Wasser. Die Biester gingen durchaus nicht freiwillig in den schlammigen See, dazu war das Geschrei der Kinder und das Gebrüll der Stiere viel zu groß, aber dann schwamm alles in einer langen Reihe dahin und die Männer paddelten in Papyrusbooten gemächlich neben ihren Rindern her. Flußpferde kamen aus dem Wasser hoch und sahen sich das Treiben an und ließen stoßweise ihr Grunzen hören. William zog in einem Boot mit Außenbordmotor enge Kreise um einen Viehtrieb herum, und wenn er im Uferschlamm ein Krokodil ausmachte, vertrieb er es mit hohen Wellen und aufheulendem Motorlärm. Am gleichen Nachmittag war Viehauktion mit einem Jahrmarkt auf der Wiese, und der einzige Unterschied zu einer Versteigerung bei uns daheim waren die schwarzen Gesichter des Auktionators, der Bauern und der Käufer.*

*Unversehrte Ankunft auf dem Markt.*

*In den Tagen, die dem Viehmarkt folgten, gab es noch eine ganze Reihe von Begegnungen mit den Menschen, die William »meine Leute« nennt, aber manchmal erzählt sich eine Geschichte ganz von selbst zu Ende. Und mit dieser hier scheint es so zu sein. Die Geschichte des William Kipkemboi Kimosop kommt mit Williams Frau zu ihrem Ende. Und mit Williams Kind. Die beiden wohnen nicht im Haus des Wildhüters von Bogoria. Sie sind nur achtzig Kilometer weit von ihm entfernt, doch das sind achtzig lange Kilometer Autofahrt durch dichten Busch. Als Dienstauto hat der Stamm dem Senior Game Warden einen Pritschenwagen hingestellt. Gebraucht. Mit gut neunzigtausend Meilen auf der Uhr. Eine japanische Marke und stabil genug für dieses Land. William könnte die Fahrt zu seiner Frau in gut zwei Stunden schaffen, doch er nimmt die Pritsche nicht. Er sagt, eine Privatfahrt mit dem Dienstwagen macht er nicht. Er sagt, er sei beschämt, wenn er die teuren Mercedesautos in der Zeitung sieht, mit denen Politiker in der Hauptstadt ihre Vergnügungsfahrten auf Kosten armer Leute machen. Sicher sind es nur einige wenige, sagt er, aber diese wenigen haben offenbar vergessen, daß sie selbst einmal das Volk gewesen sind. Er, William, ist immer noch ein Teil vom Volk, und deshalb bleibt das Dienstauto auch dann in Bogoria, wenn William große Sehnsucht hat.*

*An solchen Tagen läßt er sich von einem Touristen zu der asphaltierten Straße bringen. Er sagt, Sehnsucht hat er oft. Seine Frau ist besonders hübsch, besonders jung, hat den Namen Charity, und ihre Ehe ist noch nicht einmal fünf Jahre alt. Der Tochter haben sie den Namen Laura gegeben. Vor vierunddreißig Monaten ist sie zur Welt gekommen. Es wird noch lange dauern, bis die drei ihr Leben unter einem Dach verbringen können. Williams Gehalt reicht dazu vorläufig nicht aus. Charity muß dazuverdienen. Sie ist Lehrerin von Beruf, Englischlehrerin einer Klasse Sechzehnjähriger in einem Dorf, das an der Asphaltstraße liegt und Mogotio heißt. Außerdem gibt es einen weiteren wichtigen Grund für das getrennte Leben: In dem flachen Ackerland, das sich rings um das Dorf Mogotio streckt, hat Vater Kipkemboi sein Leben zugebracht. Auf einer Shamba mit Mais und Rindern. Der Erbe von Vaters kleiner Farm ist William geworden, trotz der vielen anderen Söhne, und wenn Charity nachmittags aus der Schule kommt, arbeitet sie bis zum Einbruch der Dunkelheit noch auf dem Feld. An Wochenenden hilft William ihr dabei. Doch manchmal, sagt er, hat er Sehnsucht auch an anderen Tagen. Dann läßt er sich eben an die Asphaltstraße bringen, wo er ein ›Matatu‹ anhält, das nach Süden fährt. So ein Matatu ist ein schreiend bunt angestrichenes Gefährt, das in seinen besseren*

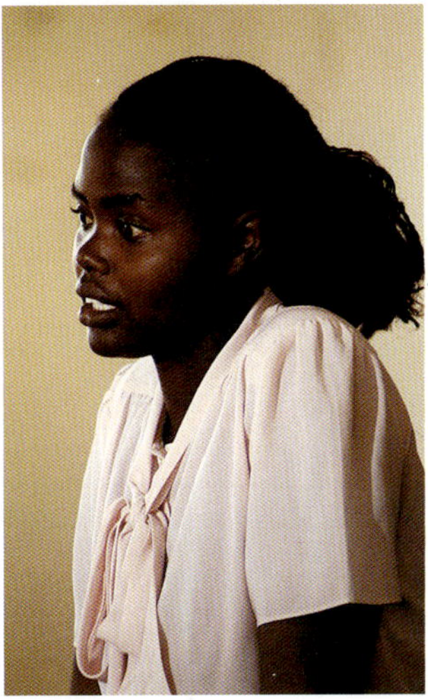

*Charity, die Frau des Wildhüters am See, ist Lehrerin für Englisch und Literatur.*

*Die Familie des Wildhüters vom Bogoria-See: Frau Charity und Tochter Laura auf ihrer kleinen Farm.*

*Tagen mal ein Auto war. Es kann von jeder Marke sein, Pritschenwagen oder Minibus, solange es nur fährt und jeder Anhalter sich noch an die Menschentrauben hängen kann, die schon vorher Platz gefunden haben. Der Fahrpreis fällt so günstig aus, daß sich trotz der wilden Fahrer und der abgefahrenen Reifen kein Mensch Sorgen um sein Leben macht. Wer im Inneren der Menschentraube Platz findet, holt sich bei einem Kartenspiel mit etwas Glück das Fahrgeld wieder raus. So gut wie jeder macht das so. Jeder. Nur William nicht. William Kipkemboi Kimosop spielt keine Karten. Wenn er nach Süden fährt, hängt er draußen an der Menschentraube. »Ich atme auf am Ende einer jeden Fahrt«, hat er einmal gesagt. »Wenn es mir gelungen ist, mich mit heilen Knochen zu Charity durchzuschlagen, weiß ich auch, warum meine Leute diese knochenbrecherischen Gefährte ›Matatu‹ nennen. Die Bezeichnung stammt von dem Suaheliwort ›Matata‹ ab, und hinter ›Matata‹ stehen im Wörterbuch die Begriffe ›Ärger‹, ›Sorge‹, ›Schwierigkeit‹.«*

*Sein Gesicht war ernst, als er das sagte. Er stand am Eingang unseres Zeltes. Gelacht hat er erst wieder, als ich sagte, bei der nächsten Fahrt würden wir ihm das Leben retten, denn die nächste Fahrt zu seiner Frau mache er mit uns. An einem Tag mit steilen weißen Wolken haben wir ihn dann zu seiner Farm gebracht. In dem Ort Mogotio war alles so, wie William es beschrieben hat. Die Frau, die Englischstunde, die Farm, das Kind. Das Kind kletterte auf Williams Schoß. Es ist das letzte Bild, an das ich mich erinnere. Es ist ein Bild mit Buch. Mit Kinderbuch. Und mit Kinderhand, die nach einer Seite sucht. Quer durch das Blatt ist ein Baum gezeichnet. Ein Baobab. Ein grauer Baum mit kleinen Blüten. William nimmt das Buch. Und liest: »Als Gott die Welt erschaffen hat, besah sich der Baobab im Spiegelbild des Teiches, verglich sich mit den anderen Bäumen und fand, daß er benachteiligt worden sei. Der Fieberbaum hatte ein sanftes Grün und eine wunderschöne gelbe Rinde. Die Palme war schlank und hoch und spreizte ihre Wedel in dem Wind. Der Flamboyant hatte leuchtendrote Blüten, so leuchtendrot, daß die Tiere stehen blieben und sagten: ›Wie bist du schön!‹ Im tiefsten Herzen gekränkt, lief der Baobab zum lieben Gott, verneigte sich tief und sagte: ›Herr, gib mir auch so schöne Blüten, wie der Flamboyant sie hat.‹ Aber Gott sprach: ›So wie du bist, bist du schön.‹ Der Baobab klagte, daß sein Bauch zu dick geraten sei und seine Blätter zu winzig. Der liebe Gott war anderer Meinung und mit seinem Werk zufrieden und schickte den Baobab fort. Der aber kam so lange wieder, Tag für Tag, bis der liebe Gott die Geduld verlor. Man*

*Verkrusteter Baumstamm. Hardy sagt dazu: »Heute habe ich den Großvater aller Baobabs gesehen«.*

*weiß ja, daß der liebe Gott nicht immer nur lieb ist, sondern auch mal zornig wird. Er grollte ein Gewitter, hob den Baobab mit starker Hand hoch in die Luft und rammte ihn kopfunter wieder in die Erde. Seit dem Tag wachsen die Wurzeln des Baobab in den Himmel.«*

Ja. So ist das gewesen. So habe ich das Bild von William in Erinnerung. Mit der Tochter auf dem Schoß. Möglich, daß ich die Geschichte länger mache. Ach was. Laß gut sein. Beim Aufschreiben bestimmt deine Geschichte ihre Länge ganz von selbst. Oder? Ja, ist meistens so.

Im Zelt von Ben und Joseph schalten sie das Radio an. Blech klappert an Blech. Gaskocher gegen Wasserkessel. Oder umgekehrt. Jetzt: Messer. Gabel. Gleich bringen sie eine Kanne Tee von drüben. Einer von den beiden arbeitet an dem Feuer zwischen unseren

*Der Baobab. Ein Baum, dessen Wurzeln in den Himmel wachsen.*

Zelten. Wirft einen Ast auf die Glut von gestern. Hängt den Bottich an das Dreibein. Luv weckst du erst, wenn du das Wasser brodeln hörst. Oder wenn Ben das heiße Wasser in den Duschkanister geschüttet hat. Dann kann sich das Mädchen in ihr Handtuch wickeln. Durch die kühle Luft zum Duschzelt gehen. Den beiden Jungens einen Gruß zuwinken. Erstaunlich, sie sieht nie verschlafen aus. Mein Gott, ich wünschte, ich könnte ewig leben. Streck noch ein letztes Mal den Schmerz aus deinem Rücken. Das Bett ist wirklich viel zu schmal.

Heute kommt der Kili endlich aus den Wolken. Ganz bestimmt.Verlaß dich drauf. Kann gar nicht anders sein. Du kommst aus dem Zelt, und der Berg steht wie ein Scherenschnitt vor dir. Ohne Wolken. Mit einem Himmel, der im Osten rosa ist. Früher war der Himmel meistens rosa. Und der Schnee hatte die gleiche Farbe angenommen. Zwar nur in der ersten Stunde eines Tages. Aber immerhin. Tcha. Früher. Heute kommt das anders. Heute siehst du den Kili ohne Schnee. Meinst du wirklich, ohne Schnee? Ja. Bestimmt. Denn das Eis am Krater ist geschmolzen. Wissenschaftler haben das vorausgesagt, weil es heutzutage das Ozonloch gibt. Früher hat es nicht einmal dieses Wort gegeben. Auch von Treibhauseffekt hat damals keiner was gesagt. Nein. Sicher nicht. Wie das wohl aussieht, Kilimanjaro ohne Schnee? Nackt. Ja. Nackt vor einem rosa Himmel. Sieht sicher gar nicht schlecht aus. Ganz bestimmt. Du mußt nur wollen, daß es gut aussieht. Oder willst du dich etwa zu denen zählen lassen, die sagen, daß früher alles besser war? Nein. Bloß nicht. Gott sei davor. Vielleicht liest William seiner Tochter bald eine Geschichte vor und die beginnt: ›Es war einmal eine Zeit, da hatte der Kilimanjaro Schnee.‹ Tcha. Vergangenheit. Eigentlich überhaupt nicht zu bedauern, daß sie vorüber ist. Oder? Nein. Im Gegenteil. Jetzt kommt die Zukunft. Freu dich drauf. Tu ich ja. Ich hab die Absicht, mein Leben in ihr zu verbringen. Also dann. Streck dich noch mal richtig aus. Nur noch eine kurze Weile. Bald hast du ein neues Heute. Über dem Berg wird es jetzt endlich hell.

*Auf Safari.*

# IM LAND DER

# MORMONEN

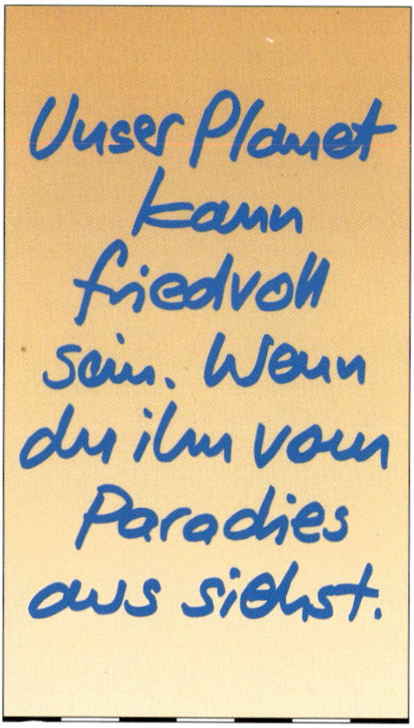


Es ist Juli. Früher Morgen. Manchmal läßt der Fluß ein Gurgeln hören. Sonst ist es still. Die Luft steht unbewegt unter einem gelben Himmel. Der Fluß, von dem ich hier erzähle, ist der Colorado River. Anfang des Monats haben wir an seinem Ufer unser Lager aufgeschlagen. Es ist ein guter Platz zum Kampieren, einsam, und von Hügeln eingerahmt. Die Sonne hat den lehmigen Boden über der Böschung zu Stein gebacken. Der Colorado führt in diesen Wochen wenig Wasser, weshalb es unbedenklich ist, das Lager so nah am Ufer zu haben. Selbst wenn flußaufwärts, an den steilen Hängen des Grand Canyon, elektrisch geladene Stürme tonnenweise Wasser auf die Felsen stürzen lassen, wird der Colorado unser Lager nicht überschwemmen. Der Fluß zieht an dieser Stelle nur träge westwärts. Sein Wasser ist klar, gut zum Schwimmen, und ich pumpe es an jedem frühen Morgen zu unseren Tanks im Wohnmobil. Luv findet das Wasser auch zum Trinken gut, aber ich koche unser Trinkwasser lieber in einem großen Bottich ab.

Hinter dem anderen Ufer des Colorado steigen Berge auf, die morgens düster sind, über Mittag blaß und unansehnlich werden, doch in der Abendsonne flammend rot erglühen.

Der Platz ist einsam, ich habe das bereits gesagt, und den Weg hierher hatten wir unverhofft entdeckt. Manch einer würde sagen, aus purem Zufall seien wir auf diesen Weg gestoßen, doch an Zufall glaube ich nicht recht. Im Lauf der Jahre habe ich gelernt, daß es Andeutungen gibt. Fingerzeige. Zeichen. So eine kleine Hilfestellung gibt es immer wieder. Nicht nur im Leben. Auch in der Natur. Ich muß die Zeichen allerdings erkennen. Fast so, wie ein Tier es tut.

Der Weg, von dem ich hier erzähle, ist auf keiner Karte eingetragen. Er führt durch goldverdörrte Hügel, die sich vor dem Fluß zu einer Bucht hin öffnen. Der Weg ist, genau gesagt, nur eine windverwehte Spur von Autoreifen, die zwischen Kingman und

Boulder City vom Highway 93 abgeht und sich durch die Prärie nordwärts windet. Wir hatten den Jeep vom Wohnmobil gekoppelt und waren der Spur nachgefahren. Als sie sich in dieser Bucht am Fluß verlor, haben wir den Camper nachgeholt. Das ist jetzt gut zwei Wochen her. Zwei Wochen, in denen wir allenfalls einmal einen Koyoten sahen. Oder einen Hasen. Andere Wesen kamen nicht an diese Bucht. Von ein paar Enten abgesehen.

*Forellenduett. Colorado River.*

Der Colorado spült uns täglich Brennholz an sein Ufer. Baumstämme. Bretter. Treibholz, das in der Wüstensonne trocken ist, lang bevor wir es am Abend für unser Lagerfeuer zur Pyramide stapeln. Auch das tägliche Dinner liefert uns der Fluß. Forelle. Barsch. Wir packen die Fische in Kräuter ein, die in der Prärie zwischen Steinen wachsen, aber gegrillt wird erst, wenn die Sonne sich hinter den Hügeln schlafen legt. Manchmal gibt es auch einen Fisch, der »bluegill« heißen soll. Luv nennt ihn so. Wie er auf deutsch genannt wird, weiß ich nicht. In meinem Wörterbuch ist »bluegill« nicht zu finden.

Luv fängt die Fische jeden Morgen frisch. In den kühlen Stunden, die dem ersten Licht am Himmel folgen, kann ich sie mit ihrer Angel am Ufer sitzen sehen. Lange Zeit. Und unbewegt. Sie sagt, schon als kleines Mädchen hat sie das gelernt. Luv ist an stillen Seen aufgewachsen. Im Mittleren Westen gibt es von solchen Wassern viele.

Die Zeit vergeht an diesem Ufer auf ganz eigene Weise. Fast antastbar gemächlich. Die Uhr an meinem Handgelenk zeigt zwar an, welches Datum, welcher Wochentag es ist, doch ein Kalender verliert in unserem Lager an Bedeutung. Wenn ich zu Luv sage, für die Welt ist heute Mittwoch, doch den funktionieren wir zum Sonntag um, holt sie Steaks aus dem Tiefkühlfach im Camper und legt dicke Idaho-Kartoffeln in die Glut.

Es kommt vor, daß ein Gewitter unser Feuer löscht. An solchen Tagen kochen wir auf dem Gasherd weiter. Und essen im Wohnmobil am Küchentisch, statt unter dem Sonnensegel draußen. Es ist ein gutes Wohnmobil, sorgsam ausgewählt. In jeder Wildnis läßt sich darin leben. Auf kleinem Raum ist alles da: Bett, Schrank, Dusche, Wassertanks, Abwasserspeicher, Generator, Zusatzbatterien, Klimaanlage, Backofen, Tisch und Couch. Für mich ist der Camper das Zuhause weit entfernt von unserem Haus. Luv hingegen nennt ihn ›H.K.'s Schreibwerkstatt auf Rädern‹. Der Grund: Auf der Couch kann nur selten einer ruhen. Wegen der fliegenden Blätter, die sich zwischen Kissen stapeln. Notizen. Manuskripte. Lexika. Landkarten. Tagebücher. Und wenn Luv in den kühlen Stunden eines jeden frühen Tages angeln geht, schreibe ich am Küchentisch meine Geschichten in den Computer und lasse ab und an eine Seite durch den kleinen Drucker rattern.

Einmal in diesen zwei Wochen sind wir in die nächste Ansiedlung gefahren. Bei der Einmündung in den Highway 93 habe ich zur Markierung unserer Piste einen Zeltpfahl in den Boden gerammt und den weißgebleichten Schädelknochen eines Rinderskelettes darauf gestülpt. In Boulder City stand die Sonne steil am Himmel und das Außenthermometer zeigte 38 Grad. Bei einer Tankstelle

*Am Straßenrand Zeugen einer längst vergangenen Zeit.*

IDAHO
NEVADA
COLORADO
ARIZONA
UTAH
Los Angeles
Washington
Großer Salzsee
Salt Lake City
GREAT SALT LAKE DESERT
WASATCH RANGE
Green
Arches National Park
Capitol Reef National Park
Colorado River
Bryce Canyon National Park
Escalante
Zion National Park
St. George
Lake Powell
Monument Valley
GRAND CANYON
Boulder City
Camp
93
nach Kingman
N
100 km

schlief ein Mechaniker im Dunkel der Garage. Als Luv sagte, hoffentlich habe er nichts dagegen, aber wir würden gern unsere Abwässer in seine Sickergrube entleeren, ließ er beim Nicken die Augen fest geschlossen. Ein Stück weiter die Straße runter haben wir in einem Supermarket gebunkert, was zu haben war. Brot, Spaghetti, Frischgemüse. Ich glaube, Sodapop. Auch Wein. Dann haben wir ein Faxgerät gesucht. Hamburg wartete auf Nachricht. Das Produktionsbüro hatte eine Woche nichts von uns gehört. Am Postamt von Boulder City hing »Old Glory« in der Hitze schlaff vom Fahnenmast. Die Frau am Schalter sagte, daß ihre Faxmaschine gestern kaputt gewesen sei, aber heute ginge sie wieder. Wie durch ein Wunder. Keiner hat gewußt, warum. Die Frau war eine Afro-Amerikanerin, wie die Schwarzen in den Staaten sich seit ein paar Jahren nennen. Sie warf einen Blick auf meinen Text und wollte wissen, was das für eine Sprache sei. Ich sagte, es sei Deutsch, und die Frau pfiff vor sich hin. In dem dunklen Gesicht stand eine Reihe breiter, langer Zähne. Sie ging mit meinem Papier in einen Raum mit Neonlicht. Ich hatte auf das Papier geschrieben: »Recherche Utah abgeschlossen. Drehbereit. Erwarten das Team wie im Drehplan

*Erinnerung an den wilden Westen, Erinnerung an die Entstehung der Welt.*

festgelegt. Zwei Wohnmobile stehen beim Vermieter in El Monte bereit. Fahrtroute: Auf dem Highway 93 von Boulder City (Kalifornien) in Richtung Kingman (Arizona). Nach 35 Meilen linker Straßenrand: Hoher Zeltpfahl mit Rinderschädel. Von dort der Fahrspur zu unserem Camp am Colorado folgen. Obacht: Keine Straße, nur Sandpiste, Richtung Nordost. Entfernung von Hwy 93 zum Lager: 30 Meilen.«

EINE WOCHE SPÄTER. Die Männer rollen ihre Wohnmobile durch die langen Schatten unseres Nachmittages in das Camp. Ihre eckigen Fahrzeuge werden von schweren Dieseln angetrieben. In der Stille des trägen Flusses haben wir ihre Motoren schon von weitem ausgemacht. Wir stellen die beiden Camper nach West und Osten neben uns. Den Blick auf den Fluß lassen wir frei. Ich muß an Wagenburgen denken. An Prärieschoner der Pioniere. Bei Dunkelheit zünden wir auf dem freien Platz der Wagenburg ein Feuer an.

»Also, wie ist das«, sagt Gerd, »wollt ihr eure Mitbringsel jetzt sofort haben, oder haltet ihr es trotz der Neugierde bis zum Frühstück aus?«

Sie holen aus ihren Eisschränken, was es in Amerika nicht gibt. Bier aus Jever. Schinken aus Westfalen. Vollkornbrot. Bayerischen Leberkäs in Dosen. Ich nehme einen langen Schluck aus der Flasche, die mir Eckhart rüberreicht.

»Du hast schon lange kein richtiges Bier gehabt«, grinst Gerd. »Ich kann's an deinen geschlossenen Augen sehen.«

Wir sitzen lange vor dem Feuer, Luv, die Jungs und ich, und die Freude des ersten Wiedersehens hält die halbe Nacht lang an. Hinter den Flammen leuchten die Gesichter. Vier Gesichter. Unrasiert. Und auch verschwitzt. Gerd, Eckhart, Holger, Kenny. Die Männer lachen. Und erzählen. Ich höre ihnen zu und muß an viele Länder denken.

DAS BAD IM FLUSS AM NÄCHSTEN MORGEN wird ein langes Bad. Luv macht einen Topf Kaffee. Kenny sagt: »Erzähl doch mal von Utah.« Holger nickt: »Sag mal, was wir da drehen woll'n.«

»Nach allem, was ich weiß«, meint Gerd, »ist das ein schönes Land. Mit roten Felsen, die wie Triumphbogen ausgeschnitten sind.« Ich nicke. Gerd fragt weiter. »Und wer ist dieses Mal unsere Hauptperson?«

*Cowboy und Telefonarbeiter: Marvin Hanchett.*

»Eine schöne Frau.« Kennys Brillengläser blitzen. »Ich halte jede Wette, die ihr wollt.«

»Wette verloren«, sage ich.

Luv lacht. »Ist es denkbar, daß Kenny eine Wette je gewinnt?«

»Ich stamme aus Louisiana«, sagt Kenny. »Leichtfertig mit dem Schicksal umzugehen, gehört bei uns zum guten Ton.«

»Also diesmal keine Frau als Hauptperson«, stellt Gerd fest.

»Nein«, sagt Luv. »Ein Mann. Er heißt Marvin Hanchett.«

»Marvin?«

»Ja«, sage ich. »Marvin. Ein alter Freund von mir. Er ist Telefonarbeiter.«

Holger scheint überrascht. »Telefonarbeiter? Glaubst du, daß dir unser Publikum das glaubt?«

»Was glaubt?«

»Schauspieler und Telefonarbeiter. Als Freundschaft ist das ungewöhnlich selten.«

»Ich hab das nicht als Geschichte erfunden«, sage ich. »Das Leben hat das für mich besorgt. Für uns beide. Vor sechs Jahren schon.«

»Vor acht«, sagt Luv.

»Vor acht«, sage ich. »Wir sind durch den Oak Creek Canyon gefahren, Luv und ich, hier in Arizona, ihr kennt das ja.«

»Ich nicht«, grinst Kenny. »Ich und mein Tongerät kommen aus New Orleans ohne euch niemals raus.«

Die Männer lachen. »Erzähl weiter«, sagt einer.

»An der Straße nach Sedona war ein Lastwagen der Western Bell abgestellt, von dieser Telefongesellschaft hier. Auf der Pritsche lagen eine große Rolle Kupferdraht und ein Ballen Heu. Der restliche Raum der Ladefläche war voller Pferdeködel. Später stellten sich die als Eselködel raus. Den Unterschied weiß ich bis heute nicht. Von der Stelle, wo der Laster stand, führte eine Sandstraße zu den Bergen hoch. Es war eine von diesen schönen roten Sandstraßen. Terrakottarot. Ich habe das als Einladung angesehen.«

»Und bist die rote Straße reingefahren.«

»Ja.«

»Auf der Suche nach den Besitzern dieser Pferdeködel«, ruft einer. Aus den Gesichtern hinter den Flammen kommt helles Lachen.

»Und was hast du gefunden?«

»Ich habe zwei Maulesel gefunden.«

Einer der Männer will wissen, ob es mir was ausmacht, ihnen zu erzählen, wie das gewesen ist auf dieser roten Straße. Nun, es macht mir nichts aus. Ich erzähle es ihnen.

*Zwei Männer, die sich fanden, ohne sich zu suchen.*

DIE MAULESEL STANDEN AM WEGESRAND bei einem Mast mit neuen Kupferleitungen. Hinter dem Mast stürzte ein Abhang steil in den Canyon ab. Der eine Maulesel war ein Packtier, der andere trug einen Sattel. Auf dem Sattel stand ein Mann, der wie ein Cowboy gekleidet war. Brauner Stetson mit schlapper Krempe. Ich mußte an Slim Pickins denken. Slim hatte Tag und Nacht den gleichen braunen Hut auf seinem Kopf gehabt. Und auch die gleichen Denims wie der Mann auf seinem Esel. Mit Leggins aus schwerem Leder über seinen Jeans. Nur, daß der Mann nicht so dünn war wie Slim Pickins. Im Gegenteil, er ist eher untersetzt zu nennen. An seinen Cowboystiefeln trug er großrädrige Sporen. Er nahm den Stetson ab und stülpte sich einen weißen Hardhat auf. »Mountain Bell« stand auf dem Helm. Schließlich schnallte er sich Steigeisen um und stieg vom Sattel aus den Telefonmast hoch. Ich sah im zu, wie er da oben unter einem blauen Himmel mit weißen Wolken hing und eine Telefonleitung zusammenlötete. Die Leitung lief steil nach unten in die Schlucht, hing an zwei oder drei anderen Masten aus dunklem Holz und stieg auf der anderen Seite des Canyon zu bizarren roten Felsen hoch. Ich sah dem Telefonarbeiter zu und verstand, warum er die Esel auf dem Pritschenwagen hergefahren hatte. Wer in solche steilen Schluchten runter muß, kann Pferde nicht gebrauchen. Ein Pferd ist für solche Arbeit zu nervös. Hat vor Tiefen Angst. Und ein Jeep würde sich auf solchem Steilhang überschlagen.

Eine Zeitlang hat der Mann Luv und mich und unser Auto nicht bemerkt. Als ich über die Straße ging und mich neben seinen

Telefonmast stellte, hat er mich von oben freundlich angesehen. Und gefragt, woher ich komme. Auf meine Antwort hin nannte er mich ›Schneevogel‹, weil ich aus dem winterlichen Deutschland hergekommen war, um mir in der Sonne seines Landes die vereisten Flügel aufzutauen.

Auf jede meiner Fragen gab er Antwort, mit viel Geduld, und er sagte, daß er und seine Esel Einzelgänger sind, Spezialisten für das Verlegen von Telefondraht in Landschaften, die unzugänglich sind. Selbst die Telefonleitung, die den Grand Canyon von Süd nach Nord durchquert, hat dieser Cowboy vom Sattel seines Esels aus schon viele Male repariert.

*Marvins Küche am Escalante River.*

An dem Tag, als wir uns das erstemal begegnet sind, ist es heiß gewesen. Das weiß ich noch, als ob es gestern war. Ich habe den Mann gefragt, ob er was trinken will, denn im Auto gibt es eine Kiste voller eisgekühlter Sachen. Das hinge ganz davon ab, was wir so hätten, hat er gemeint, doch was immer Luv dann nannte, hat ihm nicht behagt. Wegen des Koffeins, das sie in fast jedes Sodapop reinpumpen, so sagte er und wollte wissen, ob ich was gegen ganz einfach klares Wasser hätte. Leitungswasser. Nun, in der Kühlkiste gab's auch Wasser, eine vier Liter große Plastikflasche. Wasser vom Hahn, sorgsam abgekocht. Ob er was vergeuden dürfe, hat der Telefonarbeiter gefragt und mit Genuß die halbe Buddel über seinen Kopf rinnen lassen, bevor er den ersten Schluck davon genommen hat. Ich habe ihm zugesehen und dann gefragt, ob er Mormone sei, was ihn ganz offensichtlich überraschte, und als er sagte, ja, er sei Mormone, hat er wissen wollen, woran das zu erkennen sei. Nicht schwer zu raten, sagte ich, wenn einer nichts als Wasser trinkt... Er hat gelacht: Ich hätte nie geglaubt, daß wir am Wassertrinken zu erkennen sind...

So ist das gewesen, als wir das erstemal auf Marvin trafen. Am gleichen Abend kam er in unser Camp geritten. Er hatte unser Feuer von weither gesehen.

»Schneevogel«, hat er gesagt, »es liegt mir daran, meinen Schlafsack am Feuer guter Menschen auszurollen, doch nicht, ohne vorher meinen Beitrag zum Dinner beizusteuern.«

Aus einem wildverwachsenen Dogwood schnitt er dicke Stöcke und stellte sie als Dreibein über das Feuer. Dann holte er einen gußeisernen Topf aus den Satteltaschen seines Packesels und wollte wissen, ob wir etwas gegen Chili hätten. Chili nach Cowboyart. Wir sagten, daß es sowas sonst allenfalls im Kino gibt, und Marvin kochte den besten Topf Chili, an den ich mich erinnern kann. Es war nicht unser letzter Chili mit Marvin Hanchett. In den Jahren, die dann folgten, haben wir noch oft gemeinsam in der Wildnis kampiert, und Marvin hat für uns gekocht.

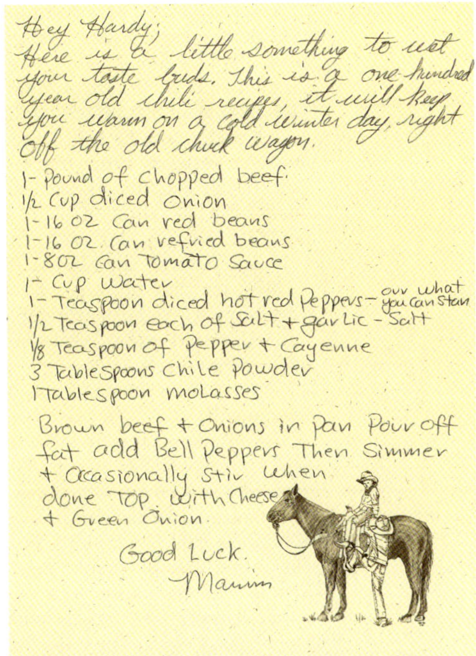
Hey Hardy;
Here is a little something to wet your taste buds. This is a one hundred year old chili recipe, it will keep you warm on a cold winter day, right off the old chuck wagon.

1- Pound of chopped beef.
1/2 Cup diced onion
1-16 oz can red beans
1-16 oz can refried beans
1-8oz can Tomato Sauce
1- Cup water
1- Teaspoon diced hot red peppers - or what you can stan
1/2 Teaspoon each of Salt + garlic - Salt
1/8 Teaspoon of Pepper + Cayenne
3 Tablespoons Chile Powder
1 Tablespoon molasses

Brown beef + Onions in pan Pour off fat add Bell Peppers Then Simmer + Ocasionally stir when done Top with Cheese + Green Onion.

Good Luck.
Marvin

*Sein Chili-Rezept. Am Lagerfeuer zu kochen.*

DAS IST ALSO DER BEGINN meiner Geschichte von Marvin, und wie ich nun auf Utah zu sprechen kommen will, sagt Luv: »Marvins Chili wird von keinem übertroffen. Er hat für Hardy das Rezept aufgeschrieben.«

Sie holt den Zettel aus unserem Camper. Das Papier ist abgegriffen, mit Eselsohren und braunen Saucenflecken, und Luv läßt es in der Runde kreisen.

»Die Schrift läßt auf einen starken Charakter schließen«, stellt Holger fest. »Außerdem scheint der Mann intelligent zu sein.«

»Ja«, sage ich. »Manchmal denke ich, Marvin gehört in den Präsidentensessel seiner Telefongesellschaft und nicht zum Drähteflicken auf die Masten.«

»Wo sind die Berührungspunkte zwischen euch?« fragt Holger. »Ich nehme an, hauptsächlich in der Liebe zur Natur.«

Ich nicke. »Ja. Er spürt das Kribbeln ebenso wie ich: Raus aus den vier Wänden. Unter freiem Himmel leben. Wenn auch nur auf Zeit. In der Wildnis erkennst du deine Winzigkeit. Wenn du dann wieder zurückkehrst in deine gewohnte Auseinandersetzung mit den Menschen in der Stadt, hindert dich das Bewußtsein deiner Winzigkeit daran, dich für wichtiger zu halten, als du bist.

Wie ich das so sage, höre ich mir selber zu. Und spüre Verlegenheit. Weil das große Worte sind. »Entschuldigt bitte«, sage ich. »Das sind große Worte. Aber ich weiß sonst nicht, wie ich's euch erklären soll.«

»Würde Marvin das auch so sehen?« Es ist Kenny, der das wissen will.

»Wohl kaum. Marvin kommt nicht aus der Stadt. Er ändert nicht sein Leben, wenn er in die Wildnis geht. Ebenso wie wir steht er sprachlos vor einem Regenbogen. Oder sieht den See, der Wolken widerspiegelt. Doch Marvin sagt, für ihn ist die Natur mehr als nur Schönheit zum Bewundern. Für ihn ist die Wildnis ein Geschenk. Und ohne das Geschenk, sagt er, würde er die Kinder nicht zur Schule schicken können. Es sind drei Kinder. Der Älteste ist schon auf der Universität, und die beiden Mädchen wollen auch studieren. Doch das Gehalt eines Telefonarbeiters reicht für die Erfüllung solcher Wünsche niemals aus. Also verdient Audrey, seine Frau, noch mit dazu. Sie putzt Fenster bei alten Leuten und in Büros. Nun muß aber auch noch Essen auf den Tisch. Und deshalb, sagt Marvin, nimmt er das Geschenk aus der Natur gern an. Von den Seen bringt er Fisch nach Hause. Und aus den Wäldern Pilze. Oder Beeren. Audrey macht die Beeren und die Pilze ein. Vor den langen Wintern geht Marvin jagen. Auf Rehe. Und auf Hasen. Das Fleisch kommt in die Tiefkühltruhe. Einmal bin ich mitgegangen, habe zugesehen. Ich selbst bin alles andere als ein Jäger. Doch Marvins Art der Jagd hat mich erregt. Ja. Erregt. Tatsächlich wahr. Und ich sage euch auch gleich, warum: Weil er ein Reh nicht mit dem Gewehr erlegt. Sondern mit Pfeil und Bogen. Die Herausforderung, sagt er, sei wichtig bei der Jagd, ebenso wie das Überlisten wichtig ist. Schließlich holt er den Fisch ja auch nicht mit Dynamit aus seinem See, sagt Marvin, sondern mit einer langen Schnur und viel Geduld und einem Haken. Stunde um Stunde haben wir schweigend in einem Baum gesessen. Vor Sonnenaufgang saßen wir schon da. Das Reh war immer in der Nähe. Doch nicht nah genug. So an die vierzig Meter. Ein Pfeil trifft ab vierzig Metern nicht mehr ganz genau. Und hat auch nicht genügend Durchschlagskraft. Erst im letzten Tageslicht ist das Reh zu unserem Baum gekommen. Marvin hat es mit nur einem Pfeil erlegt.«

SPÄTER WIRD DIE SONNE STECHEND, und wir wandern zu den Campingstühlen im Schatten des Sonnensegels hin. Ich hole meine Notizen aus dem Camper, setze mich auf die Stufen in der Tür und sage, daß ich jetzt wohl besser mal etwas über das Land Utah erzähle, das seinen Namen vom Indianerstamm der Ute abgeleitet hat, und lese vor:

»LANDESGRÖSSE. Elftgrößter Bundesstaat der USA. Nur ein Drittel kleiner als unser heutiges Deutschland.

BEVÖLKERUNGSDICHTE. 1,8 Millionen. Wenig im Vergleich zu Deutschlands 75 Millionen. Zur Verdeutlichung: In Utah kommen nur 5 Einwohner auf jeden Quadratkilometer.

BEVÖLKERUNG. Wenig verbliebene indianische Ureinwohner. Kaum afro-amerikanische oder hispanische Amerikaner. Die weiße amerikanische Bevölkerung überwiegt. Deren größter Anteil gehört der Mormonenkirche an. Mormonen sind auf sprichwörtliche Weise bienenfleißig. Der Staat Utah hat den Bienenkorb und das Wort ›industry‹, übersetzbar mit ›Gewerbefleiß‹, im Wappen.

HAUPTSTADT. Salt Lake City. Gegründet von Pionieren auf der Flucht am 24. Juli 1847. Universitätsstadt und Kulturzentrum. Bischofssitz verschiedener Religionsgemeinschaften. Einwohnerzahl heute: 800 000.

LANDESNATUR. Nur 3 Prozent der Landesfläche sind Agrarland. Die restlichen 97 Prozent bestehen aus einer großen Salzwüste, nackten Felsen und unproduktivem Boden. Dafür sind Bodenschätze reichhaltig vorhanden: Kupfererz, Uran, Silber, Gold, Blei, Zink, Salz, Eisenerz, Kohle, Erdöl, Erdgas.

KLIMA. Der größte Teil des Landes hat Wüstenklima. Es fällt wenig Regen. Allerdings gibt es auf den hohen Bergen reichlich Schnee. Die Sommer sind heiß, die Winter äußerst kalt.

*Seite 90: Kleines Schulhaus der ersten Siedler. Capitol Reef National Park.*

*Seite 91: Zwei »Landstreicher« in Hardys altem Jeep.*

*Seiten 92 bis 94: Die Lieder handeln hier von Einsamkeit.*

ENTSTEHUNG. Nirgendwo auf der Welt scheinen die Elemente Erde, Wind und Wasser so dramatisch aufeinandergeprallt zu sein. Vor 150 Millionen Jahren verlief hier die Westküste des amerikanischen Kontinents. Gewaltige Kräfte aus dem Erdinneren schufen hohe Berge und eine Wüste, die in Art und Ausmaßen der Sahara geglichen haben muß. Ihre Dünen wurden wiederholt vom Pazifischen Ozean überflutet. Ablagerungen des Meeresbodens blieben zurück. Im Verlauf der Jahrhunderte sind diese Ablagerungen von Sandschichten überzogen worden und zu mehrfarbigem, vielschichtigem Fels versteinert. An anderer Stelle blieb roter Sandstein zurück. Flüsse entsprangen tieferen Schichten und wuschen den Sandstein aus. Die faszinierenden Schluchten des heutigen Utah begannen zu entstehen. Eis und Wind zerbrachen Felsen und schufen Brücken aus Stein. Starke Winde höhlten den Sandstein aus und ließen nur die Ränder stehen. Utahs rätselhafte rote ›arches‹ waren geschaffen.

UREINWOHNER. Funde von steinernen Speerspitzen bezeugen die Existenz von Paleo-Indianern um 11000 vor Christi. Mit der Schmelze der Gletscher des Eiszeitalters veränderte sich das Klima. Größere Tiere starben aus. Aus Jägern wurden Ackerbauern.

Um 500 nach Christi brachten mexikanische Stämme Mais und andere eßbare Pflanzen in das Gebiet des heutigen Utah. Archäologen unterscheiden seitdem zwei neue Menschengruppen, die sie mit den Namen Fremont (nach dem Entdecker) und Anasazi belegten. Zahlreiche Felsmalereien legen Zeugnis ab von ihrer Kultur. Beide Stämme sind ausgestorben oder haben das Gebiet verlassen. Eine zwanzigjährige Dürre soll sie dezimiert oder zum Aufsuchen anderer Weidegründe veranlaßt haben.

Die heutigen Indianerstämme Ute, Schoschone, Paiute und Navajo gelten als ihre Nachfahren. Als die Weißen kamen, verliefen die Begegnungen zunächst friedlich. Später wurden die Stämme, ebenso wie in anderen Gebieten Nordamerikas, ausgenutzt, überlistet und betrogen. Beispielsweise fielen die Utes den Überredungskünsten der ersten spanischen Entdecker zum Opfer: Auf Wunsch der Fremden überfielen die Utes benachbarte Stämme und verkauften den Spaniern ihre Gefangenen als Sklaven. Später trafen Siedler in großer Zahl ein. Sie beanspruchten mehr und mehr Land. In der Folge konnten blutige Auseinandersetzungen nicht vermieden werden.

ERSTE ENTDECKER. Im Jahr der amerikanischen Unabhängigkeitserklärung (1776) war die Region des heutigen Utah auf den Landkarten der Vereinigten Staaten noch ein weißer Fleck. Zwei spanische Missionare katholischen Glaubens, Escalante und Domínguez, kamen als erste Weiße in das unwirtliche Land. Ihr Auftrag: Bekehrung der Indianer und Auffindung der vermuteten Nordpassage von Santa Fé zum Pazifik. Ihre Expedition schlug fehl. Die Salzwüste war für Menschen unpassierbar. Und an dem Christengott wollte kein einziger Indianer Gefallen finden. Von ihrer Obrigkeit vergessen, fanden beide Priester ihren Tod. Im gleichen Zeitraum verlor die spanische Krone ihr Interesse an dem Indianerland.

MOUNTAIN MEN. Als nächste Weiße kamen Pelztierjäger, Glücksritter und Händler. Über sie berichten Dokumente erst ab 1811. Diese Einzelgänger lebten in den Bergen. Sie lernten von den Indianern, wie man in der Wildnis überlebt. Meist heirateten sie die Töchter ihrer neuen Freunde. Ihre Beute brachte auf den Pelztiermärkten Amerikas und Europas gutes Geld. Sie gaben den Indianern englische Musketen. Den Gegenwert nahmen sie in Pelzen. Kaufpreis für den ›Donnerstab‹: 15 Dollar. Erlös des Gegenwertes in Pelzen auf dem Markt: 2000 Dollar. Die frühen Trapper wurden sehr schnell reich. Sie waren auch die ersten, die Karten von dem Gebiet zeichneten. In Booten aus Büffelleder fuhren sie die Flüsse ab. Auf Flößen folgten sie den Stromschnellen des Colorado. Sie erschlossen die Pässe, die nach Westen führten. Sie fanden auch die Nordpassage, die nach Kalifornien ging. Der erste Nichtindianer, der den Großen Salzsee sah, war ein wilder Mountain Man. Es wird zu Recht gesagt, sie habe Spuren hinterlassen: jene kleine Gruppe Weißgesichter, die sich schließlich in dem großen Land verlor.

MORMONEN. Als erste Weiße, die zu Hunderttausenden kamen, begannen diese Anhänger einer neuen Religion im Juli 1847 durch einen Paß der Trapper in das Indianerland zu strömen. Sie waren auf der Flucht. Ihr Glaubensbekenntnis verstieß gegen die Doktrin der bestehenden Christenkirche. Ihre neugefaßte Bibel wurde als Blasphemie angeprangert. Als rasch anwachsende Gemeinde waren die Mormonen zu einer unerwünschten politischen Kraft geworden, und ihr religiös verankertes Recht auf mehrere Ehefrauen unter einem Dach hatte die Gemüter der Bürger Neuenglands in Wut versetzt. Blutige Verfolgungen brachten Schrecken unter die Mormonen. Nach siebzehn Jahren Anfeindung, Mord, Vergewaltigung und Brandschatzung führte sie ein Mann namens Brigham Young über den Missouri nach Westen. Frauen, Männer, Kinder und Greise zogen in Planwagen, auf Eseln und zu Fuß quer durch den amerikanischen Kontinent. Es war eine kleine Nation von Menschen der unterschiedlichsten Berufe. Bauern, Schmiede, Rechtsgelehrte, Cowboys, Astronomen, Brückenbauer, Ärzte, Tischler und Soldaten. Im strengen Winter von 1846 starben viele der Kranken und der Schwachen. Ihr Trek ging durch sattes Ackerland. Vorbei an wildreichen Wäldern und an Seen, die voller Fische waren. Doch die Leute erlagen nicht der Versuchung, sich in einem Garten Eden anzusiedeln. Brigham Young wußte, daß der Abstand zu den Verfolgern noch nicht groß genug geworden war. Er suchte nach einer weit abgelegenen Region und predigte seinen Leuten, daß sie nur dann als Gemeinschaft überleben würden, wenn ihnen mindestens zehn Jahre Isolation gegeben war. Er sagte: ›Wir werden angekommen sein, wenn wir einen Platz auf dieser Welt erreichen, den kein anderer haben will.‹ Am 24. Juli 1847 war der Platz gefunden. Am Ende einer Felsenschlucht begann ödes Land: Die Große Salzwüste streckte sich unübersehbar weit nach Westen hin. Noch am gleichen Nachmittag begannen die Leute weit oben über der Wüste mit der Arbeit. Sie holten Bäume aus den Wäldern und stellten das erste Blockhaus zwischen Felsen, und leiteten einen Gebirgsbach zu ihrem neuen Lager um. An der gleichen Stelle beginnt heute die Stadt Salt Lake City.«

BEIM DURCHBLÄTTERN DER NOTIZEN ÜBER UTAH fällt mir eine Seite in die Hände, auf der es um das Leben des Marvin Hanchett geht. Die Notiz stammt vom letzten Winter. Die wenigen Dinge, die ich über Marvins Leben weiß, sind auf der Seite festgehalten. Bruchstückweise. Und im nachhinein. Jahre später aufgeschrieben. Ein Gedächtnisprotokoll. Notizen für das Drehbuch eines »Weltenbummler«-Films.

Ich sehe zu den Männern hin, die im Schatten des Sonnensegels auf ihren Campingstühlen wippen. In der Pantry hinter mir setzt Luv einen großen Pott mit Wasser für Spaghetti auf den Herd.

»Es stellt sich hier eine Frage«, sage ich zu den Männern. »Die Ereignisse, die zu dem geführt haben, was heute Utah ist, sind den meisten vermutlich nicht bekannt. Oder was meint ihr?«

»Nein«, sagt Eckhart. »Man kann nicht alles wissen. Wem von euch sind sie bekannt gewesen?« frage ich.

»Keinem«, behauptet Kenny.

»Hand aufs Herz.«

Vier Männerhände legen sich auf Hemden. Die Hemden sind verschwitzt.

»Diesen Hintergrund von Utah müssen wir deutlich machen«, sage ich. »Weil er der Hintergrund von Marvin ist. Und weil ich über Marvin wenig weiß. Im Lauf der Jahre habe ich nicht viel gefragt. Wenn wir fischen waren oder ausgeritten sind, hat sich das eine oder andere von selbst ergeben. Alles, was mir bekannt ist, steht auf diesem Blatt Papier. Ich lese es euch wohl besser vor.«

MARVIN SAGT, seine spirituelle Heimat sei, und das ganz ohne jede Frage, Utah. Auch wenn er in Sacramento, der Hauptstadt von Kalifornien, zur Welt gekommen sei. Als er sechzehn wurde, hat er sich zu einem Besuch von Salt Lake City aufgemacht. Er wollte Spuren seiner Familie finden. Soviel er wußte, waren seine Vorfah-

*Heitere Tage in einem menschenarmen Land.*

ren im Trek mit anderen Mormonen aus Irland oder Schottland quer durch den amerikanischen Kontinent gekommen. Marvin hat die Suche bald beenden müssen. Von seinen Verwandten lebte keiner mehr. Dennoch sieht er seine Bemühung nicht als vergebens an. Im Tabernakel war er Gleichaltrigen begegnet. Eine spirituelle Bindung war entstanden, wie sie ihm bis dahin fremd gewesen war. Diese Verbindung des Geistes, die er in Utah fand, sieht er seit jenen Tagen als seine Heimat an.

Im Leben des Marvin Hanchett gibt es einen Bereich, der ihn bedrückt. Zwischen ihm und seinem Vater hat es nie Zuneigung gegeben. Die Wärme, die ein Elternhaus vermitteln sollte, hat er nie gespürt. Eine wirkliche Familie hat der kleinen Junge nie gehabt. Sein Vater war ein gespaltener Mann: Zwar Mormone, doch dem Alkohol verfallen. Das Wort der Weisheit in der Kirche, sagt Marvin, verbietet die drei Gifte Tabak, Alkohol und Koffein. Marvins Vater aber hat das Gebot der Kirche in den Wind geschlagen.

Audrey und Marvin sind einander auf dem Gymnasium begegnet. Die beiden wurden »highschool sweethearts«, wie die Amerikaner eine Schülerliebe nennen. Audrey war zwei Jahre jünger als ihr »boyfriend«. Marvin mußte auf sie warten. Er wartete in Reno, wo er Arbeit in einem Sägewerk gefunden hatte. Wenn ich mich nicht irre, ist Audrey schon am Tag nach dem Schulabschluß ihrem Marvin nachgereist. Hat ihn geheiratet. Hat sich in einem Mormonentempel trauen lassen. Audreys Mutter nahm das nur unter Protesten hin. Ihre Familie war aus Italien eingewandert. Die guten Leute glaubten ihre Tochter unverbrüchlich der katholischen Kirche zugetan. Nachdem die Tochter ihrem Glauben abgeschworen und einen Mormonen zum Mann genommen hatte, reiste die Mutter eigens an, um Audreys Stirn zu untersuchen. Als sie keine Hörner fand, lobte sie den Herrn.

Der Lohn in Nevada, sagt Marvin, ist karg gewesen. Auf der Suche nach einer lebenswerten Zukunft wanderte er mit Audrey nach Arizona weiter. Audrey sagt, es hat geschneit, als sie in der Hauptstadt Flagstaff ankamen. Im Schneegestöber, gleich am ersten Tag, hat ein Sägewerk ihren Marvin eingestellt. Im Jahr danach stand in der Zeitung, die Telefongesellschaft Mountain Bell lerne junge Männer an und zahle vor allem richtig gutes Geld. Marvin bekam den Job. In seiner freien Zeit holte er sich zusätzlichen Lohn. Als Cowboy. Auf der Ranch der wohlhabenden Familie Babbitt.

Marvin sagt, damals begann für ihn zum ersten Mal ein harmonisches Leben. Er hatte Audrey, ein eigenes Haus und Kinder. Audrey gab ihm, was er in der Jugend nicht hatte haben können: eine Familie. Als übergeordnete Familie sahen sie schon damals ihre Kirche an.

Und dann war da noch ein anderes Element in Marvins Leben: Arizonas Wildnis. Der Wald. Der Fluß. Die Berge. Die Prärie. Seen. Marwins Wildnis begann gleich hinter seinem Haus.

BEIM AUFBLICKEN VON MEINEN NOTIZEN sehe ich, daß Luv unser Essen fertig hat und die Jungs dabei sind, die Campingtische aufzuklappen. Ich frage sie, ob sie überhaupt zugehört haben, und Holger sagt, daß es mir gelungen sei, eine Mannschaft von Genies um mich zu versammeln. Eine Mannschaft, die beides gleichzeitig zustande brächte, zuzuhören und Tischbeine aufzuklappen, und im Gegensatz zu Marvin hätte er einen Opa gehabt, der dem Enkel die Wichtigkeiten des Lebens habe vermitteln können. Beispiel? frage ich. Beispiel, sagt Holger, Essen und Trinken halten Leib und Seele zusammen.

Gerd teilt die Pasta aus. Anfangs fliegt noch viel Gelächter hin und her. Dann wird es still. Unter dem Sonnensegel ist es jetzt heiß. Gerd will wissen, ob unser Wohnmobil mitspielt in dem Utah-Film, und ich erzähle den Männern von der Rahmenhandlung unserer Geschichte: Marvin führt mich im Camper durch sein Land. Wir beide rollen von Nord nach Süd im Wohnmobil. Das ist die Idee. Und weil trotz großer Entfernungen Motels in Utah Mangelware sind, lebt während der Drehzeit auch das Team in diesen Wohnstuben auf Rädern.

Ich sehe auf den Fluß hinaus. Die Berge dahinter sind blaß und unansehnlich. Über allem wabert Hitze. Bis Sonnenuntergang ist noch viel Zeit. Wenn es erst mal dunkel ist, werden wir ein Feuer machen, Steaks grillen, und ein paar Flaschen Wein aufmachen, kühl, von den Jungs vorhin mitgebracht. Doch bis zur Dunkelheit ist, wie gesagt, noch Zeit. Ich warte, bis sie alle ruhig sind in ihren Campingstühlen, und fange dann mit der Geschichte an.

UNSER FILM BEGINNT in einem Meer aus Salz. Ortsangabe: Große Salzwüste, Bonneville Flats, Utah. Hoch im Norden an der Grenze zu Nevada hin. Breitengrad, geschätzt: der vierzigste. Also die gleiche Breite, auf der bei uns daheim Neapel liegt. Oder Madrid. Allerdings rund hundertzwanzig Längengrade weit nach Westen hin entfernt.

ERSTE SZENE. MITTAGSSONNE.
Marvin läuft als Scherenschnitt durch weißes Land. Das Salz unter seinen Schuhen knirscht. Kristalle blitzen in einem schmerzend grellen Licht. Die Sonne ist nur ein blasser Ball. Ein weißer Schleier deckt sie zu. Auch die Erdkrümmung, sonst in Wüsten sichtbar, ist von dem Schleier zugedeckt. Das Bild einer Stadt erhebt sich vor Kristallen. Die Stadt scheint winzig in dem Weiß. Ihre Türme wabern. Beim nächsten Hinsehen sind sie nicht mehr da. Ich sage mir, daß es diese Türme gar nicht gibt. Das Bild ist Gaukelei. Fata Morgana. Illusion. Marvin geht weiter in das grelle Licht hinaus. Auch er beginnt zu wabern. Auch Marvin wird zur Spiegelung. Zur Illusion.

Hinter mir, im Norden, liegt eine andere Welt. Dunkle Berge steigen aus dem Weiß. Zu ihren Füßen liegt ein Stück harter Piste. Auch aus Salz. Flach wie ein Brett. Wind sorgt dafür, daß es auf dieser Piste nicht den kleinsten Rubbel gibt. Tollkühne Männer haben auf dieser Piste ihre Autos ausprobiert. Der Brite Campbell ist hier Weltrekord gefahren. 1935 war das, und seine Marke hat bei 301,13 Meilen gelegen. Andere haben Campbell im Lauf der Jahre unterboten, und als schnellster Mann auf Rädern gilt heute Gary Gebelich. Auf diesem Salz ist er die schnellste Zeit der Welt gefahren. In einem Raketenauto. Am 3. Oktober 1970. Seine Geschwindigkeit: 622,407 Meilen in der Stunde.

BEI DER WEITERFAHRT, auf dem Weg zum Großen Salzsee hin, begegnen wir dem vielgerühmten Traum, den in diesem Land so gut wie jeder träumt. Und für den die Leute einen Namen haben: »The American Dream«. An diesem Tag wird er von einem jungen Mann geträumt, der an den Rändern vieler Teiche Bagger fährt. Die Teiche liegen quadratisch beieinander. Ihre Wasser sind von weißem Erdreich künstlich eingedämmt. Es riecht nach Jod, das aus den Wassern steigt. In der heißen Sonne verdunstet diese Lake schnell. Der Bodensatz ist Salz. Der Bagger holt vom Rand aus diesen Bodensatz heraus. Ich sage zu Marvin, daß ich bei jedem Salzstreuer, den ich von jetzt an in den Händen halte, sicher an diese

Bilder denken muß. Marvin lacht. Er sieht dem Baggerfahrer zu. Der Mann hat Kopfhörer auf den Ohren. Marvin steigt über den Tank zu dem Mann nach oben. Beugt sich über ihn. Schiebt die Kopfhörer vom Ohr. Die Männer reden miteinander. Der Baggerfahrer hält währenddessen nicht mit der Arbeit inne. Die tonnenschwere Schaufel schiebt sich weiter durch den Bodensatz. Am Abend frage ich Marvin nach dem Mann.

Mein Freund hebt den Stetson hoch und wischt sich über die Stirn. »Ein armer Kerl mit großer Hoffnung. Er sagt, heute arbeitet er noch für Mindestlohn, aber wir soll'n mal in ein paar Jahren wiederkommen. In ein paar Jahren, so glaubt er felsenfest, ist er der Besitzer von der Saline hier.«

ZWEITE SZENE. AM GROSSEN SALZSEE.

Als wir an das Ufer rollen, wandeln Menschen über Wasser. Im Wabern der heißen Luft sieht das jedenfalls so aus. Eltern lassen ihre Kinder ohne Aufsicht baden, denn selbst Nichtschwimmern droht hier keine Gefahr. Das Wasser trägt. Sein Salzgehalt läßt keinen untergehen. Und wer hier zu tauchen sucht, kann strampeln wie er will. Auch mit aller Kraft kommt er nicht nach unten. Seine Augen allerdings, die brennen nach dem Bade fürchterlich, und wer sich danach von der Sonne trocknen läßt, dem malen Salzkristalle eine silbrigweiße Haut.

*Seite 103: Der große Salzsee.*

*Unten: Unser Lager. Große Salzwüste.*

Am Ufer steht ein Gebäude der Jahrhundertwende. Es sieht ein wenig viktorianisch, aber auch ein wenig muselmanisch aus. Eine eigene Eisenbahn hat früher einmal zu ihm hingeführt. In seiner Blüte muß das Gebäude grandios gewesen sein. Mit einem Badehaus für Tausende. Mit Restaurants. Und einem Vergnügungspark. Das vergessene Haus aus der Vergangenheit heißt »Saltair«. Zu seiner Zeit stand es, vom Ufer weit entfernt, im See. Jetzt steht das Haus im Salz. Der große See schrumpft ein. Sein Feind, die Sonne, sorgt dafür. Genau wie von den Wassern der Salinen steigt auch hier der Dunst aus Jod zum Himmel hoch. Marvin sagt, auch dieses Binnenmeer ist Illusion.

Wir nehmen mit dem Camper Kurs auf Ost. Marvins Illusion stirbt am Rand der Stadt. Und zwar so gut wie ohne Übergang. Aus weißer Wüste wird schnell brauner Sand. Ein paar Meilen weiter wächst Gras auf sanften Hügeln. Dann säumen Bäume unseren Weg. Und hohe Häuser stehen im Rahmen unserer Windschutzscheibe auf. Wir rollen in Salt Lake City ein.

DRITTE SZENE. BILDER EINER STADT.

Ein Kapitol mit Kupferdom. Villen aus der Zeit um 1900. Breite Straßen. Elegante Frauen. Banken. Weite Lücken zwischen den Gebäuden. Suppenküchen für die Obdachlosen. Lastwagen. Autos. Wohnmobile. Busse und Touristengruppen. Kraftwerke und Gotteshäuser. Hohe Bauten. Viel Beton. Goldenes Glas. Parkanlagen und Fontänen. Mittendrin ein Campingplatz für unser Wohnmobil. Hinter der Stadt erhebt sich ein Gebirge. Von Horizont zu Horizont. Mit schweren Wolken um die Gipfel.

Wir schlendern durch die Stadt. Marvin macht den Fremdenführer: »Diese Statue zeigt Brigham Young. Er war der Begründer von Salt Lake City. Der Planer dieser Stadt. Gleichzeitig war er auch ihr Ingenieur, wenn es darum ging, den Boden zu entsalzen und Flüsse aus dem Gebirge zur Bewässerung der Felder umzuleiten. Ein Mann mit Vision, aber das habe ich dir schon erzählt. Eines seiner Häuser ist das schöne dort, gleich an der Ecke. Bruder Brigham hat mit einer seiner siebenundzwanzig Frauen in dem Haus gelebt. Für uns, nach der Befreiung der Frau aus jeder Art von Unterdrückung, scheint Polygamie wie ein Unrecht der Vergangenheit. Audrey und ich empfinden da ebenso wie andere Amerikaner. Doch man muß die Sache wohl im rechten Licht betrachten. Im

*Seite 105:*
*Salt Lake City von der Gründung bis heute.*

*Brigham Young. Der Mann, der Hunderttausende von Gläubigen zu dem Großen Salzsee führte.*

Licht der Zeit der Gläubigen von damals. Die Pioniere glaubten nämlich, daß es eine gute Tat sei, mehreren Ehefrauen ein Heim zu bieten. Ich für meinen Teil bin sicher, daß es in vielen Fällen keine religiöse, sondern eher eine praktische Überlegung gewesen ist, wenn ein Mann mehr als eine Frau in sein Haus genommen hat. Es gab nämlich Frauenüberschuß. Und die Gesellschaft war schließlich noch nicht aufgeklärt. Es schien undenkbar, daß eine Frau einen Beruf ergriff oder alleine lebte. Oder sich gar aus eigener Kraft ernährte. Oder, Gott behüte, ohne einen Ehemann Kinder gebar. Die Frau in jener Zeit aber wollte Kinder haben. Wollte versorgt sein. Wollte Respekt von der Gemeinschaft. Also gab sie sich einem Mann hin, der zwar schon mehrere Frauen in seinem Hause hatte, der ihr aber Schutz und Fürsorge bot. Für den Mann hinwiederum lag wirtschaftlicher Vorteil in einer solchen Lebensart. Der Mann sparte an Lohn für Mägde, Gärtnerinnen, Hebammen oder auch Gesinde in der Küche. Dieser Vielfrauenhaushalt erschien übrigens nicht nur den Mormonen erstrebenswert. Es ist nachgewiesen, daß selbst Richard Burton mehrfach bei Brigham Young gewesen ist und gebeten hat, in unsere Kirche aufgenommen zu werden. Ich spreche natürlich nicht von deinem verstorbenen Freund, dem Schauspieler Burton, vielmehr meine ich Sir Richard Burton, den Entdecker, der gut hundert Jahre früher lebte. Wenn ich nicht irre, hat er die Quellen des Blauen Nil gesucht. Wie dem auch sei, jener berühmte Entdecker hat lange Gespräche mit Bruder Brigham geführt und die Polygamie gepriesen, die er bereits bei den Muselmanen und den wilden Stämmen Afrikas angetroffen hatte. Als er bat, in unsere Kirche aufgenommen zu werden, hat Bruder Brigham das Gespräch zu anderen Dingen hingelenkt. Eine Antwort hat er Burton nie gegeben. Die Gründe für die Ablehnung wurden nicht bekannt.«

Auf dem Tempelplatz sagt Marvin: »Dies ist das Herz von Utah. So wie der Rote Platz das Herz von Moskau ist. Oder der Petersplatz das Herz von Rom. Von hier gehen alle Straßen in Quadraten aus. Ich will sagen, sie sind symmetrisch angelegt. Von Nord nach Süd und Ost nach West. Wie ein Gitterwerk und mit dem Tempel im

Zentrum des Gewebes. Brigham Young hat es so gewollt. Vierzig Jahre brauchten die Siedler für die Errichtung dieses Tempels. Der flache Bau dahinter, gewölbt wie ein Laib Brot, ist unser Tabernakel. Sieht eher wie ein Raumschiff aus, findest du nicht? Ein Fahrzeug aus dem Weltall. Ich kann mir die außerirdischen Wesen vorstellen, wie sie da vor Urzeiten aus ihrer Raumfähre gestiegen sind. Sie hatten Antennen an den Astronautenhelmen. Ebenso wie sie auf den Petroglyphen der Anasazi zu sehen sind, in den Felsenhöhlen, die ich dir noch zeigen muß. Wie, du lachst nicht über mich?« Er sieht mich von der Seite an. Ich schüttle den Kopf. »Das ist gut«, sagt Marvin dann. »Weil ich das nicht zum Lachen finde. Zum Lachen könntest du es meinetwegen finden, wenn ich dir erzähle, wie das Tabernakel überhaupt entstanden ist. Es war so: Brigham Young hat vorausberechnet, daß er die Einweihung des Tempels nicht erleben wird. So ein Tempel entspricht in Größe und Umfang fast euren Kathedralen. Also befahl er den Bau eines Tabernakels, eines kleineren Gotteshauses. Unverzüglich, schnell voranschreitend im Bau. Zwei Männer gingen an die Arbeit. William Folsom und Henry Grow waren ihre Namen, Brückenbauer von Beruf. Ihre Aufgabe ist nicht leicht gewesen. Beispielsweise gab es

*Zwei Brückenbauer schufen 1867 einen Holzbau, das berühmte Tabernakel der Mormonen.*

kein Metall. Also auch keine Nägel. Die Männer erinnerten sich an ihre Ahnen und schlugen hölzerne Pflöcke in die Pfosten. Weil sie keine Schrauben hatten, folgten sie dem Beispiel der Indianer: Sie nahmen Lederriemen zum Verbund der Balken, die das Dach zu tragen hatten. Ihre Konstruktion begann zu wachsen. Die vorgeschriebene Länge war bald erreicht.

Doch an den Enden des Baues gab es ein Problem. An beiden Enden stand das Tabernakel offen. Die beiden Ingenieure waren Brückenbauer, wie gesagt, und wußten nicht, wie sie die offenen Enden schließen sollten. Brigham Young sagte zu ihnen, der Gaumen des Menschen sei eine geniale Schöpfung Gottes, und deshalb mußten zwei Gaumen, jeweils am schmalen Ende einer Brücke, für eine göttliche Akustik in dem Tabernakel sorgen. Das ist jetzt an die hundertfünfzig Jahre her, doch bis heute steht der Bau unverändert, wie er damals war. Lediglich die Dachbedeckung hat erneuert werden müssen. Die alten Holzschindeln konnten eine solche Ewigkeit nicht überstehen. Heute liegt Aluminium auf dem Dach. Doch im Innenraum ist noch immer alles wie im ersten Jahr. Und bis heute kannst du über das Mirakel der Akustik staunen. Du wirst es selbst erleben. Am Donnerstag. Dann lassen sie nämlich alle Türen offen. Weil der Tabernakelchor an jedem Donnerstag seine Proben hat. Donnerstag gehen wir hinein. Dann wirst du das Mirakel dieser beiden Gaumen hören. Es heißt, daß du auf der Welt keine bessere Akustik finden kannst.«

*Statue eines Ute-Indianers. Der Stamm gab dem US-Bundesstaat seinen Namen.*

VIERTE SZENE. BEGEGNUNG MIT DEM LANDESFÜRSTEN. Vor dem Kapitol steht eine Statue aus Bronze. Sie stellt einen Indianer dar. Marvin erklärt, daß er nicht weiß, warum vor dem Parlament des Bundesstaates Utah ein Indianer Wache steht. Möglicherweise, ergänzt er dann, weil der Bundesstaat seinen Namen von den Ute hat. Dann geht Marvin die Stufen hoch zum Kapitol und sagt, daß wir jetzt mal den Gouverneur besuchen gehen. Falls der nicht gerade wieder auswärts ist. Oder am Telefon.

Ich muß über Marvins Flausen lachen: Den Gouverneur besuchen gehen. Unangemeldet. Ein Gouverneur ist Landesvater. Vom Volk auf Zeit gewählt. Ein amerikanischer Gouverneur hat einen Haufen Arbeit auf dem Tisch. Wie bei uns daheim der Ministerpräsident eines Bundeslands. Ich laufe in einer Marmorhalle auf und ab, die an Napoleons Grab im Invalidendom denken läßt, und sage mir, der Landesvater hier ist Republikaner. Ganz ohne Frage. Konservativ. Wenn auch gut vierzig Prozent der Einwohner von Utah Freigeister sind oder unterschiedlichen Religionen angehören, so bleibt das hier doch noch immer das Land der Mormonen. Also konservativ. Da kannst du getrost die Farm verwetten: In Utah stellen den Gouverneur die Republikaner.

Unerwartet kommt ein scharfer Pfiff von oben. Marvin steht auf der Galerie.

»Komm rauf«, ruft er. Seine Stimme hallt von den kalten Marmorwänden wieder. Menschen bleiben stehen. Sehen zu Marvin hoch.

»Komm rauf«, ruft Marvin unbekümmert noch einmal, »glaub mir nur. Ich mache keine Witze.«

Bei der Sekretärin oben sagt Marvin: »Der Gouverneur und ich, wir kennen uns ganz gut. Er stammt von Schweizer Eltern ab. Du kannst es an seinem Namen sehen: Bangeter. Ich habe ihm gesagt, Bangeter und Krüger, das klingt nach Rechtsanwaltskanzlei. Wenn er mal raus ist aus dem Amt, könnt ihr euch zusammentun.«

Die Sekretärin lacht. »Es ist nicht ganz so, wie Marvin sagt, aber der Gouverneur würde Sie gern kennenlernen.«

»Geh jetzt endlich rein«, sagt Marvin. »Norman Bangeter hat den schönsten Teppich im ganzen Land.«

Der Teppich beginnt gleich in der Tür. Er ist wirklich imposant. Auch flauschig dick. Und farbenfroh. Der Teppich füllt das ganze Arbeitszimmer aus. Er scheint um das Staatswappen herumgewebt. Darüber steht das Wort »Industry«.

Der Gouverneur sitzt hinter seinem Arbeitstisch. Grauhaarig. Helle Augen. Breite Schultern. Eine gedrungene Figur. Marvin steht hinter seinem Landesfürsten und grinst. Ich zögere, die Sohlen meiner Straßenschuhe auf das Ornament des Staatsteppiches zu setzen.

*Das Kapitol. Regierungssitz von Utah.*

»Auf dem Staatswappen darf rumgetrampelt werden«, sagt der Grauhaarige, »niemals hingegen auf dem Gouverneur.« Seine Hand läßt tatsächlich an einen Bauern in Graubünden denken.

Wie ich ihn nun nach dem Bienenkorb im Wappen frage, sagt der Gouverneur: »Man nennt uns allgemein den Bienenkorbstaat, denn beginnend mit den ersten Siedlern wurde den Mormonen nachgesagt, daß sie fleißig wie die Bienen seien. Das war schon so, als unsere Vorfahren auf diesem Boden eine eigenständige Nation geschaffen hatten, deren Territorium bis an die kalifornische Sierra reichte und alles einschloß, was heute die Bundesstaaten Utah, Nevada und Arizona ausmacht. Zum Bedauern der Gründer dieses Imperiums hat die amerikanische Regierung jener Tage einen Staat nicht anerkennen wollen, der autoritär geführt wurde, dessen Religion Verfassung war und der jedem Mann mehrere Frauen zugestand. Unsere Altvorderen haben sich sogar gegen die einfallenden Truppen aus Washington auf kriegerische Weise verteidigen müssen. Es ist viel Blut geflossen. Glücklicherweise hat es aber auch Verhandlungen gegeben. Um es kurz zu machen: Die Territorien Nevada und Arizona fielen im Lauf der Jahre an Washington, und am 4. Januar 1896 erklärte Präsident Cleveland den Eintritt Utahs als 45. Bundesstaat in die Union.«

Es ist dem Gouverneur nicht gelungen, diese Ereignisse so reibungslos zusammenzufassen, wie unser Film sie zeigen wird, und die ständigen Unterbrechungen durch Sekretärinnen, Erinnerungen an Besprechungstermine und Kurzgespräche am Telefon tragen Marvin und mir schließlich eine Einladung für den Abend in das »Governor's Mansion« ein. Der Gouverneurspalast, wie wir das Gebäude nennen würden, liegt in Salt Lake City zwischen schönen alten Villen. Wenn ich nicht irre, hat ein reicher Kaufmann dieses Haus gebaut. Ganz offenbar war der Vorbesitzer Italiener, denn die Villa ist reichhaltig mit Schnitzereien aus dem Veneto versehen. In schweren Rahmen hängen an den Wänden Bilder aus der Zeit der Pioniere, und Bildbände sind auf dem Konferenztisch zu Türmen aufgestapelt.

Ich stelle viele Fragen. Marvin und sein Gouverneur antworten mit unendlicher Geduld. Und so entsteht für mich an diesem Abend die kurzgefaßte Geschichte einer Glaubensgemeinschaft, die sich den offiziellen Namen gab: »Kirche Jesu Christi der Heiligen der letzten Tage«.

FÜNFTE SZENE.
KURZGEFASSTE GESCHICHTE DER MORMONEN.

Unsere filmische Zusammenstellung alter Dokumente beginnt an einem sonnigen Frühlingsmorgen des Jahres 1820 im amerikanischen Bundesstaat New York. In einem Waldstück nahe seinem Heimatdorf Palmyra offenbaren sich Gottvater und sein Sohn Jesus Christus dem vierzehnjährigen Bauernjungen Joseph Smith. Sie gebieten ihm, keiner der bestehenden Glaubensgemeinschaften beizutreten, da diese unlauter seien. Die Zweieinigkeit verkündet, daß sie den wahren Gehalt der Kirche Christi wiederherstellen werde. Drei Jahre später erscheint dem Bauernsohn ein Engel namens Moroni mit der Anweisung des Herrn, von dem nahegelegenen Hügel Cumorah goldene Tafeln zu holen, auf denen Heilige Schriften zu finden sind. Die Tafeln enthalten den Bericht Gottvaters über seine Erfahrungen mit Menschen, die vor und nach Jesus Christus auf der westlichen Hemisphäre beheimatet gewesen sind. Nach vier fehlgeschlagenen Versuchen findet Joseph Smith im Jahr 1827 schließlich die goldenen Tafeln. Während der Jahre des Suchens offenbart sich ihm Moroni zu wiederholten Malen. Joseph erfährt von dem Engel Einzelheiten über die verlorengegangene Geschichte Amerikas.

Moroni berichtet:

Um 600 vor Christi Geburt verließ eine Gruppe beseelter Hebräer Jerusalem. Aus Furcht vor den herannahenden babylonischen Armeen entschieden sie sich zur Flucht. Sie segelten westwärts über den Atlantik und gründeten Zivilisationen sowohl im Norden als auch im Süden des amerikanischen Kontinents. Diese Hebräer sind als Urväter der von Columbus vorgefundenen Indianer anzusehen. Jesus Christus zeigte sich den Hebräern in Amerika wiederholt, ebenso wie er sich immer wieder den Gläubigen des Mittleren Ostens offenbart hatte.

Moroni gebietet:

Joseph solle, auf Geheiß des Herrn; die goldene Schrift übersetzen und daraus ein drittes Testament schaffen, das den Namen »Buch Mormon« trägt und die Fortsetzung der biblischen Geschichte auf amerikanischem Boden darstellt. Das Buch Mormon wird gleichzeitig Fortsetzung und Abschluß aller Bücher der Bibel sein und soll die Grundlage schaffen für ein neues Zion, das in Nordamerika zu entstehen hat.

Joseph Smith übersetzt die Tafeln aus einer antiken Sprache ins Englische. Der Engel Moroni trägt die goldenen Tafeln zurück zum Hügel Cumorah. Sie sind nie wieder aufgefunden worden. Doch die Mormonen sagen, daß es für die Existenz der Tafeln aus der Umgebung von Joseph Smith Zeugen gab.

Das Buch Mormon erscheint 1830. Der Name Mormon geht auf einen Propheten zurück, dessen Texte auf den goldenen Tafeln Erwähnung finden.

1830, gleichzeitig mit dem Erscheinen seines Buches, gründet der nunmehr vierundzwanzigjährige Joseph Smith eine neue Kirche, wie Gott es ihn geheißen hat. Er nennt sie »Church of Jesus Christ of the Latter-Day Saints«. Der Name stützt sich auf eine Prophezeiung des Apostels Paul im Neuen Testament, die besagt, daß in den letzten Tagen dieser Welt die wahren Gläubigen zu Heiligen erkoren werden.

Die Mormonen glauben, daß Joseph Smith den Menschen die wahre Kirche wiedergab. Für die »Heiligen der letzten Tage« ist Joseph Smith der authentische Nachfolger in einer Priesterschaft, die mit Adam im Paradies begann, jedoch durch das Römische Weltreich über Jahrhunderte hinweg unterbrochen wurde.

*Die Vielweiberei trug den Mormonen erbitterte Feinde ein.*

Mit dem Anwachsen der Gemeinde setzen Verfolgungen der »Heiligen« durch Gläubige der anderen Kirchen ein und halten fast zwei Jahrzehnte an. Die Mormonen finden dafür verschiedene Gründe:

- Wer das gewohnte Dogma der Christen verläßt, wird angeprangert.
- Das Buch Mormon erscheint anderen als Blasphemie.
- Die Mormonen bezeichnen sich als »von Gott erwählt«. Sie nennen sich »Heilige« und setzen ihre eigenen Apostel ein.
- Ihre Missionare bekehren selbst Katholiken.
- Dem Beispiel einiger Apostel des Neuen Testamentes folgend, betrachtet die Mehrzahl der Mormonen das Recht auf viele Frauen als eine gottgewollte Selbstverständlichkeit.
- Die neue Glaubensgemeinschaft ist auf neiderregende Weise wohlhabend. Der Reichtum der Mormonen geht auf ein Gebot des Herrn zurück: In einer Erscheinung hatte er Joseph Smith angewiesen, die wahre Kirche sei nicht allein aus Opfergaben zu finanzieren. Vielmehr habe ein jeder Gläubige zehn Prozent seines Einkommens an die Kirche abzuführen, und zwar zusätzlich zu den Steuern an den Staat. (Die Mormonen erfüllen das Gebot Gottes. Bis zum heutigen Tag.)
- Aus der rapide anwachsenden Gemeinde wird eine politische Kraft. Ihre Führer lassen sich zur Wahl aufstellen.
- Der große Bankkrach von 1837 wird den Mormonen angelastet: Ihr Joseph Smith ist der Besitzer einer ganzen Reihe von Banken.

*Joseph Smith. In mehreren Erscheinungen trugen ihm Gottvater und Jesus Christus auf, eine neue Religion zu gründen.*

Unter dem Druck der aufgebrachten Bevölkerung im Osten müssen die Mormonen ihre Heimat verlassen. 1837 führt Joseph Smith einen Teil der Gemeinde vom Staat New York nach Ohio, die zweite Gruppe wandert in den Staat Missouri aus. Ihr Schicksal wiederholt sich: Bienenfleiß und fremde Lebensart schaffen ihnen auch in Missouri Feinde. 1838 rebelliert die Bevölkerung gegen die Anwesenheit der Mormonen. Massaker an Frauen und Kindern setzen ein. Brandschatzung ist an der Tagesordnung. Joseph Smith wird wiederholt ins Gefängnis geworfen. Der Gouverneur von

Missouri gibt Order, alle Mormonen umzubringen oder aus dem Land zu jagen. Die »Heiligen« flüchten nach Illinois und gründen die Ansiedlung Nauvoo zu beiden Seiten des Mississippi. Zeitgenossen beschreiben Nauvoo als die schönste Stadt in Illinois. Doch auch hier gibt es Sorgen. Bruderzwist höhlt die Gemeinschaft von innen aus. Und schließlich fordern auch hier wieder die selbstbewußten Menschen des »Neuen Zion«, wie sie es nennen, die Wut der Mitmenschen heraus. Nauvoo geht in Flammen auf. Die Miliz von Illinois massakriert die Menschen in den Straßen. Als Folge des Streites um eine Druckmaschine, bei der Mitglieder des Rates der Mormonen handgreiflich werden, ist das Schicksal der Bürger von Nauvoo besiegelt. Joseph Smith und sein Bruder werden verhaftet und im Gefängnis von aufgebrachten Männern erschossen. Die letzte Flucht der Mormonen beginnt. Ihr neuer Anführer heißt Brigham Young. Zeitgenossen beschreiben ihn als einen grobschlächtigen Mann von ungewöhnlicher Energie und Weitsicht. Kurz vor seinem Tod hat Joseph Smith in einem vertraulichen Gespräch zu dem Freund von einer Vision gesprochen: Weit ent-

*Aufgebrachte Christen setzten den Religionsbegründer Joseph Smith gefangen. Sie ermordeten ihn und seinen Bruder in einer Gefängniszelle.*

*Seite 114: Nach Massakern flohen die Mormonen aus ihren Siedlungen und zogen in einem verlustreichen Trek quer durch den Kontinent dem Westen entgegen.*

fernt im unerschlossenen Westen gibt es ein Land, das als Gegenteil vom Paradies angesehen werden muß: Ein unwirtliches Land, eigens geschaffen für selbstauferlegte Isolation. In einem solchen Land, das seiner Kargheit wegen ihnen niemand streitig machen wird, sollen die »Heiligen« sich ungestört und ohne Feinde ihren Garten Eden schaffen.

1844 war Joseph Smith ermordet worden. 1846 begann der mühevolle Trek nach Westen. 1847, beim Anblick der Großen Salzwüste, entschied Brigham Young: »Dies ist der Ort.«

SECHSTE SZENE. LETZTES BILD VOM LANDESFÜRSTEN.

Zum Abschied gibt mir der Gouverneur ein Plakat. Der Mond ist darauf zu sehen. Blaß. An einem blauen Himmel. Und von einer dieser wundersamen Naturschöpfungen aus rotem Sandstein eingerahmt. »Zum Aufhängen in Ihrem Heim ist es wohl ein wenig groß geraten«, sagt der Gouverneur. »Sehen Sie es als Einladung an wiederzukommen.« Er geht durch die Dunkelheit zum Gouverneurspalast zurück. Allein. Selbstbewußt. Nirgendwo steht eine Wache. Auch im Park patrouilliert kein Polizist.

Auf der Fahrt zum Campingplatz sind die Straßen leer. Auf den Trottoirs ist kaum ein Mensch zu sehen. In Salt Lake City legen sich die Bürger früh ins Bett.

Im Wohnmobil hängen meine Zettel mit Notizen an der Eisschranktür. Sie sind mit Heftzwecken auf ein Bord aus Kork gepinnt. Ich sammele die Zettel ein und hefte das Bild vom sandsteineingerahmten Mond an die Eisschranktür

»Wie ist das«, sage ich zu Marvin. »Würdest du nicht gerne mal zum Mond?«

»Als Kind hab ich lange Gespräche mit dem Mann im Mond geführt«, sagt er und streicht das Poster glatt. »Dann sind die Astronauten zu ihm hingeflogen. Seither spricht der Mann im Mond nicht mehr zu mir.«

SIEBTE SZENE. BILDER EINER PROBE.

Eine gewaltig hohe Orgel. Tausend Pfeifen. Auf dem Podium ein großer Chor. Ringsum hohe Türen. Sommerlicht kommt in den Raum. Lange Reihen harter Bänke. Buntgekleidete Touristen. Mittendrin auch Marvin. Und daneben ich. Verzierte Treppen steigen zu Emporen auf. Über die Emporen fahren Fernsehkameras auf Schienen. Scheinwerfer malen Wände bunt. Das Tabernakel sieht an diesem Donnerstag nicht heilig aus. Es wird auch kein Choral gesungen. Der Chor übt »Shannondoah«. Ein Lied aus dem Westen von Amerika. Es geht um Liebe zu dem Land. Frauenstimmen fangen mit dem Thema an. Zaghaft. Leise. Shannondoah. Männerstimmen fallen ein. Shannondoah. Die Wehmut des weiten Westens ist in dem Lied.

Die Akustik im Tabernakel ist so gut, wie Marvin sagte. Schwer vorzustellen, daß es eine bessere gibt. Und der Chor? Marvin will wissen, wie ich

*Unter den ersten Siedlern waren nicht nur Bauern und Handwerker, sondern auch Sterndeuter, Ingenieure und Soldaten.*

ihn finde. Wunderbar, wie kann da einer fragen? Der Chor hat Stimme. Kraft. Hat auch richtig Spaß an diesem Lied. Doch das ist mir nicht neu, denn den »Mormon Tabernacle Choir«, sage ich zu Marvin, kenne ich seit Jahren. Nicht vom Sehen, sondern nur vom Radio. Und zwar von Kalifornien her. CBS überträgt ihn jeden Sonntag aus dem Tabernakel. Jeden Sonntagmorgen. Sehr früh am Morgen. Trotzdem, wenn ich wach bin, schalte ich die Mormonen sonntagsmorgens ein. Ich hör mir auch gerne ihre Orgel an. Die Orgel ist aus Holz gemacht. Aus Baumstämmen, ganz genau gesagt, und von Hand mühsam ausgehöhlt. Alle zehntausend Pfeifen. Ein Meisterwerk. Die ersten Siedler haben dieses Meisterwerk geschaffen. Vor hundertdreißig Jahren.

Mit einem Male wird es still. Fernsehleute steigen zu dem Podium hoch. Das Publikum bleibt abwartend auf den Bänken. Marvin geht zur Rampe hin. Streckt einen Arm hoch. Winkt. Weit oben rechts im Chor lächelt eine Frau. Mit einer leichten Handbewegung schickt sie ihm den Gruß zurück.

»Wenn ich bekannt machen darf«, sagt Marvin leise, »die Dame da oben, sie heißt Marilyn.« Er legt eine Hand ans Ohr. Mit der anderen macht er eine kurbelnde Bewegung. Wie ein Bauer vor ziemlich langer Zeit. Wie ein Bauer, der Strom für sein Telefon in die Leitung kurbeln will.

Die Frau im Chor nickt. Ihr Gesicht wirkt blaß. Es ist ein schönes Gesicht mit grünen Augen. Das rote Haar der Frau leuchtet im Licht der Fernsehleute.

ACHTE SZENE. BEGEGNUNG MIT DER FRAU VOM CHOR.

Sie lebt mit ihrem Mann am Rand der Stadt. Der Weg zum Haus geht unter hohen Bäumen durch, die einen dunkelgrünen Tunnel bilden. Wir tauchen mit dem Jeep in dieses Dunkel ein und Marvin sagt: »Es ist wohl besser, wenn ich dir von den beiden wichtigsten Dingen in Marilyns Leben erzähle. Das eine ist ihr Mann, das andere ist ihre Kirche. Also zunächst einmal ihr Mann: Er heißt Cary Hobbs. Kennengelernt hat sie ihn bei einer großen Computerfirma, wo er ihr Boss gewesen ist und sie seine hochbezahlte Spezialistin. Fachkraft in Computersoftware. Sie hat Cary recht bald geheiratet. Ein paar Jahre später haben die beiden eine eigene Firma aufgemacht. Sie entwerfen Programme für Computer. Es wird gesagt, daß auf diesem Gebiet die beiden in Salt Lake City niemand schlägt. Ihr

Geschäft floriert. Cary und Marilyn haben es zu Wohlstand gebracht. An ihrem Haus wirst du das gleich erkennen.«

Am Ende des dunklen Tunnels sind jetzt Blumenbeete auszumachen. Marvin legt den Kopf zurück und sagt: »Nun zu dem zweiten Pol in Marilyns Leben. Zu ihrer Kirche: Marilyn ist als Farmerstochter aufgewachsen. Kind strenggläubiger Mormonen. Kind unter vielen Kindern. Ihr Wissensdurst ist früh aufgefallen. Ebenso wie ihr Fleiß. Deshalb ließen die Farmersleute ihre Tochter auch schon früh auf weit entfernte Schulen ziehen und haben diesen Schritt nie bereut. Alles ging so lange gut, bis Marilyn den Mann traf, den sie hat heiraten wollen. Eben jenen Cary Hobbs in dem Haus am Ende dieses Tunnels. Für die Eltern war es schwer, den Mann in die Familie aufzunehmen. Denn Cary war nicht Mormone. War es nicht. Und ist es nicht. Bis heute nicht. Nun muß bedacht werden, daß auch Marilyn einen inneren Streit mit sich hat ausfechten müssen. Nicht nur die Eltern. Denn Mormonen sind gehalten, andere Menschen zu unserem Glauben zu bekehren. Wenn nun Marilyn sich trotz allem für Cary Hobbs entschieden hat und auch bei der Entscheidung blieb, dann muß der Wert der Verbindung zwischen diesen beiden Menschen wohl Vorrang haben vor jedem Anliegen der Kirche. Jedenfalls sehe ich das so.«

Im steilen Licht des Mittags rollen wir zwischen Blumenbeete. Das Haus ist hell, mit einem schönen Dach, und liegt versteckt hinter bunten Büschen. Klaviermusik ist aus dem Haus zu hören. Dixieland. Gut gespielt. Marilyn Hobbs kommt in die Tür. Im Wohnzimmer spielt ihr Mann. Aus seinem Flügel hängt ein Arm mit weißem Ärmel und Manschettenknopf. Die Hand am Ende des Hemdsärmels ist aus Stoff. Marilyns Mann folgt meinem Blick zu der Hand hinunter. »Ach, da ist er ja«, ruft er laut, »der Klavierstimmer! Den ganzen Morgen hab ich schon nach ihm gesucht.« Er klappt den Deckel zu und lacht. Dann streckt er mir die Hand entgegen. »Willkommen«, sagt Marilyns Mann, »und tun Sie so, als wären Sie nicht zum ersten Male hier.«

Danach vergessen mich die drei. Sie haben sich vieles zu erzählen. Marvin ist lange Zeit nicht hier gewesen. Ich gehe nach draußen in den Garten. Hinter bunten Büschen fließt ein Bach durch ausgewaschenes Gestein. Über dem Dach des Hauses steigen Berge auf. Es ist das Wasatch-Massiv. Irgendwo in diesen Bergen dort hat Robert Redford seine Musterfarm gebaut.

Später helfe ich Cary in der Küche. Wir pressen Zitronenhälften aus. Cary sagt, daß er schon mal ein Bier trinkt. Ab und an. Oder ein Glas Wein. Schließlich sei er ja nicht Mormone. Doch zu Hause, aus Respekt vor dem Glauben seiner Frau, halte er sich an die »Worte der Weisheit« ihrer Kirche: Kein Koffein. Kein Nikotin. Kein Alkohol. Überhaupt, sagt Marilyns Mann, sei das ein gutes Leben in der Gesellschaft hier. Die Art, wie im Schatten ihrer Kirche die Familien zusammenhalten, sei für ihn bewundernswert, und in Salt Lake City hätte er alles vorgefunden, was Marilyn und er für ihr Leben wollen: Theater, Oper, Ballett, Kinos und Museen. Und vor der Haustür, sagt er, liegt unendlich viel Natur. Mit heißen Sommern. Und Wintern mit viel Schnee.

NEUNTE SZENE. INTERMEZZO.

Marvin wartet, daß es Sonntag wird. Am Sonntag singt der Chor für den Fernsehsender CBS. Es ist unmöglich, Salt Lake City vorher zu verlassen. Marvin sagt, wir sollten uns inzwischen mal im Land umsehen. Den Jeep vom Camper koppeln. Von der großen Straße runtergehen. Durch die Wildnis rollen. Unterwegs mit Leuten sprechen. Mit armen Leuten und mit reichen.

Wir treffen Cowboys, die frauenlos in einem Bunkhouse leben. Marvin weckt sie da aus ihren Whiskeynebeln. Morgens um sechs. Kocht Kaffee. Hilft beim Satteln. Sieht ihnen nach, wie sie durch leichten Nieselregen zu einem Hotel hinüberreiten. »Diese Burschen«, sagt Marvin. »Touristencowboys sind das geworden, allesamt. Das waren noch Zeiten, als die Kerle von ihren Sätteln auf große Rinderherden runtersahen. Heute aber? Heute führen sie Touristen mit Mauleseln in die Canyons runter. Auf unseren Rinderfarmen ist Geld knapp geworden. Unsere Rancher stellen Cowboys kaum noch ein.« Er klettert zu mir in den Jeep. »Diese Burschen«, sagt er dann noch einmal. »Keinen Dollar in der Tasche. Nicht mal einen Cent. Mehr Sorgen als Vernunft im Kopf. Aber gib ihnen 'n paar Zentner Pferdefleisch unter ihre Hintern, und die Geldnot reitet sich von ganz allein davon…«

Arme Leute, reiche Leute. Einmal treffen wir tatsächlich einen reichen Mann. John Huntsman ist sein Name. In seinem Arbeitszimmer hängt ein Bild enormer Größe, das seine Familie zeigt: Frau, Söhne, Töchter, Schwiegersöhne, Schwiegertöchter, Enkelkinder. Unzählige Enkelkinder. Das Bild läßt mich an die frühen Pioniere denken. Der Fotograf jener Jahre hätte sie in der gleichen Weise vor seiner Holzkiste gruppiert.

An dem Morgen blickt John Huntsman aus seinem Glaspalast auf die Stadt hinunter. Ich vermute, bei dem Mann fängt jeder Tag so an. Sein Urgroßvater, erzählt er uns, sei am ersten Tag mit Brigham Young in diese Salzwüste gekommen, aus der ein Imperium entstanden sei. Marvin sagt darauf lachend: »Und der Großenkel hat sich hundert Jahre später sein eigenes Imperium aufgebaut. Oder sind neunzehn Chemiefabriken rund um den Globus etwa kein Imperium?«

*Eine Farmersfamilie unserer Tage.*

Sobald wir allein sind, schließt Marvin die Geschichte ab: »Bruder John behält seinen Reichtum nicht ganz allein für sich. Er stiftet Millionen für die Kirche. Für die Universität. Für die Asyle der Obdachlosen.«

Arme Leute, reiche Leute. Wir treffen auch auf einen Rinderfarmer, der am linken Arm einen Eisenhaken hat. Die Hand ist ihm in eine Kreissäge geraten. Als er jung war. Und noch ungestüm. Heute ist der Mann weit über achtzig. Heute, sagt er, kann er mit dem Haken große Ballen Heu weiter werfen, als er das früher mal mit beiden Händen konnte. Einmal, sagt der Mann, habe er einen Bären mit dem Lasso eingefangen. Mit seiner guten Hand. Der Haken an der Linken habe dabei die Zügel seines Grauschimmels gehalten. In seinem Haus hängt noch ein Foto von dem Tag. Und beim Kamin liegt das Fell des Bären. Der Rancher lebt mit seiner Familie zwischen grünen Wiesen. Mac Lefevre ist der Name. Die Leute nennen ihn »König im Tal«. Weil er jeden Morgen hochaufgerichtet über seine Weidegründe reitet. Marvin sagt, zu Reichtum hätte es Mac niemals gebracht, aber wenn das Glücksspiel nicht gegen Marvins Religion verstieße, wäre er bereit, seinen letzten Dollar zu verwetten: Der alte Mac würde mit nichts und niemand tauschen wollen. Warum? Weil er seine Familie um sich hat und nach über fünfzig Jahren Ehe noch immer eine gute, arbeitsame Frau. Auch Söhne. Töchter auch. Und Enkelkinder. Noch dazu hat Mac ein Sparbuch auf der Bank. Warum? Sein Ältester hat die Farm von ihm gekauft. In dieser Gegend ist das

*Der alte Mac Lefevre ist der König seines Tales.*

Tradition. Ein Greis wird niemals in ein Altenheim geschickt. Dafür sorgt der Sohn. Er kauft die Farm. Das Geld kommt auf die Bank. Der Vater bleibt auf dem Hof. Ist Teil des Ganzen. Mit Rat und Tat. Der Alte ist und bleibt der König auf der Ranch. Bis zu dem Tag, an dem sie ihn tot aus seinem Sattel heben.

Ende der zwei Tage Warten. Samstag abend. Cary Hobbs spielt vor einem Hochhaus Banjo. Trägt eine rote Jacke. Kreissäge. Und eine Fliege unterm Kinn. Cary spielt in einer Dixieband. Zu seinen Füßen liegt eine Kreissäge mit Geld darin. Rings um die Musikanten hat sich Publikum versammelt. Die Leute klatschen den Rhythmus mit. Manch einer wirft seinen Obulus in Carys Hut. Das Geld ist für den Bau eines Konzertsaales. Zwischen den vielen Gesichtern auf dem Platz ist auch das von Marilyn zu sehen. Sie lacht zu Cary hoch. Ruft Bravo. Liebt die Musik von ihrem Mann. Ich sage mir, was das doch für ganz verschiedene Welten sind, in denen Marilyn zu Hause ist: Samstag abend Fröhlichkeit des Südens; Sonntag morgen dann Musik von ziemlich entgegengesetzter Art.

ZEHNTE SZENE. BILDER DES JOSEPH HAYDN.

Tabernakel. Abgedunkelt. Fernsehlicht. Kamerabewegungen, doch nur diskret. Alle Bänke vollbesetzt. Menschen festlich. Kinder still. Podium in Gold getaucht. Chor in himmlischen Gewändern. Und die Orgel jubiliert.

Es ist Joseph Haydn, den die Orgel an dem Morgen spielt. »O Wunder dieser Welt.« Der Mormonenchor singt Haydn in der eigenen Sprache. »O Wonder Of This World.« Ich sehe Marilyn beim Singen zu.

Marvin flüstert, daß er die Vibration der Orgel spüren kann, in diesem Tabernakel, das wohl eher doch ein Raumschiff ist, und es würde ihn auch nicht verwundern, wenn sich dieses Raumschiff jetzt über die Wunder dieser Welt erhebt.

Ich schließe die Augen und träume Marvins Traum, und sehe mir die Bilder dieses Joseph Haydn an: Weiße Felsenminarette. Tiefgrau im Tal ein See. Der rote Sandsteinkopf eines Indianers. Brücken, die aus steingewordenen Bäumen sind. Ein grüner Fluß, der sich schlangengleich durch Schluchten windet. Erstarrte Körper dürrer Frauen, die sich nach dem Himmel recken. Der rotgerahmte Mond an meiner Eisschranktür. Und dann, am Schluß, Bilder von Menschen und von Göttern, vor Urzeiten an eine Felswand gemalt.

Indianer haben uns mit diesen Bildern eine Botschaft hinterlassen. Indianer, die es nicht mehr gibt. Die Sonne ließ sie vor langer Zeit verdorren. Und der Wind trug sie davon. Zurück blieb ihre Botschaft. Sie spricht von den Besuchen fremder Götter, die Antennen an ihren Helmen hatten. Götter weit entfernter Sterne waren das, die in ihren Raumfahrzeugen abgeflogen und nie zurückgekommen sind. Nur ihre Skulpturen haben sie bei uns gelassen. Als rote Rahmen für den Mond. Und für leuchtende Gestirne, auf denen sie zu Hause sind.

*Der weltberühmte Tabernakelchor. Im Mittelpunkt: Marilyn Hobbs.*

DAS SIND ALSO DIE SZENEN eines Filmes, wie ich sie den Männern an diesem Tag erzähle. Genau gesagt ist es kaum mehr Tag, als ich mit meiner Geschichte fertig bin. Die Hügel am Fluß werfen lange Schatten. Es wird Zeit, Holz für das Feuer aufzustapeln.

»Dann beenden wir also den Film mit Bildern von der Schönheit dieses Landes«, sagt Gerd.

»Bin nicht ganz sicher.« Ich denke nach. »Mein Gefühl sagt mir, daß wir mit Marvin enden müssen.«

»Und wie?«

»Ich könnte mir denken, daß wir am Escalante River enden«, sage ich. »Es gibt da einen Platz mit roten Felsen über einem Wald aus Espen.«

»Klingt gut«, sagt Gerd.

»Was ich mir als letzten Gedanken für den Film vorstelle«, sage ich, »hat sich zwischen Marvin und mir tatsächlich ereignet.«

Die Männer warten. Und ich erzähle ihnen, wie es am Escalante einmal tatsächlich gewesen ist.

ELFTE SZENE. ABSCHIED UND PARADIES.

Wir haben unser Lager am Escalante aufgeschlagen. Es ist Nachmittag, also noch hell, aber Marvin hat schon ein Feuer lodern. Über den Flammen steht ein Dreibein. Unser Suppenkessel hängt daran. Marvin hat sein Chili aufgesetzt.

Wir sitzen in unseren Stühlen vor dem Wohnmobil. Ich denke über die Bilder nach, über die Bilder des Joseph Haydn in Szene

*Die riesigen Pfeifen der Orgel des Tabernakels sind aus Baumstämmen geschnitzt. Die Siedler konnten vor hundert Jahren noch kein Metall nach Salt Lake City schaffen.*

*Neben dem Mormonentempel nimmt sich das Tabernakel wie ein soeben gelandetes Raumschiff aus.*

zehn, und wie ich das tue, frage ich Marvin, ob die Menschen in seiner Kirche in den Himmel kommen können. Marvin nickt zu der Frage: »Ebenso wie andere Christen wollen auch Mormonen neben dem Thron des Herrn im Himmel sein.«

»Dann glaubst du also auch daran?«

»Woran?«

»An das Paradies.«

»Aber ja«, sagt er.

»Dann strebst du es also an«, sage ich. »Du strebst an, ins Paradies zu kommen.«

»Es anzustreben ist nicht mehr nötig«, sagt Marvin. »Ich glaube, ich bin schon jetzt, zu meinen Lebzeiten, im Paradies.«

Er zeigt mit ausgestreckter Hand zu der Felsenmauer hoch über dem Fluß. Im letzten Licht des Tages leuchtet der Sandstein rot wie Blut. Der Wald darunter ist in dieser Stunde dunkelgrün.

»Sieh dich doch mal um«, sagt Marvin. »Wir sind ja mittendrin im Garten Eden.«

Nachdenklich geht er in den Camper. Zwischen meinen Papieren auf dem Arbeitstisch fischt er eine Illustrierte hervor und will

*Felszeichnungen längst untergegangener Indianerstämme erzählen von Besuchen fremder Götter, die mit Raumfahrzeugen gekommen sind.*

wissen, ob ich nicht irgendwo eine Schere habe. Ich sage ihm, wo er die findet. Eine Weile ist er nicht zu sehen. Und auch nicht zu hören. Dann ruft er mich. Ich gehe zu ihm in den Camper und finde ihn vor dem Plakat an unserer Eisschranktür. Seine windgegerbten Hände halten ein dünnes Blatt Papier. Der Erdball ist darauf zu sehen, von Astronauten weit aus dem All heraus fotografiert. Marvin hat das Bild aus der Illustrierten ausgeschnitten.

»Vom Paradies betrachtet«, sagt er, »sieht sich alles anders an.«

Mit einer zärtlich langsamen Bewegung klebt er den Erdball auf das Plakat. Er klebt ihn an die Stelle, wo eben noch der Mond gewesen ist.

»Alles«, sagt er dann mit einem kleinen Lächeln, »selbst die Welt, in der wir leben.«

Vom Fenster hinter Marvin fällt ein Lichtstrahl auf sein Werk. Ich schüttle den Kopf. Der Telefonmann macht mich staunen. Mit Schere und Papier hat er einen erregend neuen Gedanken in das Plakat gebracht: Der rote Sandsteinbogen rahmt unseren blauen Planeten ein.

*Hardy sagt, die Götter haben den Indianern ihre Skulpturen hinterlassen.*

»Selbst unsere Mutter Erde«, sagt er dann, »selbst die sieht friedvoll aus, wenn du sie am Jüngsten Tag vom Paradies aus betrachtest.«

MIT DIESEN WORTEN BIN ICH AM ENDE MEINER GESCHICHTE angelangt. Ich sage den Männern, so wird die Geschichte enden, der blaue Planet im roten Sandsteinrahmen wird das letzte Bild des Filmes sein, und ein besseres Beispiel als diesen Marvin Hanchett kann es kaum geben, wenn wir auf dem Fernsehschirm erzählen wollen, von welcher Art das Leben der Mormonen in Utah ist.

*Seiten 128/129: Die berühmten »Arches« sind im Westen in großer Zahl anzutreffen.*

Der Himmel über dem Fluß sieht jetzt nach Abend aus, und Luv sagt, daß wir Holz holen sollen oder unser Dinner gibt es heute nicht vor Mitternacht. Wir gehen zum Ufer und sammeln Treibholz ein, ausnahmslos Äste, die den Tag über Zeit zum Trocknen hatten.

*Seiten 130/131: Marvin und Hardy nehmen sich das weite Land, ohne sich ins Grundbuch einzutragen.*

»Ich hätte da noch mal eine Frage«, sagt Gerd. »Bei einer bestimmten Szene hast du erzählt, daß ein Mormone gehalten ist, andere Menschen zu seinem Glauben zu bekehren.«

Utah-Werbeposter.

Ich hatte auf die Frage schon den ganzen Tag gewartet, und es war nicht schwer vorauszusehen gewesen, daß es Gerd sein würde, der sie stellte. Zunächst einmal sage ich, das stimmt und jeder junge Mormone müsse seine Heimat für ein Jahr verlassen und sich als Missionar unter andere Menschen mischen; doch wie ich das so sage, weiß ich bereits, daß die Antwort meinem Kameramann nicht reicht.

»Aber wenn das so ist«, sagt Gerd, »warum gibt es dann bei uns keine Szene, in der Marvin aus dir einen Mormonen machen will?«

Die Männer lachen.

»Ich meine es ernst«, sagt Gerd.

»Marvin hat es nie versucht«, sage ich.

»Ist wahr?«

»Ist wahr.«

»Erstaunlich«, meint Holger. »Und warum wohl nicht?«

»Schwer zu sagen.« Ich weiß auf diese Frage keine Antwort. Ich hatte darüber oftmals selber nachgedacht.

»Unterstellen wir einmal, Marvin hätte den Versuch gemacht«, sagt Gerd. »In einer solchen Szene gibst du Marvin zu verstehen, daß deine Überzeugung anders ist, und Marvin will nun wissen, welche Religion dir nahesteht. Wie antwortest du ihm dann?«

»Mit der Wahrheit«, sage ich.

»Mit welcher Wahrheit?« fragt jetzt Holger. »Mit deiner?«

Ich schüttele den Kopf. »Mit der von Mahatma Gandhi.«

»Und wie lautet die?« will Eckhart wissen.

»Die Fenster meines Hauses stehen weit offen, damit die Winde aller Religionen zu mir wehen können. Ich muß nur acht geben, daß mich keiner dieser Winde mit von dannen trägt.«

»Verstehe«, sagt Gerd. »Aber die Szene wird es in unserem Film nicht geben.«

»Nein«, sage ich.

»Marvin hat dich nie danach gefragt«, sagt Luv.

»Marvin hat mich nie danach gefragt.«

»Also dann«, sagt Luv. »Dann zündet endlich mal das Feuer an. In dieser Finsternis kannst du ja kaum die Hand vor Augen sehn.«

*Unser blauer Planet, von Marvins Paradies aus betrachtet.*

# MONOLOG AM FLUSS

Wasser spült alles davon. Auch die Sorgen.

Die Frau sieht über den Fluß hinweg. Ich sage mir, es hat sich kaum etwas verändert. Sie ist so schön wie damals.

*Du hast dir viel Zeit gelassen. Ich habe nicht mehr damit gerechnet, daß du Thailand je besuchst.*

Wir sitzen auf der Ufermauer. Der Chao Phraya ist an dieser Stelle breit. Lastkähne ziehen auf dem schlammig braunen Wasser ganz gemächlich ihre Bahn. Sie sehen aus, als wären sie in einem früheren Jahrhundert losgefahren.

*Es ist schön, daß du dein Versprechen schließlich doch noch eingehalten hast.*

Unter uns lärmt ein Expreßboot den Fluß hinunter. Es hält auf einen Landungssteg bei hochstehenden Pagoden zu. Das Dach des Bootes sorgt für etwas Schatten. Menschen drängen sich darin aneinander. Am Heck steht ein Mönch. Er sieht zur Mauer hoch. Der Mann trägt das safranfarbene Gewand der Buddhisten. Sein Kopf ist kahl geschoren. Der Mönch läßt seine dunklen Augen nicht von der Frau.

*Wer noch nicht so recht erwachsen ist, fordert Versprechungen auf ungestüme Weise. Ich bin damals wohl fast noch ein Kind gewesen. Ein Kindmädchen von achtzehn Jahren. Mit naiven Träumen vom Erfolg. Und ich war keineswegs die einzige mit diesem Traum. Das ganze Pasadena Playhouse hat seinen Traum von Hollywood geträumt. Von der Schauspielschule bis zum Ruhm schien es uns aus reiner Logik nur ein kurzer Schritt. Schließlich lag Pasadena von Hollywood nur einen Steinwurf weit entfernt. Und außerdem: War William Holden nicht der gleiche Sprung gelungen, vom Pasadena Playhouse bis zur Paramount?*

Sie lächelt.

*Bill Holden. Wenn Bill in die Schule kam, warst du nicht weit.*

Am anderen Ufer leuchten goldene Tempeltürme in der Morgensonne. Ein wenig später tanzt die Sonne auf dem Wasser. Kleine grüne Inseln aus Blätterwerk gleiten träge durch das Glitzern.Die Luft ist gewittrig schwül geworden. Ich kann den Schweiß fühlen, wie er vom Hals in den Ausschnitt meines Hemdes rinnt. Phatravadi scheint die Hitze nichts anzuhaben.

Phatravadi. Die Frau vom Fluß.

*Die Welt, in der ihr beide lebtet, ist mir fremd gewesen. Sie hat mir zeitweilig sogar Angst bereitet. Es war sicher dieses Unbehagen, das mich eines Tages herausgeholt hat aus dem Traum. Für ein Leben an den sonnenverbrannten Hügeln von Los Angeles war ich nicht geschaffen. Der Instinkt der Orientalin hat mir gesagt, daß ich den Kampf um den Erfolg in Hollywood nicht überlebe. Meine Rückkehr an den Chao Phraya muß einer Flucht geglichen haben. Es war der Weg zurück ins Glück. Zurück zum Fluß, an dessen Ufer ich geboren bin, in einem roten Haus mit tiefem Dach. Es war auch eine Heimkehr zu den hohen Bäumen, die das Haus vor der Sonne schützen. Das Leben meiner Vorfahren hat in diesem Haus begonnen, ebenso wie es unter diesem Dach geendet hat. Mein Großvater war Fährmann auf dem Fluß. Von Sonnenaufgang bis zum Abend brachte er in seinem Ruderboot die Leute hin und her. Als er spürte, daß seine Kräfte ihn verlassen wollten, hat er einen Motor in das Ruderboot gebaut. Es ist das erste motorgetriebene Fährschiff gewesen, das in Bangkok fuhr, und als Großvater sterben mußte, setzte Großmutter die Arbeit fort. Ihre beiden Töchter haben ihr dabei geholfen, und im Lauf der Jahre haben die drei Frauen ein Imperium aufgebaut. Als ich ein kleines Mädchen war, sagte Mutter mir, und ich erinnere mich noch immer an den Stolz in ihrer Stimme: »Jetzt fahren hundertzwanzig Schiffe unter unserer Flagge täglich auf dem Fluß.« Es waren übrigens die gleichen Boote, die noch heute fahren, kleine Fähren ebenso wie Expreßboote, die nur an jedem fünften Steg anlegen, aber der größte Erfolg der drei Frauen wurden jene superschnellen Longtails, die von geradezu monsterhaften Flugzeugmotoren angetrieben sind.*

Flußaufwärts führt eine Eisenbrücke zum anderen Ufer hin. Phatravadi wartet darauf, daß eines ihrer Longtails unter der Brücke hindurchgefahren kommt. Als es schließlich auftaucht, zerschneidet sein Motor die Luft mit einem unangenehm singenden Ton.

*Der Erfolg dieser drei Frauen, lieber Freund, muß für dich ungewöhnlich sein. Fremde glauben oft, Thailand wird gelähmt von unveränderbaren Traditionen, und die Tatsache, daß es noch bis Mitte der siebziger Jahre einer Thai gesetzlich verboten war, ohne Einwilligung des Ehemannes Geschäfte zu betreiben, scheint die Meinung der Fremden zu bestätigen. Jedoch gibt es nichts bei uns, was als unveränderbar in Stein gemeißelt steht. Einerseits wird in Thailand auch heute noch die Frau als Hüterin des Hauses angesehen. Bereits als kleines Mädchen bereitest du dich auf ein Leben als Mutter vor. Du lernst sehr früh, daß Harmonie in deiner Ehe oberstes Gebot sein muß und daß es auf dich zurückfallen wird, wenn dein Mann je sein Vergnügen in der fremden Welt der Betonklötze des anderen Ufers bei einer Masseuse suchen sollte. Die Frauen am Fluß werden dich mißbilligend betrachten, denn du bist deinem Ehemann keine gute Liebhaberin gewesen. Das ist der alte Zopf, den es noch immer gibt. Andererseits aber genießt eine Frau bei uns auch Privilegien, wie sie beispielsweise einer Muselmanin in unserem Nachbarland Malaysia niemals zugestanden sind. So kann zum einen der Mann keine zweite oder gar dritte Ehefrau nach Hause bringen, und zum anderen ist auch die freie Berufswahl einer Thai seit langer Zeit nicht mehr verwehrt. Das Wort »Thai«, in jede andere Sprache übersetzt, bedeutet »frei«. Thailand nennt sich das Land der Freien, und wenn eine Frau auf Grenzen stößt, macht sie von ihrem Vorrecht, frei zu sein, auf ihre Weise*

*Die Frau vom Chao Phraya führt Hardy durch das Dorf ihrer Kindheit.*

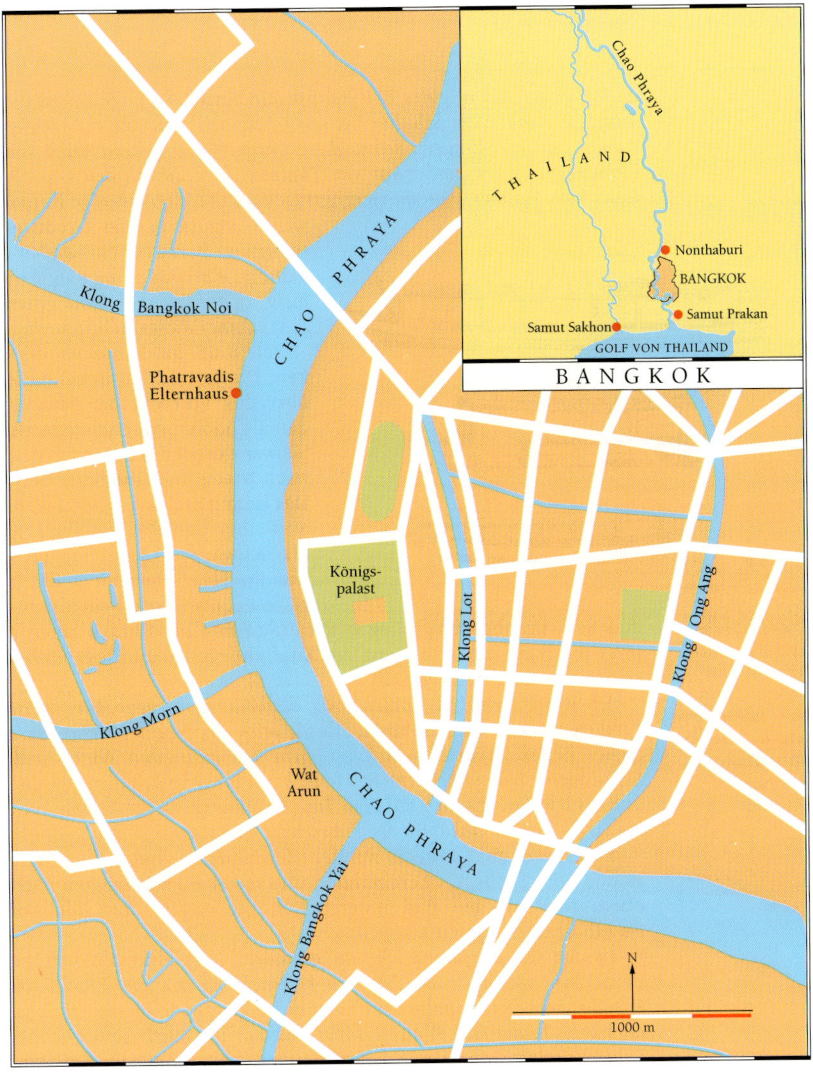
Chao Phraya
THAILAND
Nonthaburi
BANGKOK
Samut Prakan
Samut Sakhon
GOLF VON THAILAND
BANGKOK
CHAO PHRAYA
Klong Bangkok Noi
Phatravadis
Elternhaus
Königs-
palast
Klong Lot
Klong Ong Ang
Klong Morn
Wat
Arun
CHAO PHRAYA
Klong Bangkok Yai
N
1000 m

*auch Gebrauch. Ein gutes Beispiel für durchbrochene Grenzen ist die Bangkok Bank. Vom Schalter bis zur Chefetage trifft der ehrwürdige Kunde nur auf Frauen. Selbst die Sicherheit im Institut wird von Frauen garantiert, und zwar von Thaimädchen, die an den Gürteln Colts vom Kaliber Fünfundvierzig tragen und Meisterinnen in Karate sind. Lediglich bei der Gebäudereinigung herrscht ein anderes Prinzip. Putzfrauen gibt es dort nicht. In der Bangkok Bank gehen Putzmänner dieser Arbeit nach.*

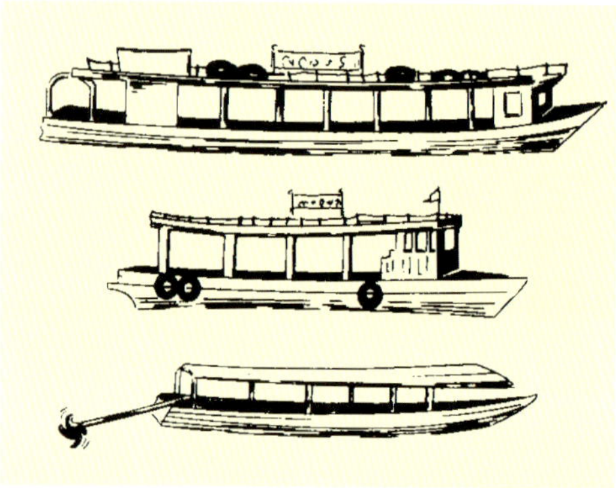

*Die öffentlichen Verkehrsmittel auf dem Chao Phraya: Expreßboot, Pendelfähre und das schnelle Wassertaxi, »Longtail« genannt.*

Ich muß an Pasadena denken. Die junge Phatravadi hatte über das Vorrecht der Männer damals noch nicht nachgedacht. Sie war exotisch schön und dazu noch frisch und unbekümmert. Das Haar hatte sie lang getragen, weit über den Rücken hinweg, blauschwarz. Zu jeder Tageszeit war ihr Haar von einem Glanz gewesen, als wäre sie soeben aus dem Schwimmbecken gestiegen. Die Frau vom Chao Phraya dagegen trägt ihr Haar jetzt kurz, eng am Kopf anliegend, und ihre Ohren stehen aus dem Haar heraus.

*Ich werde den drei Frauen ewig dankbar sein. Sie haben meine Freiheit niemals eingeschränkt. Als sie mich ins Pasadena Playhouse ziehen ließen, leistete mein Vater nicht den geringsten Widerstand. Selbst meine frühe Rückkehr führte nicht zu Fragen nach dem Warum, und als ich unverzüglich mit dem Tanz begann, versuchte keiner, mich als vierte Frau in das Büro der Fährschiffe zu holen.*

Phatravadi sitzt aufrecht auf der Ufermauer. Sie hat beide Hände in den Schoß gelegt, übereinander, und mit den Handflächen nach oben. Das gibt ein Bild innerer Ruhe ab. Es ist das Bild der Buddhastatuen in den Tempeln.

*In den langen Jahren, die du gebraucht hast, dein Versprechen einzulösen und nach Thailand zu kommen, ist aus der Elevin von Pasadena eine Prinzipalin am Chao Phraya geworden. Meine Arbeit ist ein buntes Bilderbuch. Blättere darin, und du wirst alle Facetten meines Lebens finden: Tänzerin, Schauspielerin, Drehbuchautorin, Regisseu-*

*Phatravadi beim Maskentanz. Dämonen sind gestürzte Götter.*

*Symbolhafte Handbewegungen an Buddha-Statuen. Tänzer haben sie übernommen.*

*Oben: Furchtlosigkeit unter Buddhas Schutz. Mitte: Verehrung des höheren Stadiums der Weisheit. Unten: Das verkleinerte »Rad der Lehre«.*

*rin, Produzentin und Lehrerin für Tanz. Die Facetten sind in Art und Farbe recht konträr. Meine Filme fragen nach der Gültigkeit unserer Tabus, doch in meiner Schule für den Tanz gebe ich den Eleven unsere Tradition weiter, ohne die das Volk der Thai den Schritt in die Moderne niemals überlebt. Meine Arbeit spiegelt unser Leben wider. Ich glaube, daß es ein Leben in Schönheit ist. Ich glaube aber auch, daß diese Schönheit durch den Gegensatz entsteht.*

*Das Volk der Thai wird zusammengehalten durch fünf Werte, die nur schwer vereinbar scheinen, wenn du sie mit den Augen des Westens siehst: Das Königshaus, Buddha, unsere Vergangenheit, das Zusammenleben mit Geistern, Göttern und Dämonen, und schließlich das Streben nach Veränderung.*

Phatravadi spreizt drei Finger ihrer linken Hand nach hinten und läßt sie tänzerisch zu einer Einheit werden.

*Die Werte Königshaus und Veränderung gehen weit in den dritten Wert zurück: in unsere Vergangenheit. Siam, wie wir noch bis 1949 hießen, ist niemals zur Kolonie einer fremden Macht geworden. An Versuchen hat es nicht gemangelt. Im Altertum hielt uns das große Volk der Khmer besetzt. Danach haben Armeen aus Burma Siam überfallen, Franzosen, Holländer und Briten waren hier, und im Zweiten Weltkrieg sind die Japaner martialisch einmarschiert. Doch keine dieser fremden Mächte hat sich auf unserem Boden halten können. Die Symbolfiguren für den Widerstand waren zu allen Zeiten unsere Monarchen, und als die Khmer endgültig vertrieben waren, übernahmen die Siamesen alle höfischen Sitten dieses alten Volkes und erklärten nach deren Vorbild unseren Monarchen zum »Devaraja«, zum Gottkönig. Er war nun absoluter Herrscher, nicht einmal Buddha gegenüber hatte er Rechenschaft abzulegen; ihn körperlich zu berühren, war streng verboten, und es galt als undenkbar, daß er jemals einen Fehler machen würde. Gut vierhundert Jahre lang hielt sich in Siam die absolute Monarchie. Dann setzte der fünfte Wert im Leben dieses Landes ein: die Veränderung. Ein unblutiger Staatsstreich beendete 1932 die absolute Macht des Königs. Eine unzufriedene bürgerliche Elite hatte in die höheren Staatspositionen gedrängt, die bis dahin den aristokratischen Familien vorbehalten waren. Die Söhne des wohlhabenden Mittelstandes brachten von der Sorbonne den Gedanken an Demokratie nach Hause. Ein ebenfalls unzufriedenes Militär folgte den revolutionären Thesen der Intellektuellen und stürmte den Palast. König Rama VII. mußte der Forderung nach einer konstitutionellen Monarchie stattgeben. Ein all-*

*Der ruhende Buddha an der Schwelle zum Nirwana.*

*Seiten 144/145: Steinerne Fabelwesen zum Schutz der Menschen.*

*mählicher wirtschaftlicher Aufschwung war die Folge, doch die Welt der Thais wurde weiterhin von Korruption erschüttert, von Militärputschen und Guerillakämpfen kommunistischer Verbände. Vom Norden her kam durch den Opiumhandel Unruhe ins Land, und die Angst vor den kommunistischen Diktaturen in den Nachbarstaaten Burma, Laos, Kambodscha und Vietnam ließ die Macht der Generale Thailands zunehmend erstarken. Das Gegengewicht dazu lag nur im Streben der Leute nach Veränderung. Thais verspüren sehr schnell Langeweile. Sie wollen von Zeit zu Zeit neue Leute an der Spitze sehen. Das ist der große Spaß im Land. Die Ernsthaften jedoch, die Elite, strebten als bedeutsamste Veränderung eine demokratische Verfassung an. 1973 sind sie dem Ziel recht nah gekommen, aber ganz erreicht haben sie es nicht. Es gelang den Studenten zwar mit Hilfe eines Aufstandes, der viele Menschenleben kostete, zwei selbstgefällig herrschende Feldmarschälle zu stürzen, doch sie konnten niemals ganz erreichen, was sie wollten: Immer wieder griffen die Militärs nach Ministersesseln frei gewählter Zivilisten. Das Bemühen, zu einer wahrhaften Demokratie zu kommen, gleicht in Thailand also eher einer Achterbahn, und wenn wir unser Königshaus nicht hätten, würde der Drang nach Veränderung in einer Tragödie enden. Daß dies nicht geschah, hat einen recht simplen Grund, wenn der auch für einen Mann des Westens schwer verständlich scheint: Der oberste Wert für den Zusammenhalt des Volkes, unser König, blieb von allen Kämpfen unberührt. Der Monarch ist unantastbar, war es als Symbol schon immer und wird es sicher auch in Zukunft bleiben. Das Bild des Herrschers hängt in jedem Haus. Kritik am König und seiner Familie ist verpönt. Der König überlebt Aufstände, Umsturzversuche und Akte politischer Gewalt. Weder sein Ansehen noch seine Person können jemals Schaden nehmen. Die Thai verehren ihren König mit liebevoller Zuneigung.*

*Gleichwohl kann es Veränderungen geben, die nicht das Werk von Menschen sind. Wer an Geister glaubt, an böse Omen und Dämonen, mißt auch der Prophezeiung viel Bedeutung bei. Eine Jahrhunderte alte Prophezeiung sagt, daß unsere Monarchie mit dem Neunten Rama untergehen wird. Dem Volk schaudert es bei dem Gedanken. Denn König Bhumipol, den die Thai seit über vierzig Jahren verehren, trägt den schicksalhaften Titel Rama IX.*

Phatravadi stellt Daumen und Zeigefinger zur Vollendung des Gedankens vor den anderen Fingern auf. Ihre Hand ähnelt jetzt einer Lotosblume.

*Zwei letzte Werte sind es, die uns noch verbleiben für den Zusammenhalt der Thai als Volk: die Lehren Buddhas und das Zusammenleben mit Dämonen. Ich mache den Versuch, dir beides zu erläutern. Es wird mir aber nur gelingen, wenn du die Augen schließt. Weil du dann die Bilder siehst, wie ich sie sehe. Und die Gedanken liest, wie ich sie lese.*

*Ich liebe Buddha. Nicht als Mann. Auch nicht als Gott. Ich verehre in ihm meinen Lehrer. Wenn ich zu ihm will, nehme ich ein Boot. Draußen vor der Stadt, an einem »Klong« in Nonthaburi steht sein Tempel unter Bäumen, ganz nah an das Wasser hingebaut. Es ist ein ganz besonders heiteres Haus, das sich nach allen Seiten öffnet. Kein Portal versperrt den Weg vom Landungssteg herauf. Keine Wand trennt die Statue des Erleuchteten von der Welt der Menschen in den Booten draußen, auf dem Wasserweg. Selbst der Wind kann hier, wenn er es so will, unter dem Dach hindurch zu Buddha wehen. Wenn er das tut, läuten die kleinen Silberglocken an dem First. Ansonsten ist es völlig still an diesem Ort. Ich störe den Frieden dort niemals, indem ich zu dem Lehrer spreche. Es ist nicht nötig, das zu tun. Buddha hört in der Stille die Gedanken. Ich bringe ihm stets Blumen mit. Orchideen, wie sie bei uns in allen Gärten wachsen. Manchmal pflücke ich die Blütenblätter ab und lasse sie wie bunten Regen über den Marmorboden wehen. Oder ich bringe Goldplättchen mit, die ich an den Saum der Robe Buddhas hefte, damit sie beim geringsten Luftzug fröhlich glitzern können. Bei jedem Gang unter dieses Dach zünde ich Kerzen und Räucherstäbchen an und drehe sie alle zwischen den Innenflächen meiner Hände im Gebet. Wenn ich mich dann vor seine goldleuchtende Statue auf den Boden lege, gehört die Stunde ganz alleine ihm und mir. Ich glaube,*

*daß wir meditieren. Wir sind in der Meditation ganz ungestört, und ich sende meine Gedanken auf den Weg, der mich zum Erreichen der »brahma-vihara« bringen soll, zu Güte, Mitleid, mitfühlender Freude, Geduld und Gleichmut. Für mein Leben mit den Menschen am Chao Phraya muß ich mich immer wieder an diesen Zustand des Bewußtseins erinnern. Ohne Güte und Mitleid gibt es keine Harmonie unter uns Menschen. Ohne Gleichmut lassen wir uns zu vorschnellen Handlungen verleiten, und wie kann ich Menschen vorurteilslos gegenübertreten oder sie so nehmen, wie sie sind, wenn ich nicht gleichmütig bin? Mitfühlende Freude macht weitgehend selbstlos, und Geduld ist die Voraussetzung für meine innere Ruhe. Ich glaube, daß diese »brahma-vihara« das Verhalten der Thai als Volk beeinflussen und unser Zusammenleben bestimmen. Damit will ich nicht sagen, daß es nicht auch bei uns Verelendung der Seele gibt, Raffgier, Verkauf des Körpers,*

Die Tänzerin im Zwiegespräch mit Buddha.

*Blutvergießen oder Brutalität. Selbst bei sportlichen Veranstaltungen zeigen meine Leute das Gegenteil von Sanftmut, und das Thaiboxen führt in brutalster Form oft bis zum Tod im Ring. Die Mehrheit des Volkes aber folgt den Lehren Buddhas, und ich frage mich oft – und amüsiere mich dabei –, wie verwirrt die Reisenden aus Übersee unserem ewigen Lächeln gegenüberstehen. Oder wie sie begreifen sollen, daß wir ständig den Versuch machen, einer Konfrontation aus dem Wege zu gehen und jede Erregung zu unterdrücken. Wie oft kommt es wohl vor, daß der Fremde sich in seine überseeische Heimat zurücksehnt, wenn er unserem »Sanuk« begegnet. Das Wort bedeutet Spaß, Freude oder auch Vergnügen und spielt eine große Rolle in unserem Leben. Beispielsweise, wenn uns eine Arbeit angetragen wird und wir überlegen, ob wir sie annehmen sollen oder nicht. Wir Thai können durchaus gute Arbeiter sein, doch nur unter der Voraussetzung, daß*

*uns die Arbeit Spaß bereitet. Ob wir die angebotene Tätigkeit also übernehmen, hängt einzig von der Frage ab, ob sie uns auch genügend »Sanuk« zu bieten hat.*

*Doch zurück zu den Werten, von denen ich dir erzählen wollte. Verweilen wir ein wenig bei dem Wert Geduld. Wenn es den Thai gelingt, Geduld zu zeigen und auch Toleranz zu üben, so ist dies allein das Resultat unserer jahrhundertealten buddhistischen Tradition.*

*Nun ist es allerdings nicht leicht, ein Leben in dieser Tradition ganz konsequent zu leben. Die moderne Zeit steht uns dabei im Weg. Meditation in der Nähe von Straßenlärm ist ein fast übermenschlicher Versuch. Der Existenzkampf im Wirtschaftsleben birgt die Verlockung in sich, das Verständnis für den anderen Geschäftsmann nicht mehr aufbringen zu wollen. Am Ende eines Jahrhunderts mit einer liberalisierten Auffassung von Moral ist die Versuchung groß, die Tradition abzulegen, von der ich hier erzähle und ohne deren Schönheit es eine Zukunft für das Volk der Thai nicht gibt. Wenn ich hier ein düsteres Bild male, so tue ich das nur im Vorübergehen. Dieses Land wird seine Lebensart nicht ändern. Seine Wurzeln reichen tief. Wir haben nicht nur unsere Werte, wir haben auch die »brahmavihara«, und wir haben die Überlieferung. Die Überlieferung berichtet, daß Buddha seine prinzlichen Güter verließ, Frau und Kinder aufgab und im armseligen Gewand des Mönchs nach Erkenntnis strebte. Diesem Beispiel folgen unsere Männer. Bis zum heutigen Tag. Einmal im Jahr, meist für die Dauer der Regenzeit, trennen sich Ehemänner von ihren Frauen, unverheiratete Söhne von ihren Müttern und treten in ein Kloster ein. In der Abgeschiedenheit des Klosters nehmen sie unter Anleitung von Mönchen, die ihr ganzes Leben Buddha geweiht haben, das Studium der Schriften wieder auf.*

Die Dächer aller Tempel leuchten in den Thai-Farben von Eleganz und Heiterkeit.

*Ein jeder Buddhist muß bestrebt sein, sein »karma« zu verbessern. Karma ist die Summe aller ethischen Handlungen im Verlaufe eines Lebens, und mit einem Sprichwort sagen wir das auf simple Weise: »Tham dii, dai dii, tham chua, dai chua – Tue Gutes und du erhälst Gutes. Tue Böses und du wirst Böses erhalten.« Das Anlegen der safranfarbenen Mönchskutte ist eine gute Tat, die mehr Gewicht hat als viele andere gute Handlungen, die ein Mann begehen kann. Bei seiner*

Seiten 150/151: Selbst der Wind kann hier, wenn er will, unter dem Dach hindurch zu Buddha wehen.

Wiedergeburt wird er deshalb mit einem besser gestellten Leben belohnt, und somit kommt er schrittweise dem »nirvana« näher. Viele Männer glauben übrigens, daß sie des Nirvana erst nach qualvoll vielen Wiedergeburten würdig sein werden. Sie verdoppeln deshalb ihre Bemühungen um ein besseres Karma, verdoppeln auch ihre Geldspenden an die Klöster und hoffen, damit die Anzahl ihrer Reinkarnationen zu verringern.

Selbst unsere Söhne senden wir als Novizen in die Klöster. Oft trennen wir uns von ihnen, natürlich nur auf Zeit, wenn sie noch halbe Kinder sind. Spätestens jedoch vor seiner Hochzeit oder wenn der Zwanzigjährige sich anschickt, einen Beruf zu ergreifen, nähen wir dem Sohn die safrangelbe Robe, mit der schon Buddha in die Askese ging. Das Fest der Ordination ist ein großer Tag im Leben einer jeden Mutter, unter anderem auch im Gedanken daran, daß ein Teil der frommen Handlungen des Sohnes auf das Karma der Eltern übergeht.

Was macht nun so ein Kind im Kloster, wirst du fragen. Nun, der Novize lernt die 227 Regeln, denen er sich unterwirft und von denen er die Grundgebote schon seit seiner Kindheit kennt: Einem Buddhisten ist es versagt zu stehlen, zu töten, zu lügen, die Ehe zu brechen oder Rauschgift zu nehmen.

Einmal im Jahr, meist während der Regenzeit, vertauschen die Männer das gewohnte Leben in den Familien mit der Abgeschiedenheit des Klosters.

*Der Tag der Mönche beginnt mit dem Einsammeln der Almosen. Sobald die Sonne ihr erstes Licht über den Himmel schickt, gehen sie in der Stadt von Haus zu Haus. Bei uns, die wir an den Wasserwegen des Chao Phraya leben, paddeln sie ihre Boote in die Klongs hinein. Auf den Treppen aller Häuser warten die Frauen schon auf sie. Im Dämmerlicht, das den Aufgang der Sonne ankündigt, haben sie bereits das Essen für die Mönche angerichtet. Grußlos, schweigend löffeln sie den Reis in die Schalen der Männer. Sie müssen dabei Obacht geben: Selbst das versehentliche Berühren eines Mönches, und sei es auch nur seines Gewandes, ist Frauen untersagt. Junge Mädchen legen meist auch noch Gemüse in die Schalen, eine Blume oder eine andere kleine Gabe. Geld wird den Mönchen niemals gereicht. Das Berühren von Geld ist Mönchen nicht gegönnt. Sobald die Almosen übergeben sind, paddelt der Mönch mit seinem Schweigen weiter. Der fromme Mann bedankt sich nicht. Im Gegenteil, bei uns ist es der Gebende, der Almosenspender, der sich zu bedanken hat. Denn es ist ihm die Möglichkeit für eine milde Gabe geboten worden, und wer den Mönchen gibt, wird im nächsten Leben gut belohnt.*

*Im Morgengrauen holen Mönche Reis aus allen Häusern.*

*Männern, die im Kloster leben, räumen wir eine übergeordnete Stellung in unserer Gesellschaft ein. Wenn wir ihnen auf der Straße begegnen, bleiben wir nicht neben ihnen, sondern gehen respektvoll einen Schritt hinter ihnen her. Beim Besteigen des Fährbootes lassen wir ihnen den Vortritt, und während der Überfahrt sprechen wir sie nicht an.*

*Der Ablauf eines Tages ist im Kloster nach der Tradition geregelt. Wenn die Morgenmahlzeit eingenommen ist, beginnt die Unterweisung in der buddhistischen Lehre und in der Lebensgeschichte Buddhas. Den Vormittag hindurch erhalten die Novizen ihre schulische Grundausbildung. Um zwölf Uhr mittags gibt es die zweite und damit letzte Mahlzeit des Tages. Danach wird geruht und meditiert, doch es gibt auch Mönche, die handwerkliche Arbeiten ausführen oder aus dem Wasser der Klongs wundersame Elixiere brauen, und wiederum andere nehmen an Hochzeiten teil, was den Brautleuten Glück verheißt. Am Nachmittag, so gegen vier Uhr, ruft eine dumpf geschlagene Trommel alle wieder zum Gebet zusammen, und mit der untergehenden Sonne neigt sich auch der Tag des Mönches seinem Ende zu.*

*Zur Freude der Eltern treten selbst Knaben zeitweilig in Klöster ein. Die heiligen Handlungen des Sohnes gehen auf das Karma seiner Eltern über.*

*Wir haben zwanzigtausend solcher Klöster, wie ein Netz überziehen sie das Land, und an jedem Tag des Daseins tragen dreihunderttausend Männer die Safranrobe.*

An dieser Stelle ihrer Erzählung nimmt Phatravadi ihren Blick vom Fluß und sieht mich an.

*Du scheinst tatsächlich die Bilder zu sehen, wie ich sie sehe. Bevor ich nun auf unser Leben mit Geistern und Dämonen zu sprechen komme, muß ich meinen Bericht über unsere Klöster mit einer betrüblichen Wahrheit enden: Neuerdings ist es nur noch jeder fünfte unserer Männer, der die Kutte anlegt. Die Mehrheit scheint der These des Westens zu folgen, wonach Zeit gleichzusetzen sei mit Geld. Ein wochenlanges Mönchsdasein sehen sie zwar als Vergeudung ihrer Fähigkeiten an, doch würde es ihnen nie einfallen, sich darüber hinaus von unserer Lebensart zu trennen. Trotz neuer Einflüsse, die nach Thailand kommen, zählen sie sich zu den 90 Prozent des Volkes, die buddhistisch fühlten, und so gut wie jeden Tag kannst du auch diese Männer in den Tempeln sehen.*

Phatravadi formt mit der Hand noch einmal eine Lotosblume. Den kleinen Finger hält sie dabei ein wenig abseits und bewegt ihn wiegend hin und her. Es scheint, als bewege leichter Wind ein Blütenblatt.

*Du wartest mit Ungeduld auf meinen Bericht über Geister, Götter und Dämonen, mit denen wir das Leben teilen. Du lächelst nicht? Das ist gut.*

Die Frau lehnt sich auf der Ufermauer zurück und sieht zu dem roten Haus hinüber. Es ist ihr Elternhaus. Phatravadi ist unter diesem Dach geboren. Vor dem Haus wächst Rasen. Das Gras ist von einem satten Grün. Üppige, hochgewachsene Bäume werfen Schatten über das Haus. Ein Sonnenfleck leuchtet aus den Schatten. In der Helle steht ein Puppenhaus auf einem dicken Pfahl. Dahinter stürzen Kaskaden über ein gemauertes Stück Fels. Das Puppenhaus ist weiß und golden und sieht mit seinen Türmen wie ein Tempel aus.

*Siehst du das goldverzierte Häuschen auf dem weißen Pfahl? Mein Großvater hat es gebaut. Großvater Fährmann. Der den Einfall mit dem Motor hatte, du erinnerst dich? Er hat den kleinen Tempel aufgestellt. Unser Hausgeist wohnt darin. Anfangs hat der Geist partout nicht einziehen wollen. Es war ihm darin zu heiß. Großvater Fährmann hat es mir erzählt, und zwar mehr als einmal, weil das eine verzwickte Situation für ihn gewesen ist, denn wenn der Geist nicht in das kleine Haus einzieht, dann zieht er in unser großes rotes zu den Menschen, und so etwas endet meist mit Ärger und Verdruß. Nun mußt du wissen, so ein Hausgeist ist eine bedeutsame Person, ein jeder Thai hat so einen, und bevor du dir dein eigenes Haus baust, stellst du ihm erst einmal das seine hin. Auch gibt es eine Reihe von Kriterien zu beachten. Es beginnt damit, daß so ein Geisterhäuschen in Augenhöhe stehen muß. Es hat aus einem Raum zu bestehen und soll eine Terrasse haben, auf der die Geschenke abzulegen sind. Der Schatten des Menschenhauses darf nicht auf das Häuschen fallen. Es soll auch in keinem anderen Schatten stehen. Der Blick von den Fenstern muß nach Norden und nach Süden gehen, und schließlich hat das Aufstellen an einem astrologisch günstigen Tag zu erfolgen, der von einem Geomanten zu berechnen ist. Großvater Fährmann hatte alle Auflagen sorgfältig erfüllt, selbst das*

*Seite 156 oben: Mönche stehen bei der Bevölkerung in hohem Ansehen.*

*Seite 156 unten: Am Ende der Regenzeit kommt die Landbevölkerung zu einem kleinen Fest ins Kloster und bringt Gaben von ihren Feldern.*

*Seite 157: Buddha ist für die Thai kein Gott, sondern der »Erleuchtete, der das Rad der Lehre in Gang setzte«.*

Seiten 158/159: Jede Familie hat einen Hausgeist, der in einem kleinen Tempel wohnt und mit viel Respekt behandelt werden will. Täglich frische Blumen, Essen und Trinken erhalten seine Gunst.

*Schattenverbot hatte er berücksichtigt, und nun ist es ausgerechnet der sorgsam gewählte Sonnenplatz gewesen, der für Hitze in dem Häuschen sorgte. Großvater Fährmann begann zu grübeln. Er verglich die Klage des kleinen Geistes mit den Unbillen seines eigenen Lebens und kam darauf, daß er an besonders heißen Tagen die Kühle des Wassers als ein Geschenk der in Ungnade gefallenen Brahmanengötter ansah, die am Ufer des Chao Phraya tollten. Demnach also brachte Wasser Kühlung. Und spülte Wasser nicht alles davon? Alles, auch die Sorgen? Also baute Großvater den Wasserfall neben das kleine Haus. Der Wind wehte Kühlung unter das goldene Dach. Und der Geist zog ein.*

*Nun sind wir, wie gesagt, nicht nur von Geistern umgeben, sondern auch von Göttern und Dämonen. Mit den Göttern ist leicht auszukommen. Sie sind gut zu uns, vielleicht schon deshalb, weil unsere Vorfahren sie bei ihrer langen Wanderung mitgebracht haben. Es heißt ja, daß an allem Anfang unser Volk aus Hinterindien kam. Also sind es Hindugötter, und von einigen will ich dir erzählen. Von denen nämlich, die mir die liebsten sind.*

*Zuallererst lebt bei uns die göttliche Schlange »Naga«, sie beherrscht den Fluß, und da der Chao Phraya mein Leben ausmacht, werde ich dir von ihr später und in Ausführlichkeit erzählen.*

*Besonders schön finde ich die Vogelgöttin »Kinnari« mit ihrem menschengleichen Oberkörper auf schlanken Vogelbeinen. Gott Schiva soll von ihrer Eleganz angetan gewesen sein, aber auch seine Menschensöhne haben sich in sie verliebt. Wie es heißt, haben sie die Töchter der Vogelgöttin entführt, weil die Kinnarimädchen ideale Ehefrauen abzugeben versprachen.*

*Als der stolzeste Vogelmensch muß der »Garuda« gelten, auf dessen Schwingen sich Schiva, der bekanntlich Herrscher über alle Hindugötter ist, durch den Himmel tragen läßt. Thailand hat den Garuda als Symbol der Macht unseres Königs in seinem Wappen, denn die Herrscher der Thai werden als Inkarnationen Schivas angesehen.*

*Der dreiköpfige Elefant »Erawan« ist für viele von uns ein Gott, wenn auch manche Leute sagen, daß er nichts sei als ein gottähnliches Tier. Er ist gutmütig, teils drollig, sogar naschhaft, aber seine Stärke, die er oft zu unserem Schutz einsetzt, wird von allen gefürchtet, die den Menschen Böses wollen, und das wiederum sind die Dämonen.*

*Im Lauf der Zeiten haben die Thai gelernt, daß Dämonen gestürzte Götter sind. Andere sagen, Dämonen seien Zwischenwesen, also weder Mensch noch Gott. Sie vereinen in sich alles, was elend, was verwerflich ist, und so sind es immer wieder die Dämonen, die uns Krankheit bringen, Seuchen, Stürme, Feuersbrünste, Unglück oder Not. Um solche Schrecken von uns fernzuhalten, rufen wir um Hilfe unserer Götter an. Zu ihren Ehren, ebenso wie zu unserem Schutz, stellen wir steinerne Wächter, die den Göttern und ihren Helfern gleichen, vor die Pforten unserer Tempel. Wir lassen hölzerne Löwen, Schlangen, Riesen, Vogelmenschen und furchterregende Fabelwesen die Dächer unserer Tempel tragen und glauben, daß am Schluß das Gute siegt.*

*Die Menschen am Fluß leben mit Geistern, Göttern und Dämonen.*

Phatravadi sieht mich von der Seite an. Dann schüttelt sie den Kopf. Und lacht.

*In deinem Kopf macht die Denkmaschine Rattatatat-Rattatatat, und da deine Augen so hell sind, verraten sie mir auch, daß dein Rattatatat keine Antwort auf die Frage finden kann, wie sich denn mein Buddha-Gott mit den Hindu-Göttern verträgt. Mein Freund, hast du schon vergessen, was ich dir erzählte? Buddha ist kein Gott. Vielmehr ist er unser Lehrer. Zwischen seiner Weisheit und den mythischen Wesen, die uns umringen, hat er keine philosophische Brücke geschlagen, und in seinen Lehren, die in mehr als fünftausend Bänden für uns festgehalten sind, hat er die Existenz von Geistern, Göttern und Dämonen mit keinem Satz verneint.*

Über den Tempeln am anderen Ufer bauen sich Wolkentürme auf. Ein heißer Wind weht von Süden her den Fluß entlang und spielt mit Phatravadis Rock. Auf der Brücke hinter ihr kommt eine Kolonne Lastwagen ins Stocken. Chrom und Glas schicken Blitze in das braune Wasser unter der Ufermauer.

*Seite 161: Die Vogelgöttin Kinnari. Ihre Töchter sind in früheren Zeiten von Menschensöhnen entführt worden, weil sie ideale Ehefrauen waren.*

*Ich finde, daß unser Leben schöner war, bevor es diese vielen Straßen gab. Als ich Kind gewesen bin, waren die Klongs um den Fluß herum die Straßen. Große Barken haben alles transportiert, was heute auf Lastwagen verladen wird, und die motorisierten Boote von Großmutter Fährmann knatterten die Kinder in die Schule. Bei den Klongs auf dieser Seite ist das bis heute so geblieben. Sieh einmal, ein Klong ist*

nichts anderes als ein Wasserweg, und wenn du ihn mit deinem Boot durchquerst, fährst du durch ein Straßendorf. Links und rechts am Uferrand sind Häuser, die auf Stelzen stehen. Stufen führen zu den Häusern hoch. Das untere Stockwerk hat nur an einer Seite eine Wand. Dahinter liegt der Schlafraum für die Eltern. Zum Klong hin steht das Haus nach drei Seiten offen, der feuchten Hitze wegen, die hier ständig herrscht. Deshalb wird alles Leben auch in diesem Offenen gelebt: Broterwerb, Gebet am Schrein, Kochen, Waschen, Schularbeit der Kinder und am Nachmittag, wenn die Hitze müde macht, eine Stunde Schlaf. Dem Vater gehört die Sitzbank über dem Klong, weil es da am kühlsten ist. Alle anderen strecken sich am Boden aus, und ein Bootsmann, der vorüberfährt, macht so wenig Lärm wie sein starker Motor es erlaubt. Denn wer um diese Stunde schläft, erhält einen Blick geschenkt – aufs Paradies.

Seiten 162/163: Marktfrauen. Zu Lande und zu Wasser.

So ein Dorf den Klong entlang beherbergt in den wandlosen Räumen dieser Stelzenhäuser alles, was es in Straßendörfern anderer Länder gibt: Schmied, Bäcker, Krämer, Blumenladen, Fischgeschäft. Der Markt für Gemüse, Knoblauch, Eisenwaren, Korbgeflechte, Bananen oder Orchideen ist eine farbenfrohe Versammlung kleiner Boote, die dicht gedrängt beisammenliegen. Selbst was du in deiner Heimat Imbißstube nennst, gibt es hier in unseren Klongs. Allerdings sind das Imbißstuben, die im Wasser treiben. Frauen paddeln sie von Haus zu Haus, und die Speisen, die sie feilzubieten haben, werden schon frühmorgens, noch bevor der Tag anbricht, aus den Küchen ihrer Stelzenhäuser in diese flachen Boote geladen. Das Geschäft mit Suppen, Fleisch und Fischgerichten ist seit Jahrhunderten von Glück gesegnet, weil es keinen Thai gibt, der nicht gerne schlemmt. Und zwar den lieben langen Tag. Nicht dreimal täglich und zu festgelegten Stunden, sondern immer wieder zwischendurch.

An den Stufen aller Häuser in den Klongs sind Boote festgemacht. Die Gemüsegärten hinter diesen Häusern sind durch Fußwege begrenzt, doch siehst du nur selten mal einen Menschen über diese Pfade laufen.

*Seiten 164 bis 167: Klong ist das Thaiwort für Kanal. Auf ihm werden schwimmende Märkte abgehalten. An seinen Ufern reihen sich Häuser wie bei uns in einem Straßendorf.*

Das Symbol der Schlangengöttin Naga ist an allen Tempeln zu finden. Sie ist auch die Göttin des Wassers.

*Schlag meinen Leuten vor, von einer Familie zur anderen zu Fuß zu gehen, und sie sehen dich verwundert an. Jedoch: Gib ihnen ein Paddel in die Hand und sie paddeln ohne Unterlaß.*

*Es mag sein, daß ich klinge, als würde Großmutter Fährmann aus mir sprechen, doch ich muß sagen, als auch das Land hinter dem anderen Ufer noch von Klongs durchzogen war, fand ich das Leben schöner, als es heute ist. In der neuen Stadt da drüben haben sie die Kanäle zugeschüttet und Beton darüber hingewalzt. Statt der schlanken Boote legen jetzt Blechkarossen bei den Häusern an. Hinter den großen Tempeln und dem Palast des Königs fängt die Betonstadt an, mit Hochhäusern und Parkplatzöden und Regierungsbauten und Rotelampenvierteln, und in den Monaten des Sommers brennt sich die gespeicherte Hitze des Betons durch die Sohlen deiner Schuhe. In der Stadt hinter den Tempeln haben sie so viele Tonnen an Beton verbaut, und so viel unsinniger Verkehr rollt da drüben über trockengelegte Deltasümpfe, daß die Stadt in jedem Jahr zehn Zentimeter tiefer sinkt.*

Der Tempel Amrun. Er stellt die Entstehung der Welt dar. Der große Turm ist der heilige Berg Meru. Die kleineren Türme symbolisieren die Weltmeere.

*Du siehst mich an und lachst, jedoch ist es mein voller Ernst, was ich dir erzähle! Wissenschaftler haben es errechnet! Der Boden von Bangkok ist nur noch einen Meter höher als der Meeresspiegel, also rechne es dir selber aus: Da wir alle zwölf Monate zehn Zentimeter absacken, braucht es zehn Jahre und die Stadt versinkt im Meer. Jedoch, wenn ich es recht bedenke, muß das nicht einmal ein Nachteil sein! Vielleicht werden wir auf diese Weise wieder, was wir am Anfang einmal waren: ein Volk, das auf seinen Booten lebt. Denn auf solche Weise hat in diesem Delta alles angefangen: Menschen machten ihre Boote in fruchtbaren Sümpfen fest, lebten auch an Bord, und als sie seßhaft werden wollten, bauten sie sich ein Dorf auf Stelzen. Rings um sie her wuchsen wilde Bäume mit Früchten, die eine Mischung aus Pflaumen und Oliven waren. Sie gaben den Bäumen das Thaiwort »kok«. Das Wort für Dorf war in ihrer Sprache »bang«, und damit war der Name für ihre Ansiedlung gefunden: Bangkok. Dorf der Oliven.*

*Im Laufe der Jahrhunderte zog es immer mehr Menschen mit ihren Booten in dieses fruchtbare Gebiet. Sie legten ein Gitterwerk von Kanälen an, und Rama I. machte vor zweihundert Jahren das Dorf zu seiner Königsstadt, die den anspruchsvollen Namen erhielt: Stadt*

*Die Wasser der Naga bringen zu den Klongs, was sich der Mensch erwünscht: Den Fisch. Das tägliche Bad. Den Schrein zum Gebet. Auch den Vorgarten am Einfamilienhaus. Und den Spielplatz der Kinder.*

*der Engel, größte aller Städte, unsterbliches, wertvolles Juwel, überaus mächtig, altehrwürdig, neunfach mit Juwelen geschmückte himmlische Stadt, errichtet von Schiva, was in der Sprache der Thai nur ein einziges Wort ergibt. Es ist allerdings recht lang, nämlich: Krungthepmahanakhornbowornrattanakosinmahintarayuthayamahadilokpopnopparatratchathaniburiromudomratchhaniwetmahasathan. Der Überlieferung zufolge sollen die Thai viel Zeit gehabt haben, trotzdem muß ihnen der Name ihrer Stadt ein wenig lang erschienen sein, jedenfalls kürzten sie ihn ab in Krung Thep, aber auch der machte den nachfolgenden Generationen keinen Sanuk, weshalb die Stadt bis heute Bangkok heißt.*

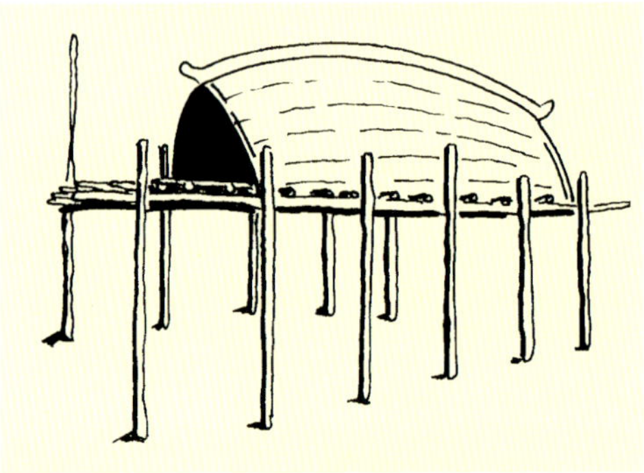

*Seiten 170 bis 173: Die ersten Siedler sind den Fluß heraufgekommen. Als sie an Land gingen, stellten sie ihre Boote kieloben auf die Ruder. Das Stelzenhaus der Thai war geboren.*

Eine gewaltig hoch beladene Barke zieht mit dem Strom an uns vorbei. Ihr Bug trennt grüne Pflanzeninseln, die im Wasser treiben. Bei der Eisenbrücke legt ein Longtail an. Pathravadi sieht zu dem anderen Ufer hin. Die Wolkentürme über den Tempeln sind jetzt dunkel. Gewittrig. Drohend.

*Inzwischen leben sechs Millionen Menschen in der neuen Stadt an dem anderen Ufer drüben. Eine Zeitlang habe auch ich zu den sechs Millionen da gezählt. Ich sehe, daß dich dies ein wenig überrascht. C'etait l'amour, qui faisait cela. Du sprichst französisch? Ich habe es erst lernen müssen. Aus Liebe zu dem Mann, dem ich in einem Hochhaus im Botschaftsviertel begegnet bin. Als wir heirateten, war ich noch ziemlich jung, und Sean ist auch noch jung gewesen. Gleichwohl war er bei seiner Botschaft schon in einer guten Position. Nachher, zum Mittagstisch, kommt er zu uns ins rote Haus. Er sagt, er freut sich bereits darauf, dich hier zu sehen. Sean ist Kanadier. Meine Familie mag ihn sehr, und bei der Mitteilung, daß es nicht ein Thai ist, den ich zu heiraten gedenke, hat selbst der Hausgeist kein Theater aufgeführt. Vermutlich ist er überrascht gewesen, zumindest ebenso wie ich, als Sean am Morgen unserer Hochzeit eine kleine Flasche kanadischen Whisky und safranfarbene Orichdeen auf die Terrasse des Häuschens legte und im Gespräch den Geist darüber informierte, daß wir aus*

*Karrieregründen den Chao Phraya zunächst einmal verlassen müßten, doch in ein paar Jahren kämen wir zurück.*

*Anfangs haben wir das Leben auf der eleganten Seite von Krung Thep geführt, doch dann wurde Sean an das Konsulat der Kanadier nach New York versetzt, und ich ging wieder einmal in die Schule. Steptanz, Gesang und Modern Jazz. Ich war glücklich in der Zeit damals und habe das rote Haus am Fluß nur ab und an vermißt. Doch nicht viel später hat uns der Ernst des Lebens eingeholt: Ungeachtet seiner jungen Jahre wurde Sean Botschafter der Kanadier in Singapur. Aus dem tanzenden Thaimädchen von Manhattan war ohne Übergang die Frau des Botschafters in einem großen Haus geworden, mit der ganzen Skala von Verpflichtung, die das Leben eines Diplomaten mit sich bringt.*

*Die Jahre sind nur so dahingeflogen. In der Erinnerung scheint es mir wie Nebel. Wie ein Garuda, der durch Nebel fliegt. Auf der anderen Seite unserer Welt machte sich das Auswärtige Amt in Ottawa daran, Entscheidungen über unsere Zukunft zu treffen, doch Sean ließ das nicht zu. Er überraschte mich mit dem Gedanken, es sei Zeit, an den Fluß zurückzugehen. Und das nicht allein meinetwegen. Er selbst wollte an den Fluß zurück. Eine Familie gründen. Sein Glück in der Wirtschaft suchen. Wohlstand anhäufen. In einem Land, das Zukunft hat. So sind wir also zurückgekehrt. Und werden bleiben. Sean sagt, daß er es nicht bereut.*

Sie sieht zu einem Polizeiboot hin, das den Fluß heraufgekommen ist und in der Mitte seinen Anker fallen läßt. Trotz der Entfernung können wir die Kette ganz laut rasseln hören. Als sie sich strafft, kommt von Deck ein langgezogener Pfiff zu uns herüber. Dann schwojt sich das Boot zurecht, bis es in der starken Strömung still zu liegen kommt.

*An der gleichen Stelle hat schon immer ein Boot der Polizei geankert. In meiner Kindheit ist es ein kantiges Schiff gewesen, das einen hohen Schornstein hatte. Großvater Fährmann sagte, in seinem früheren*

*Leben sei es in China als Kanonenboot gefahren, und wir hätten es von der englischen Navy zu einem guten Preis gekauft. Als kleines Mädchen habe ich mich an der Ankerkette festgehalten und eine Weile ausgeruht, wenn ich zum anderen Ufer geschwommen bin.*

Sie dreht sich langsam zu mir um. Ihr Blick scheint mich zu prüfen. Der gewittrig dunkle Himmel hat das Wasser hinter ihr bleiern werden lassen.

*Der Motor mit dem Rattatatat in deinem Kopf springt wieder an. Ich kann den Motor hören. Er will mich fragen, ob denn nicht die Abwässer aus allen Häusern Bangkoks in den Chao Phraya laufen. Und ob das Bündel, das da hinten dem Meer entgegentreibt, nicht gar ein Seemann sein könnte, der in einer Hafenkneipe seinen Tod gefunden hat. Das Rattatatat in deinem Kopf sagt, und du ziehst derweil die Nase kraus: »Schwimmen in dem Fluß? In der Ölpest von den Tankern? Vorbei an Plastikflaschen, Babywindeln, Pflanzeninseln?« Guter Freund, wenn Unrat auf dem Fluß dem Meer entgegentreibt, nimmt das ein Thai gelassen hin. Für uns ist der Strom das Leben. Ein Glücksfall. Ein Geschenk. Das Bad am Morgen und das Bad vorm Schlafengehen. Der Fluß wird auch zum Garten vor dem Haus. Ist kostenlose Müllabfuhr.*

*Einfahrt zu einem der Klongs, vom großen Fluß aus gesehen.*

*Macht sich ganz breit als Spielplatz für die Kinder. Liefert Wasser für den Herd. Spült Töpfe und trägt die Seifenlauge nach der großen Wäsche fort. Er liefert Fische für den Angelhaken geradewegs vors Haus. Und dient am Ende auch als Straße für das Totenschiff stromabwärts, wenn der Mensch dem Meer zurückgegeben wird.*

*Für meine Leute ist das Zusammenleben mit dem Wasser zu einem Bild geworden, daß sie sich vom Leben machen. In unserer Mythologie sagen wir nicht: Am Anfang war Himmel und Erde. Wir sagen: Am Anfang war Himmel und Wasser. Als der Mensch erschaffen wurde, zog sich das Wasser zurück. So ist der Berg entstanden. Der Himmel vereinte sich mit der Ebene. Und die füllte sich mit dem Fluß. In seinen Wassern wohnt die göttliche Schlange Naga. Als Buddha auf seiner Wanderschaft einmal in eine stürmische Flut geriet, schwamm die Göttin herbei und rettete ihn mit ihren fächerförmig ausgebreiteten sieben Köpfen. Seit der Zeit ist Naga für uns Thai alles, was für Menschen anderer Länder Wasser ist.*

*Es heißt, mein Volk sei aus dem Meer gekommen und Naga habe den Leuten ihren Weg den Fluß hinauf gewiesen. In den Sümpfen des Deltas seien sie an Land gegangen. Als sie zum Schutz gegen Sonne, Wind*

*Der mächtige Strom teilt Bangkok in zwei Hälften, die unterschiedlichen Charakters sind.*

*und Regen ein Dach brauchten, drehten sie ihre Boote kieloben und stellten sie auf ihre Ruder. An dem Tag war das Stelzenhaus der Thai geboren worden.*

Vom anderen Ufer kommt ein kleines Boot. Der Wind hat zugenommen. Über den Fluß ziehen Wellen, die weiße Kämme haben. Das Boot stampft. Sein Sonnensegel ist gerafft. Einmal hebt sich der Bug hoch über die Wellen. Bei dem Flugzeugmotor kauert ein Thai in einem grünen Monteuranzug. Neben ihm steht ein Mann und winkt. Phatravadi steigt auf die Ufermauer. Sie winkt zu dem Mann hin.

*Sean ist vom Büro zurück. Vielleicht schafft er es ja noch vor dem Wolkenbruch.*

Das Boot nimmt Wasser über. Phatravadis Mann hält sich an dem Mast mit dem Navigationslicht fest. Er winkt noch einmal. Ich winke zurück.

*Wir sollten lieber ins Haus gehen. Es wird gleich regnen. Ich lasse dich allein mit einem Drink und sehe nach, ob die Mädchen mit dem Essen fertig sind.*

Unter den hohen Bäumen hält sie inne und deutet zu Pfosten hin, die aus der Erde ragen. Die Pfosten sind reich verziert. Sie lassen an Bäume denken, die ohne Äste auf einer Wiese stehen.

*Wir haben das Stück Land neben uns gekauft. Über dem Landungssteg am Fluß. Wenn du einmal wiederkommst, wirst du uns in dem neuen Haus dort finden. Das Geisterhäuschen hat Sean bereits gebaut. Unser eigenes wird ein offenes Zimmer haben, mit dem Blick nach drei Seiten übers Wasser hin und bunten Kissen ringsumher verstreut. Das Dach soll in den Farben der Tempel sein: Rot, Grün, Weiß und Gold. Ich kann das Haus schon deutlich vor mir sehen: Fröhlich. Verspielt. Und unbekümmert. Einen jeden, der es sieht, soll das Haus betören. Jeden. Selbst den Wind.*

*Während der Bauzeit werde ich oft hier auf dieser Mauer sitzen, keinen Finger krümmen, nicht einmal einen Rat werde ich den Männern geben. Ich will nur still hier sitzen und zusehen, wie es wächst.*

Sie sieht mich an und lacht.

*Soll ich dir verraten, woran uns Thai gelegen ist im Leben? Das Allerschönste zu erreichen, ohne viel dafür zu tun. Es geht uns allen wie dem jungen Prinzen, den es vor Hunderten von Jahren einmal gegeben hat, in einem der vielen Kriege, die wir gegen die Burmesen führten. Vor Beginn der Schlacht hat unser Prinz dem Gegner zugerufen: »Warum müssen wir uns immer blutig mit dem Schwert bekämpfen? Laßt uns lieber eine Pagode bauen. Wer als erster fertig ist, gilt als Sieger in dem Krieg!« Die Burmesen trieben Menschen her, Tausende von ihnen, und gaben ihnen tausendfaches Material und legten sich ganz fürchterlich ins Zeug. Der junge Siamese legte sich zu seinen Gespielinnen. Die Frauen hatten ihren Spaß so lange mit ihm, bis die Pagode der Burmesen fast vollendet war. Als er das sah, leimte der junge Prinz einen hölzeren Rahmen zusammen, schlug Seide rings darum herum, und zwar in Form und Größe ganz so, wie es vorgeschrieben war, und, voilà, nur ein paar Stunden Arbeit, doch der Krieg, der war für uns gewonnen.*

Das Gesicht der Frau leuchtet vor dem dunklen Hintergrund des Gewitters, das sich hoch in den Himmel türmt.

*Das Allerschönste zu erreichen, ohne viel dafür zu tun.*

Sie lacht. Dann geht sie in das Haus. Es beginnt zu regnen. Ich kann noch immer Phatravadis Lachen hören.

*Der Chao Phraya ist für den Thai Anfang und Ende allen Lebens.*

# AM RAND
# DER WELT

*Tränen entspringen nicht allein dem Schmerz. Auch der Bewunderung.*

Auf unserem Erdball gibt es ein Land mit Felsen, die im Wasser brodeln. Das Land ist Ozeane weit entfernt. Auch ein paar Kontinente sind zu überqueren bis zu zwei Inseln hin, die tief unter dem Äquator und 170 Meridiane fort von uns im Osten sind. So weit im Osten liegen diese Inseln, daß ihre Bewohner sagen, sie seien die ersten auf der Welt, die an jedem neuen Tag die Sonne sehen. Und so tief unter dem Äquator liegen diese Inseln, daß die gleiche Sonne, wenn es Mittag wird, nicht wie bei uns im Süden, sondern steil im Norden steht. Das, was wir für unten halten, ist in dem Land oben, und was in unseren Atlanten an den Rand der Welt gezeichnet steht, ist für den Insulaner ihr Mittelpunkt. Sein Heimatland hat zwei verschiedene Namen, deren Wurzeln in ihm fremden Kulturen zu finden sind. »Neuseeland« ist der jüngere der beiden Namen. Das Wort geht auf holländische Seefahrer zurück, die als erste Europäer diese Inseln fanden und sie nach ihrer Provinz Zeeland tauften. Braune Menschen, die sie unter den Vulkanen trafen, waren schon achthundert Jahre vor ihnen aus der tiefsten Südsee hergesegelt. Die Leute nannten sich »Maori«. Sie waren in Einbäumen mit Auslegern gekommen. Die Erfindung des Segels hatte die unmenschlich lange Fahrt möglich werden lassen. Einer ihrer Nachfahren hat sie mit dem Wort »Vikinger des Sonnenaufgangs« beschrieben. Als die Maoris auf die beiden Inseln stießen, waberten Schwaden heißer Quellen an den Felsen, und der Wind hatte die weißen Nebel aufs Meer hinaus und zu ihren Booten hingeweht. In der Sprache ihrer Vorfahren nannten die polynesischen Seefahrer deshalb ihre neue Heimat »Aotearoa, das Land der weißen Wolke«.

Unsere Geologen sagen, Neuseelands lange Reise durch die Zeit habe vor gut 600 Millionen Jahren angefangen, als es wie eine große Eisscholle von dem Superkontinent Gondwanaland weggedriftet und am jetzigen Ankerplatz zerbrochen sei. Eine schmale Meerenge trennt seither die beiden Hälften, die in unseren Atlanten unter

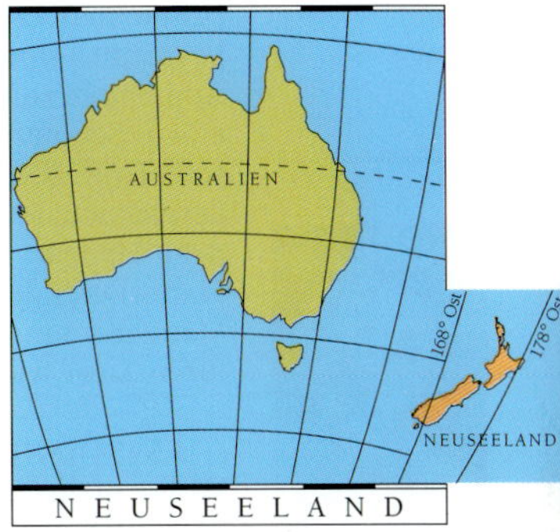


den simplen Namen Nordinsel und Südinsel eingetragen sind.

Die Maoris erzählen eine andere Geschichte von der Geburt allen Lebens aus der Stille einer langen, dunklen Nacht. Der Himmelsvater Rangi und die Erdenmutter Pepa lagen liebestrunken, engumschlungen in der Finsternis. Mit gewaltiger Kraft drängte Tane, Gott der Wälder und ältester Sohn der beiden, die Liebenden auseinander. Er ließ Sonne, Mond und Sterne um seinen Vater kreisen und schmückte die Mutter mit der Schönheit der Tiere, der Pflanzen, mit den Farben und dem Licht des Universums. Doch die Trennung der Liebenden war vollzogen. Rangi kam über den Schmerz niemals hinweg. Seine Tränen füllten die Bäche auf den Inseln. Und die Seen. Im Lauf der Zeiten füllten seine Tränen auch den Ozean ringsumher.

*Hardy sagt, in seinem Schulatlas seien die Neuseeländer fast über den Rand hinaus unwiederbringlich abgestürzt.*

Das Erbe der Maoris ist auf der nördlichen der beiden Inseln anzutreffen. Es lebt nicht nur in den Nebeln weiter. Auch in dem Brodeln seiner Wasser. In einem sturmgeplagten Baum am Strand. In den Liedern dieser Menschen. Selbst das Mädchen, das in dieser Geschichte zum Schlüssel des Geschehens wird, spinnt sich in die Maori-Mythen ein. Ich werde von dem Mädchen gleich noch viel mehr erzählen, doch an dem Morgen, als Jules und ich den Tiger aus dem Käfig holen, weiß ich noch nichts von ihrer Existenz. Ihr Name ist Rima. Sie ist auf der Nordinsel zu Hause. Am Hafen einer großen Stadt, die Auckland heißt. Mein Freund Jules hingegen lebt mit seinem Tiger auf der anderen Insel. Der im Süden. Weit von der Maori-Frau entfernt. Auf einem Flugfeld, das bei einem Ort mit Namen Queenstown liegt.

## *DIE GESCHICHTE VON DEM TIGER*

UM ES GLEICH VORWEGZUNEHMEN: Der Tiger ist ein Doppeldecker. Alt. Antik zu nennen. Piloten haben ihn schon in den Himmel hochgebracht, als mein Vater für mich den ersten Drachen steigen ließ. Der Rumpf des Flugzeugs ist aus Holz, und auch die Spanten in den Flächen hat ein Tischler handgesägt. Ebenso wie das bei meinem ersten Drachen war, sind die Spanten mit Leinen straff bespannt. Der legendäre Flieger Geoffrey de Havilland hat den Apparat gebaut. Und ihn »Tiger Moth« genannt. Tigermotte. Nach einem Schmetterling, so habe ich gehört, den es in England geben soll. Trotz aller Hochachtung vor de Havilland lassen Jules und ich den letzten Teil des Namens weg. Wenn wir den Doppeldecker aus dem Hangar holen, dann schieben wir alles andere als einen Flatterfalter durch das Gras. Das Bild ist vielmehr so zu sehen: Zwei Männer träumen ihren Traum zu Ende, in der Sonne, und sie lassen ihren Tiger frei.

*Der Neuseeländer Jules Tapper.*

ES IST JANUAR. ÜBER DER SÜDINSEL ist von der langen weißen Wolke nichts zu sehen. Höchstens ein paar Cirrus bei den Bergen in Südost. Kaum eine Turbulenz, die zur Wolke werden kann. Der Himmel ist von einem selten klaren Blau. Dunkel im Zenith. Wäßrig an den Rändern. Wir steigen in einer weiten Spirale hoch zu diesem Blau. Unser Propeller dreht einen hellen Kreis in den Winterhimmel. Der Motor vor mir ist nur 120 Pferde stark. Geschwindigkeit ist damit nicht zu holen. Doch sein Brummen ist gesund. Hört sich an wie neu. Jules sagt, er hat ihn letztes Jahr erst gründlich durchgesehen. Der Fahrtwind, der in mein offenes Cockpit kommt,

*Zwei alte Knaben und ihr Tiger.*

ist warm. Doch es ist nicht der Motor vor mir, der den warmen Fahrtwind macht. Die Luft ist warm. Über Neuseeland ist im Winter Sommer.

Es gibt nur zwei Sitze in dem Doppeldecker. Für unsere Frauen ist bei diesem Törn kein Platz. Jules' Frau ist in ihrem Haus am Lake Haynes zurückgeblieben. Es ist ein solides Haus aus Holz mit Blick auf einen romantisch schönen See. Diese Südinsel ist überhaupt ein schönes Land. Mit Flüssen, Äckern, Hügeln, Bergen, Seen. Und mit Alpen, deren Gletscher in dem steilen Sonnenlicht wie Diamanten blitzen. Einer von den Gletschern ist 3700 Meter hoch, und auf zweiundzwanzig anderen Dreitausendern liegt ewig weißer Schnee.

Die Farben lassen an Europa denken.

Auf den Straßen in den Tälern taucht nur selten mal ein Auto auf, und in den weiten Ebenen gibt es nur ab und an einmal ein Dorf. An den Küsten ist es ebenso. Industrie ist so gut wie nirgends auszumachen. Vermutlich leben deshalb so wenig Menschen hier. Wenn ich nicht irre, 700 000. Auf einer Insel, die halb so groß wie Deutschland ist. Die meisten Leute wohnen auf der anderen Insel, auf der im Norden. Die letzte Volkszählung für das ganze Land hat

Die beiden landen ihren Tiger auf jeder Wiese.

ein bemerkenswertes Ergebnis gebracht: 73 Millionen Neuseeländer teilen sich die beiden Inseln. 70 Millionen davon allerdings sind Schafe.

Der Flug von Tigers Hangar bis zum Lake Wakatipu ist nur ein paar Minuten lang. Über der Stadt Queenstown zeigt der Höhenmesser 6000 Fuß. Ich kann Luv vor unserem Hotel am Ufer stehen sehen. Das Wasser hinter ihr ist dunkelblau. Ich muß an Rangis Tränen denken. Luv winkt zu uns herauf. Luv ist meine Frau. Ich drehe mich zu Jules um und deute mit dem Kopf nach unten. Er hat Luv am Ufer auch gesehen. In den Kopfhörern meiner Lederhaube kommt seine Stimme laut und klar: »Laß uns mal good bye sagen.« Der Steuerknüppel zwischen meinen Knien bewegt sich ein wenig von mir fort. Jules drückt an. Nimmt Fahrt auf. Weil er die braucht für den Looping, den er wohl machen will. Im Rahmen des zerkratzten Glases meiner uralten Fliegerbrille taucht ein Dampfschiff auf, das an die Jahrhundertwende denken läßt: die *Earnslaw*. Weiße Bordwand, roter Schornstein, schwarzer Qualm. An Deck sonnen sich Neuseeländer, die Ferien machen. Eine dicke Frau spielt für sie

*Heute wie um die Jahrhundertwende: Der dampfgetriebene Raddampfer* Earnslaw *legt bei einer Schaffarm an.*

Klavier. Als Luv und ich letzten Sonntag auf dem Deck gewesen sind, hat die Frau Chopin geboten. Das Bild schien aus einer anderen Welt zu sein. Es war Chopin, zu seiner Zeit gespielt.

Der Steuerknüppel kommt zu mir zurück. Die *Earnslaw* rutscht nach unten weg. Wir steigen steil in das dunkle Blau hinauf. Das bleibt ziemlich lange so. Dann kommt die Stadt zurück in meine Brille. Queenstown. Mit dem Hotel. Mit Luv am Strand. Fest auf beiden Beinen steht sie da. Und steht doch Kopf. Am unteren Ende dieser Welt.

Wir stürzen nahe ran an dieses Bild. Mit Luvs letztem Winken dreht sich der See auf Südkurs hin. Der schwarze Qualm der *Earnslaw* steigt senkrecht in einen Himmel, der jetzt wieder da ist, wo er hingehört. Am anderen Ufer stehen Berge auf. Die Leute nennen sie »The Remarkables«. In unserer Sprache fallen mir dafür Worte ein wie »Die Erstaunlichen, die Bemerkenswerten«. Und bemerkenswert, das sind sie auch. Zwischen dem Ufer des Sees aus Rangis Tränen und den ersten Hügeln einer Bergwand in Südost weiden Hunderttausende von Schafen. Aufgeregte Hunde laufen an

*Auf der Südinsel sind Menschen selten anzutreffen.*

den Rändern dieser Herden hin und her. Fast alle Hunde sind schwarzweiß gefleckt, mit etwas Braun in ihrem Fell.

ICH KANN MICH AN EINEN HUND ERINNERN, der ganz tiefdunkle Augen hat. An einem Regentag sind mir die Augen dieses Hundes aufgefallen. Es ist ein warmer Regen gewesen, der aus tiefen Wolken fiel. Luv war bei mir. Wir sind durch Hügel aufgestiegen, deren feuchte Erde dampfend neue Wolken formte. Im Regenschatten eines Baumes stand unbewegt ein Mann. Alt. Sehr alt. Und klein. Er sah uns an mit Augen, die wußten, daß seine Zeit gekommen war. Daß er der Erde, auf der er stand, entgegenwuchs. Der Mann hat ein wenig Platz gemacht und sich an den Baum gelehnt, damit auch wir Schutz vor dem Regen fanden. Neben dem Mann lagen zwei Hunde. Zwei von diesen schwarz-weiß-braun gefleckten. Luv beugte sich zu den beiden runter und redete mit ihnen. Sie hechelten zufrieden zu ihr hoch. Es schien nicht oft vorzukommen, daß einer mit ihnen sprach.

Cape Reinga
Waitangi
Bay of Islands
PAZIFISCHER OZEAN
Auckland
TASMAN-SEE
NORDINSEL
SÜDINSEL
SÜDALPEN
Christchurch
Mt. Cook
3764 m
Queenstown
Lake
Wakatipu
N
200 km

Der Blick des alten Mannes wanderte hügelan. Außer naßgrauen Wolken war dort nichts zu sehen. Der Alte schob knöcherige Finger in die Winkel seines Mundes und pfiff ein scharfes Kommando zu dem Hügel hin. Dunkles Bellen kam wie Antwort von dort her, und der Mann schickte einen Ruf hinauf: »Wallagu!« Dann noch einmal: »Wallagu!«

Luv sah den Alten an. »Was soll das Wort bedeuten – Wallagu?« fragte sie.

»Kommt alle runter«, antwortete der Mann. »Das ist es, was es bedeuten soll. Wallagu. Kommt alle schnell nach Hause.«

Hinter dem Hügel war jetzt das Blöken von Schafen zu hören und danach noch einmal das dunkle Bellen eines Hundes. Es schien mir weit entfernt.

»Der da oben macht die Hauptarbeit«, sagte der alte Mann. Er sah mich musternd von der Seite an. »Sie scheinen nicht von hier zu sein.«

»Nein«, sagte ich, und Luv fügte hinzu, daß wir von Deutschland hergekommen sind.

Der Alte nickte. »Dann haben Sie es ja auch nicht wissen können«, sagte er. »Es ist nämlich so, daß wir drei Arten von Hirtenhunden haben. Der da oben macht die Arbeit, die zehn Männer nicht verrichten können. Wir nennen ihn den ›heading dog‹. Meist ist das ein kräftiger Kerl und von stillem Wesen. Er bellt so gut wie nie. Und er würde ein Schaf, das widerborstig ist, auch niemals beißen. So ein Hund ist ganz auf sich allein gestellt. Die Hügel da oben sind weit und einsam, und die Schafe grasen über viele Meilen weit verstreut. Der ›heading dog‹ spürt eines nach dem anderen auf, treibt sie zu einer Herde zusammen und führt sie gelassen über alle Hügel zu dem Hirten.«

»Erstaunlich.« Luv sah zu den beiden Hunden hin, die zu Füßen des Schäfers lagen. »Und diese beiden hier?«

»Der kleinere von den beiden ist mein ›huntaway‹«, sagte der alte Mann. »Der reinste Clown. Nur dummes Zeug im Kopf. Sie können es an seinem nervösen Wesen sehen.«

»Huntaway?« fragte ich, und der Schäfer sagte: »Mein Vater hat diese Art von Hund immer so genannt. Ich nehme an, weil er davonjagt und mit seinem ständigen Kläffen die Herde antreibt und zum Galoppieren bringt.« Er lachte jetzt ein wenig. »Sie werden es gleich sehen.«

Er tippte seinen Stock leicht an die Flanke des kleineren der beiden Hunde. Dann deutete er zum Hügel hoch und rief »Winniebie!«

Wie ein Blitz schoß der kleine Kerl davon. Kaum war er unseren Blicken entschwunden, konnten wir sein aufgeregtes Kläffen hören, fast zugedeckt von dem Blöken vieler Schafe. Es kann nicht mehr als eine Minute gedauert haben, und die ganze Herde tauchte auf. Sie kam in wildem Galopp über die Kuppe hinweg und auf uns zugestürzt. In das Donnern ihrer schmalen Hufe mischte sich das wichtigtuerische Bellen des wieselschnellen ›huntaway‹ an ihrer Seite. Über diesem Tumult erschien jetzt auf dem Hügelkamm der andere Hund. Es war der, den wir bisher nicht hatten sehen können. Der ›heading dog‹, wie ihn der Schäfer nannte. Gemächlich schreitend. Die Ruhe selbst. König über allem Treiben. Wie ein Denkmal blieb er unter den schweren Regenwolken stehen.

*Zwei, die Neuseeland geschaffen haben: Schafsfarmer und Hirtenhund.*

»Jetzt ist die Zeit für den dritten hier gekommen«, sagte der alte Mann zu Luv. »Diese ›Stampede‹ muß ein Ende haben. Wenn die Schafe sich bei solchem Tempo in ihre Pferche stürzen, brechen sie sich alle Knochen.« Er schob wieder seine Finger zwischen die Lippen. Sein gellender Pfiff ließ den ›huntaway‹ im Lauf erstarren. Der dritte Hund, der noch immer zu Füßen des Hirten lag, sah zu seinem Herrn auf. »Go«, sagte der Alte leise. Der Hund lief auf die Herde zu. Als die Schafe ihn sahen, hielten sie in ihrem schnellen Lauf inne. Voller Erwartung drängten sie sich zusammen.

»Manche Hirten nennen einen solchen Hund den ›handy dog‹«, sagte er. »Ich nicht.«

»Und wie nennen Sie ihn?« wollte Luv wissen.

»Den ›eye dog‹«, sagte der Alte.

»Weil er diese tiefdunkle Augenfarbe hat?« fragte ich.

Der Mann legte den Kopf schief. »Ob es an der Farbe liegt, kann ich nicht sagen. Ich nenne ihn wegen der Kraft seiner Augen so.«

Der Hund legte sich vor die Herde in das nasse Gras. Die Schafe starrten ihn an. Regungslos.

»Was macht er jetzt?« Luv hatte es geflüstert. Es war, als ob sie das Bild da vor uns nicht hat stören wollen.

»Er hypnotisiert die Tiere.«

»Er hypnotisiert sie?«

Der Alte nickte. »Sehen Sie genau hin.«

Unter dem starren Blick des Augenhundes setzten sich die Schafe in Bewegung. Langsam. Ein Tier nach dem anderen. Gemächlich näherten sie sich dem Pferch. Der Augenhund ging ebenso gemächlich neben ihnen her.

*Der »Augenhund«, eine Einmaligkeit auf unserer Welt.*

Luv war begeistert. »So ein Bild habe ich noch nie gesehen. Dieser Augenhund da«, sagte sie, »das ist kein Tier. Das ist ein Wunder.«

Es gefiel dem Hirten, daß Luv so begeistert war von seinem Hund.

»Auf welche Weise bringen Sie dem Hund das bei?« wollte sie wissen. »Wie kann man einem Hund um Himmels willen beibringen, daß Schafe zu hypnotisieren sind?«

»Sie können es ihm nicht beibringen«, sagte der alte Mann. »Es ist ihm angeboren.«

Der Regen war jetzt stärker geworden. Ich sah zu, wie die letzten Schafe in den Pferch hineingingen. Das Gatter stand weit offen. Als der Augenhund sah, daß der Hirte nicht hinüberging, um das Gatter zu schließen, legte er sich vor die Schafe hin.

»Es steckt in den Tieren drin«, sagte der alte Mann. »Wenn sie noch richtige Welpen sind, liegt es nur an dem Bauern selbst, daß er erkennt, ob er es mit einem ›huntaway‹ zu tun hat oder einem ›leader‹, oder gar mit einem ›eye dog‹. Der Bauer muß nicht viel Mühe auf das Erziehen verwenden. Es steckt ganz einfach in den Hunden drin. Seit hundertfünfzig Jahren schon.«

»Seit hundertfünfzig Jahren?«

»Das war, als die ersten Schotten kamen«, sagte der kleine Mann. »Nach der Vereinbarung von Waitangi. 1840 ist das gewesen. Sicher haben Sie davon gehört.«

»Wir haben darüber gelesen«, sagte Luv. »Das war, als die Maori mit den weißen Siedlern vereinbart haben, eine eigene Nation zu gründen. Ist das richtig?«

Der Alte nickte. »Die Vereinbarung hat damals eine regelrechte Welle von Einwanderern ausgelöst. Vor allem waren es Schotten, die gekommen sind, und die sind ja traditionell ein Hirtenvolk gewesen, also haben sie ihre Schafe auf den Viermastern mitgebracht. Mit den Hunden, die sie auf den Inseln vorfanden, hat es allerdings gehapert. Ich will sagen, mit den Maori-Hunden ist nichts anzufangen gewesen. Vielleicht wissen Sie ja, daß die ersten Maoris schon Viehzeug hatten. In ihren Auslegerkanus haben sie außer Schweinen und Federvieh auch Hunde mit dabeigehabt, aber die Hunde waren nur zum Verspeisen gut. Sonst haben sie zu nichts getaugt.«

»Zum Verspeisen?« Luv hatte eine steile Falte auf der Stirn.

Der Alte lachte. »Die Maori-Seefahrer sind nicht nur Menschenfresser gewesen. Auch Hundefleisch haben sie als Delikatesse angesehen. Aber sonst war nichts los mit ihren Hunden, wie gesagt.

*Neuseeland hat 73 Millionen Einwohner. 70 Millionen davon sind Schafe.*

Deshalb haben die Schotten ihre eigenen Border Collies aus der Heimat kommen lassen, und die haben sie mit dem australischen Kelpie gekreuzt, was eine besonders gute Art von Hirtenhund ergeben hat.«

Er sah zu seinen Hunden hin. »Das ist es, was ich meine, wenn ich sage, die Eigenart ihrer Ahnen steckt in diesen Biestern drin. Der Bauer muß die Eigenart nur spüren können.«

Als der Regen aufgehört hatte, sind wir ins Dorf zurückgewandert. In einem Pub habe ich dem alten Mann ein Bier gekauft. Es war auf der Nordinsel gebraut worden und war ein gutes Bier.

»Wir haben deutsche Bierbrauer hiergehabt«, sagte der Alte. »Die haben gewußt, wie man Bier macht. Aber sonst verstehen wir Kiwis nur etwas von Schafen.«

»Und Hunden«, sagte ich.

»Und Hunden«, nickte der Alte. »Vor ein paar Jahren sind es noch viel mehr gewesen, als wir noch unendlich viel mehr Schafe hatten. Das Schaf ist Exportartikel Nummer eins gewesen. England, unser altes Heimatland, nahm uns alles ab, was wir liefern konnten. Doch dann ist die Europäische Wirtschaftsunion über den Horizont gekommen, und seither muß Großbritannien in Frankreich und Irland einkaufen, und zwar Wolle ebenso wie Fleisch, und mit uns geht es bergab.«

Er lächelte ein wenig vor sich hin. Es war keineswegs so, daß er sich selber leid zu tun schien. »Trotzdem«, sagte er dann, »trotzdem haben wir noch an die 200 000 Hirtenhunde auf unseren Inseln. Wir sollten ihnen vor dem Parlamentsgebäude ein Denkmal setzen. Ohne den Hirtenhund hätte Neuseeland nämlich niemals überlebt.«

Später kam Jules noch in den Pub. Er kannte den alten Schäfer gut. Auf dem Heimweg sagte Jules: »Alec gilt als Mann mit Löwenherz. Er hat sich freiwillig gemeldet, gegen die Nazitruppen auf dem europäischen Kriegsschauplatz. Alec Robbins war der höchstdekorierte Neuseeländer in Weltkrieg Zwei.«

WIE GESAGT IST DAS AN EINEM REGENTAG gewesen, als ein Sturmtief vom Pazifik hereingezogen war, doch heute ist der Winterhimmel blau und es ist ein warmer Fahrtwind, der zu mir ins Cockpit kommt. Wir fliegen tief über eine menschenleere Wildnis hin. Nur einmal steht ein Mann in einem Fluß, sieht zu uns hoch, ist nackt.

»Goldwäscher«, sagt Jules in den Kopfhörern an meinen Ohren. »Wäscht immer noch was raus aus diesem Wasser da. War einmal der drittreichste Fluß der Welt. Ziemlich gleich nach dem Klondike. So um 1861 rum. Ist damals ein Goldrausch wie in Kalifornien gewesen. Begann, als Maoris einem Hund in den Stromschnellen zu Hilfe kommen wollten. Am gleichen Nachmittag haben sie anstatt des Hundes elf Kilo Gold da rausgeholt.«

Wir fliegen zu steilen Wasserfällen hin, über dichte Wälder, stöbern auch einmal Rehe auf und finden bei tiefem Sonnenstand eine Wiese für die Nacht. Junge Stiere stehen auf der Wiese. Im Tiefflug jagen wir sie davon und setzen unser Fahrwerk rumpelnd in dunkelgrünes Gras.

Sobald der Himmel dunkel ist, wird es empfindlich kühl. Am Rand der Wiese funkeln die ersten Sterne über Eukalyptusbäumen. Wir ziehen unsere Schlafsäcke nah zum Lagerfeuer hin.

»Frage von einem Piloten zum anderen«, sagt Jules. »Wer ist der erste Mensch gewesen, der sich je aus eigener Kraft in die Luft erhoben hat?«

»Otto Lilienthal«, sage ich. »Ziemlich nahe da, wo ich geboren bin. Außerhalb von Berlin.«

»Richtig«, nickt Jules. »Und wann?«

»1891«, sage ich. »Frag mich mal was Schwereres.«

*Der Tiger zu Besuch auf einer Rinderfarm.*

»Was Schwereres?« lacht er. »Na gut. Hier kommt was Schwereres: Wie hat der Mann geheißen, der den ersten Motorflug hingekriegt hat?«

»Also hör mal, Jules, das weiß doch jeder.«

»Sag mal, wer.«

»Orville Wright. In den Sanddünen von Kitty Hawk.«

»Falsch.«

»Falsch?«

Jules nickt. »Der erste Mensch, der sich mit Motorkraft in die Luft erhoben hat, ist ein Neuseeländer gewesen. Hier auf der Südinsel. Im März 1903. Orville Wright ist erst im Dezember geflogen. Zwar auch im Jahre 1903. Doch erst im Dezember, wie gesagt.«

»Ist das belegt?«

»Durch Zeugenaussagen. Notariell. Du kannst mir glauben.«

»Ich hab noch nie davon gehört.«

»In Auckland gibt es ein Museum. Mit allen Einzelheiten über diesen Flug. Wenn du nach Auckland kommst, geh mal da hin.«

»Wie ist es möglich, daß ich darüber in keinem Buch gelesen habe?« sage ich.

Er nimmt den Blick nicht von den Flammen.

»Was glaubst du, Jules?«

»Wir leben am unteren Ende von dem Globus.« Er hebt die Schultern. »Was am Rand der Welt geschieht, erfahrt ihr bei euch zu Hause selten.«

»Dann erzähl mal, wie das gewesen ist«, sage ich. »Erzähl mir alles über diesen Mann.«

»Richard Pearse«, sagt Jules. »Das war sein Name. Sohn eines Farmers in einem Dorf, das Waitohi heißt. Mittendrin im Ackerland der Südinsel. Schon als Junge hat er den Vogelflug studiert. Er wollte Ingenieur werden, aber in der Familie gab es für sein Studium kein Geld. Die Enttäuschung hat aus dem Jungen einen Eigenbrötler werden lassen, der so viele technische Broschüren aus Europa verschlungen hat, wie er in der Kleinstadt Timaru hat finden können. Seinen Traum, eine Flugmaschine zu bauen, hat er zunächst auf Papier geträumt. In einer Scheune ist die Zeichnung dann zu einem Apparat geworden, der aus Bambus, Leinwand und einem Dreirad bestand. Gegen Ende des neunzehnten Jahrhunderts gab es zwar bereits Motoren, die Luftschiffe antrieben, doch für Flugmaschinen wie die von den Gebrüdern Wright oder Richard Pearse waren die

*Seite 194: Jules und Hardy mit ihrem Tiger in den Alpen von Neuseeland.*

Motoren zu schwer. Sie hatten zuviel Gewicht für jede Pferdestärke, die sie brachten. Also mußte sich der Farmer seinen eigenen Motor bauen, und zwar aus Materialien, die es in der Eisenwarenhandlung seines Dorfes gab. Es ist ein Benzinmotor gewesen, der im Prinzip einer Dampfmaschine nachempfunden war. Die Leute im Dorf haben diesen Richard Pearse natürlich für verrückt erklärt. Aber das ist ja nicht neu. Ein Genie lebt überall am Rand von Wahnsinn, und wer sich aus der Gemeinschaft blökender Schafe heraushebt und über der Herde fliegen will, wird als umnachtet angesehen. Nun, diese zweibeinigen Schafe von Waitohi sind dabei gewesen, als Richard Pearse sich in die Luft erhob. Die Startbahn war ein holperiger Weg an den Fenstern des Schulhauses entlang. Ein Bauer, der Pearse vertraute, hat den Propeller angeworfen. Der Mann hat zu Protokoll gegeben, der Wirbelwind habe seinen Hut davongeweht und der Flugapparat sei zwar mit Linksdrall, doch ganz wunderbar und wild den Weg entlanggefegt, bevor er sich tatsächlich in die Luft erhob. Die Aussagen darüber, wie lang der Flug gedauert hat, gehen auseinander. Sie reichen von 50 Yards bis zu einer Viertelmeile. Fest steht jedoch, daß Richards Abenteuer auf einer Hecke zu einem nichtgeplanten Ende kam. Auf seiner eigenen Hecke, ganz genau gesagt. Sie ist aus Stechginster gewesen und war gut vier Meter hoch. Der Stechginster wuchs an einer Stelle, zu der Pearse gar nicht hatte fliegen wollen. Aber er ist dorthin getrieben, denn seine Konstruktion hatte sich selbständig gemacht. Es ist ihm unmöglich gewesen, dem Flugzeug seinen Willen aufzuzwingen. Was auch der Grund dafür ist, daß Pearse nie darauf bestanden hat, der erste Mensch gewesen zu sein, der je geflogen ist. ›Fliegen‹, hat er gesagt, ›Fliegen bedeutet, daß du an einem Ort deiner Wahl startest und dein Fahrwerk an dem von dir gewählten Ziel unversehrt im Gras aufsetzt.‹«

*Der erste Motorflieger war nicht Orville Wright, sondern Richard Pearse, ein neuseeländischer Bauernsohn.*

Wie Jules nun mit seiner Geschichte fertig ist, sieht er durch das Feuer zu mir her. »Woran denkst du?« will er wissen.

»An den Mann, der den Propeller angeworfen hat«, sage ich. »Ich wäre gern der Mann gewesen.«

»Für das Neuseeland dieses Jahrhunderts war das die Stunde aller Stunden«, sagt Jules. »Der Tag, an dem die Leute Richard Pearse aus seinen Trümmern von der Hecke holten, ist die Geburtsstunde gewesen von Flugzeugen jeder Art im Himmel dieser Inseln. Von Cape Reinga ganz im Norden bis Stewart Island, unserer kleinen Insel weit im Süden, ist es ein langer Weg, und mit dem Auto fährst du viele Tage über kurvenreiche Straßen. Die Südinsel ist in jedem Winter vom Schnee verweht, und zu vielen Ansiedlungen, die an den Küsten sind, kommst du mit dem Auto gar nicht hin. Ich glaube, daß unsere Piloten schon seit 1913 Fracht und Passagiere fliegen, und unsere Luftlinie, die heute Air New Zealand heißt, gibt es schon sehr viel länger als es in anderen Ländern Linien gibt. Und noch etwas: Ich kenne eine ganze Menge Kiwis, die ihre Einmotorige in der Garage haben und jeden Morgen damit ins Büro nach Auckland gehen.«

*Südinsel im Sommer. Ein Lagerfeuer für die Nacht. Der Tiger und Hardy sind das gleiche Baujahr.*

»Unglaublich«, sage ich, »wenn du das alles so bedenkst.«

»Was ist unglaublich?« will er wissen.

»Daß ihr euch Kiwis nennt.«

»Ja«, lacht Jules, »da hast du recht.«

»Ihr habt mehr Piloten als die Leute in anderen Ländern, und als Nationalsymbol habt ihr den Kiwi ausgesucht.«

»Ist wahr«, lacht Jules.

»Ein flügelloses Tier. Einen Nachtvogel, der nicht einmal versucht, in die Luft zu kommen.«

»Wirklich unglaublich, da hast du recht.« Er verschluckt sich fast an seinem Lachen. »Andere Nationen haben stolze Tiere in ihren Wappen. Löwen. Drachen. Adler. Manche Adler sogar doppelt. Findest du es schlimm, daß wir den Kiwi genommen haben?«

»Im Gegenteil. Ich find das gut.«

»Wegen der Bescheidenheit?«

»Weiß nicht«, sage ich. »Vielleicht auch, weil da Humor drin liegt: ein blindes Huhn als Wappentier.«

»Meine Frau findet das aus einem anderen Grunde gut.«

»Was ist das für ein Grund?«, frage ich ihn.

»Das Kiwi-Weibchen ist groß und stark und schützt die Familie vor den Anfechtungen der Außenwelt.«

»Verstehe«, sage ich. »Und das Kiwi-Männchen?«

»Diese arme Kreatur ist klein und unansehnlich und muß zu Hause bleiben.«

»Zu Hause bleiben?«

»Im Nest.« Ich kann durch das Feuer seine Augen lachen sehen. »In Kiwi-Land hat der Mann die Eier auszubrüten.«

*Der Kiwi, ein flügelloser, halbblinder Vogel.*

NÄCHSTER TAG. WESTKÜSTE. Wild. Zerklüftet. Tiefflug über weiße Wellenkämme hin. Das Meer steigt wütend an den Felsen hoch. Harte Böen prügeln unseren Tiger. Greifen in den Propeller. Jagen seine Drehzahl hoch. Der Wind hat unseren schwachen Punkt entdeckt: Solche Prügel mag der Doppeldecker nicht. Ganz besonders, wenn die Schläge von der Seite kommen. Wir flüchten uns in einen Fjord. Da ist das Leben wieder still. Auch schön. Obgleich die Sonne fehlt. Wolken hängen tief in diesem Fjord. Wollen sich in einem Felsenpaß fast auf den Boden legen. Wir zwängen uns zwischen Paß und Wolken durch. Finden auf der anderen Seite Nieselregen. Gehen auf Nordostkurs. Zu den hohen Alpen hin. Am Fuß der Berge wartet Luv auf mich. Steht an der Landebahn im Regen. Schon im Downwind, also bei der Platzumrundung, kann ich sie da stehen sehen. Selbst wenn da tausend Frauen unter tausend Regenschirmen stünden, hätte ich diese eine da vom Downwind aus erkannt.

Der Flugplatz trägt den Namen Cook. Benannt nach dem legendären Briten, der überall im Pazifik seine Spuren hinterließ. Auch der Ort hinter der Piste wird von den Leuten Cook genannt.

Ebenso wie der höchste Berg, von dem im Nebelregen so gut wie nichts zu sehen ist. Neben einem Holzhaus an der Piste ist ein Flugzeug abgestellt. Eine Cessna, einmotorig. Über dem Fahrwerk hängen breite Ski. Mit solchen Ski läßt es sich auf Gletschern landen. Der Mann muß nur die breiten Bretter runterkurbeln, bevor er die Maschine in den Schnee des Gletschers setzt. Ein Pilot in Uniform hält die Motorhaube der abgestellten Cessna halb geöffnet. Jules geht auf den Piloten zu. Haut ihm kräftig auf den Hintern. Der Dunkelblaue dreht sich um. Ist eine Frau. Blond. Ziemlich hübsch. Jules nimmt sie lachend in den Arm.

»Das Mädchen heißt Cherie«, sagt Luv. »Beim Warten haben wir uns unterhalten, fast zwei Stunden schon, seit ich mit der Linie hergekommen bin. Als ihr Radiokontakt hattet mit dem Turm, hat sie mir Bescheid gesagt.«

Ich sehe zu dem Windsack hin. Der tropft vor Nässe und hängt unbewegt nach unten. Die Wolken liegen tief im Tal.

»Sei nicht enttäuscht, Mädchen, aber wenn kein Wind aufkommt, schafft es heute niemand zu den Gletschern hoch.«

*Ein Fluß namens Shotover, Südinsel. Auf der Suche nach ihrem Hund fanden zwei Maoris elf Kilo Gold darin. Das Jahr war 1862. Ein neuer Goldrausch zum »reichsten Fluß der Welt« setzte ein.*

»Cherie sagt, daß wir es versuchen sollten«, meint Luv. »Sobald ihr trockene Sachen anhabt, will sie am Tasman-Gletscher hoch, mal sehen, ob es geht.«

»Bei diesem Nebelregen will sie in die Felsen rein?«

»Sie scheint den Berg genau zu kennen. Gletscherpilot ist schließlich ihr Beruf.«

»Und wie lange schon?«

»Drei Jahre. Das Mädchen hat aus ihrem Leben was gemacht. Was sie sich in den Kopf setzt, glaub ich, schafft sie auch.«

Drüben bei der Flugplatzhütte schiebt das Mädchen Jules durch die Tür. Dreht sich zu uns um. Winkt eine Geste durch den Regen. Die Geste sagt: Kommt rein, in dieser Bude ist es warm.

Wegen der vielen Pfützen müssen wir einen Umweg machen. Luv sagt: »Cherie hat in der Flugplatzhütte da drüben angefangen, als Sekretärin bei dieser Mount-Cook-Fluglinie, aber dann hat sie sich gesagt, was Männer können, kann ich auch.«

»Und hat es auch gekonnt.«

»Und hat es auch gekonnt. Aber sie hat mir erzählt, daß es nicht leicht gewesen ist.«

»Das Gletscherfliegen?«

Luv hält ihren Regenschirm hoch über mich. »Das Gletscherfliegen in einer Männerwelt.«

Vor dem Start fragt die Pilotin, ob Jules und ich an ihrer Stelle die Maschine fliegen wollen, denn immerhin sei Jules ihr Chefpilot, doch der winkt ab: »Die beiden Damen kommen auf die Vordersitze. Wir Kerle hocken uns hinten rein und brüten halbblinde Vögel aus.«

Die beiden Frauen sehen zu uns nach hinten. Die Pilotin meint, daß sie das nicht versteht. Jules lacht und schlägt vor, endlich Gas zu geben, weil es nicht sicher ist, ob der Berg da oben auf uns ewig wartet.

Cherie sagt, daß die Maoris den Berg »Aorangi« nennen, was bedeutet »Der durch die Wolke stößt«, und ganz sicher guckt der Mount Cook auch heute wieder oben aus den Wolken raus. Sie fliegt tief unter dem Regen durch ein Tal, sucht nach einem Wolkenloch, findet eines, schraubt sich darin hoch, bis wir oben in der Sonne sind. Wolken, die noch im Steigflug regenschwer und dunkel waren, liegen jetzt als weiße Wattedecke unter Gipfeln, die zerklüftet, endlos an der Zahl, vor einem Dom von Himmel stehen. Gletscher spiegeln blendendhelles Sonnenlicht, und Schnee ist in dieser Stunde nicht mehr nur weiß. Schnee blitzt und funkelt hier in Farben, die ein Mensch sich nicht erdenken kann.

*Seiten 200 bis 203:
In den Alpen auf der Südinsel gibt es 140 Berge, die höher als 2000 Meter sind. Die Gletscher um das Mount-Cook-Massiv herum gehören zu den gewaltigsten der Welt.
Cherie hat uns zu einem Gletscher in dieses Massiv geflogen.
Ein heraufziehendes Wetter hätte uns um ein Haar in dem Eis festgehalten.*

Durch diese Farben springt unter mir der Flugzeugschatten und legt Zeugnis ab von unserer Winzigkeit. Im Cockpit ist es still geworden. Weil es in einer solchen Stunde keine Worte gibt. Ein jeder kann nur seinen eigenen Gedanken lauschen. Auf seine innere Stimme hören. Meine innere Stimme sagt zu mir: Ein Mensch, der seinen Gott sucht und ihn in einer Kirche, einem Tempel oder einer Synagoge in seinem Leben nicht hat finden können, der sollte jetzt an deiner Stelle sein.

Wie lange wir so fliegen, denken, schweigen, weiß ich nicht zu sagen. Einmal ist der Gipfel des Aorangi neben mir. Dann kann ich am Flugmanöver sehen, daß Cherie nach einer Strecke Schnee ohne Gletscherspalten für die Landung sucht. Schneefahnen wehen nirgendwo von einem Kamm, und auch beim tiefen Überfliegen eines Hochplateaus schiebt kein Wind das Flugzeug hin und her. Also muß es windstill sein. Oder so gut wie. Erstaunlich an so einem Tag im Januar und bei gut dreitausend Metern Höhe. Es ist erstaunlich, daß wir in einer Bergwelt, die doch immer voller Turbulenzen ist, aus jeder Himmelsrichtung landen können. Wir setzen auf. Sanft. Doch polternd. Es ist der Firn, der die Schneebretter mit lautem Poltern bremsen läßt.

Die Pilotin stellt den Motor ab. Wir steigen aus und stehen in dem Schweigen. Der Störenfried, der mit Motorenlärm hier einfiel, ist jetzt still. Ich denke an das Wort vom Dach der Welt. Wenn es das geben kann, dann ist es hier. Der Schnee um uns herum ist unberührt. Bis auf die kurze Spur, die unser Flugzeug hinterließ. Zwei breite Spuren von den Brettern. Und eine kindlich kleine von dem Sporn. Luv macht ein Foto von den drei kurzen Narben in dem Schnee. Jules sieht ihr dabei zu. »Unsere Spuren«, sagt er, »werden da nicht lange bleiben. Der nächste Schnee wird sie verwehen.«

*DIE GESCHICHTE VON DEM MAORI-MÄDCHEN*

IHR NAME IST RIMA TE WIATA, und wenn ich an sie denke, sehe ich sie durch Nebel gehen, die wie eine lange weiße Wolke über Felsen sind. Über Felsen, die im Wasser brodeln. In dem Land der Mythen ihrer Ahnen stürzen Kaskaden von Terrassen herab, die rosa sind und weiß, manchmal auch so grün wie ein Smaragd, und Geysire steigen unter Donnergrollen dreißig Meter steil zum Himmel auf.

Ich sehe aber auch ihr Clownsgesicht, mit Luv am Strand, wenn sie wie Charlie Chaplin in das Wasser watschelt. Oder wenn wir drei zwischen Lavasteinen nach Langusten tauchen und sie mit breitem Grinsen sagt, daß wir keinen Kochtopf brauchen und auch Holz fürs Feuer nicht, weil wir die Krustentiere nicht wie weiße Leute kochen, sondern auf Maori-Art: »Grab ein Loch am Strand. Schon nach dreißig Zentimetern wirst du auf heißes Wasser stoßen. Sprudelnd heiß. Wir halten die Langusten hoch und sagen ›bye bye, Miß Häßlichkeit, wenn ich dich wiedersehe, bist du rot‹. Dann lassen wir sie in das heiße Wasser plumpsen. In ein paar Minuten sind sie gar.«

DIE GESCHICHTE VON RIMA, LUV UND MIR beginnt an einem Tag, als Luv und ich in Auckland durch den Hafen wandern. Bevor die Weißen kamen, hat die Bucht »Tamaki makau rau« geheißen, »Tamaki der hundert Liebenden«. Beim ersten Hinhören ist das romantisch. Poetisch. Schön. Doch leider ist »Tamaki« mit »Schlacht« zu übersetzen, und es ging auch keineswegs darum, daß es an diesen Ufern Liebende gegeben hat. Es ist vielmehr darum gegangen, daß unzählige Maori-Stämme diese Bucht begehrten. Und sich kriegerisch gebärdeten. Sich die Schöne mit Gewalt genommen haben.

*Rima, die Tochter des Maori.*

Es ist also ein neuer Tag, wie ich schon sagte, die Erlebnisse im Himmel, mit dem Tiger, sind Erinnerung. Wir wandern durch den Hafen, Luv und ich. Aucklands Straßen sehen wie in England aus. Alle Autos fahren links. Auch als wir auf ein Theater stoßen, ist das eine Fassade, wie sie am Haymarket von London steht. Das Theater ist das Mercury. Ein Haus mit internationalem Ruf. Die Bühnentür steht offen. Musik von Weill kommt aus der Tür. Mit Text von Brecht. Eine Frauenstimme singt den Text. »The sea is blue, so blue...« Sie wird von einem Klavier begleitet. Manchmal bricht sie ab. Sucht nach einer anderen Art. Es ist eine noch junge Stimme. Erfrischend. Ungeschult. Mit einer Kraft, die angeboren ist.

»Wie heißt das Stück, was sie da proben«, will Luv wissen, und ich sage: »Happy End. Ich glaube, Brecht und Weill haben es im Exil geschrieben. Komm, laß uns reingehen, mal sehen, zu wem diese Stimme da gehört.«

Luv findet nichts Ungewöhnliches an dem Gedanken. Wir gehen oft in einer fremden Stadt zu einer Probe. Denn nur die Stadt kann fremd sein. Das Theater ist es nie. Für einen Schauspieler ist jede Bühne wie zu Hause. Er geht da ohne viel Federlesens rein und sagt den Leuten: ›Mein eigenes Zuhause ist weit fort von hier, darf ich mal 'n bißchen Gast sein hier bei euch?‹

Das Haus ist dunkel. Auf der Bühne brennt kaltes Arbeitslicht. Eine unscheinbare Frau begleitet am Klavier. In Bühnenmitte steht das Mädchen mit dieser Stimme, die ich ungewöhnlich finde. Am Proszenium lehnt ein Mann. Sein Gesicht ist mir vertraut, auch wenn wir uns nie begegnet sind. Schauspieler. Regisseur. Wie heißt er bloß?

»Paul Minnefie.« Luv hat es geflüstert, doch der Mann hat sie gehört. »Wozu brauch ich ein Gedächtnis«, sage ich zu ihm, »wenn ich meine Frau habe.«

Wir geben uns die Hand. Ich nenne meinen Namen. Paul Minnefie nimmt mich bei den Schultern. Dreht mein Gesicht ins Bühnenlicht. »Nicht zu glauben«, sagt er. »Ich hätte nie geglaubt, daß wir uns jemals treffen. Was macht ein Mann wie Sie denn bloß bei uns am Rand der Welt?«

Das Mädchen unterbricht ihr Lied. Ist irritiert. Sagt uns auf ihre Weise, wie verstört sie ist: Ihre Hand wischt das Lächeln fort, und mit dem Talent des Pantomimen zaubert sie kindlichen Schmerz in ihr Gesicht. Die Frau ist jung. Mit Augen, die von der Bühne leuchten. Mit einem ungewöhnlichen Gesicht. Der nächste Satz von Paul Minnefie erklärt das Ungewöhnliche an ihr.

»Dies ist Rima, mit Vatersnamen te Wiata«, sagt der Regisseur, »weil sie Inias Tochter ist.«

Inias Tochter. Ich sehe zu dem Mädchen hoch. Schüttele den Kopf. »Inia te Wiata«, sage ich zu ihr. »Baß-Bariton. Eine der

*Rima te Wiata bei der Probe zu »Happy End« von Weill und Brecht im Mercury Theater, Auckland.*

Rimas Vater, ein Maori, der es zu Weltruhm brachte. Hardy kannte den Baß-Bariton Inia te Wiata aus seinen frühen Jahren am Covent Garden in London.

schönsten Stimmen, die es je gegeben hat. Mein Gott, wie oft habe ich ihn gehört.«

Ein Lächeln zieht über das Gesicht des Mädchens. »Am Broadway?« will sie wissen.

»Nein, in London«, sage ich. »Wir waren beide zur gleichen Zeit in London engagiert. Viele Jahre lang. Wenn er im Covent Garden aufgetreten ist, bin ich im Parkett gewesen.«

»Dann waren auch wir während der gleichen Jahre in der gleichen Stadt«, sagt Inias Tochter. »Weil ich in London geboren bin. Und auch aufgewachsen.«

Wie nun die Probe weitergeht und Luv schweigend neben mir im Dunklen sitzt, wandern meine Gedanken zwanzig Jahre weit in meine Londoner Vergangenheit zurück. Inia te Wiata. Der erste Maori, der es zu weltweiter Berühmtheit brachte. Der nur vor ausverkauften Häusern sang. Über den sich die Londoner erregten, als er sich in eine weiße Frau aus der oberen Gesellschaftsschicht verliebte. Als diese hellblonde Schönheit den Maori heiratete. Ihm ein Kind gebar. Rima te Wiata. Die jetzt da oben auf der Bühne steht. In einem Stück von Weill und Brecht. Ich beginne, die Jahre an den Fingern abzuzählen.

»Was rechnest du dir aus?« will Luv leise wissen.

»Die Jahre«, flüstere ich zurück. »Ich rechne mir die Jahre aus. Inia ist urplötzlich krank geworden. Und gestorben. Viel zu jung. Mitte Vierzig höchstens. Ich weiß noch, daß ich mich nach dem Sinn gefragt habe, der darin liegen soll, wenn diese einmalige Stimme auf dem Höhepunkt verstummt. Rima muß damals noch ein kleines Mädchen gewesen sein. So an die sechs Jahre alt. Höchstens sieben. Im Lauf der Jahre habe ich vergessen, daß Inia eine Tochter hat. Woran ich mich erinnern kann, ist das ›Pouihi‹ im Neuseelandhaus von London. Ein Pouihi ist die Totemsäule der Maori. Inia hat diese riesige Säule geschnitzt. Als Zeichen seiner Dankbarkeit, denn als er noch ein junger Holzschnitzer auf der Nordinsel war, haben seine Landsleute und Stammesbrüder Geld gesammelt für ein

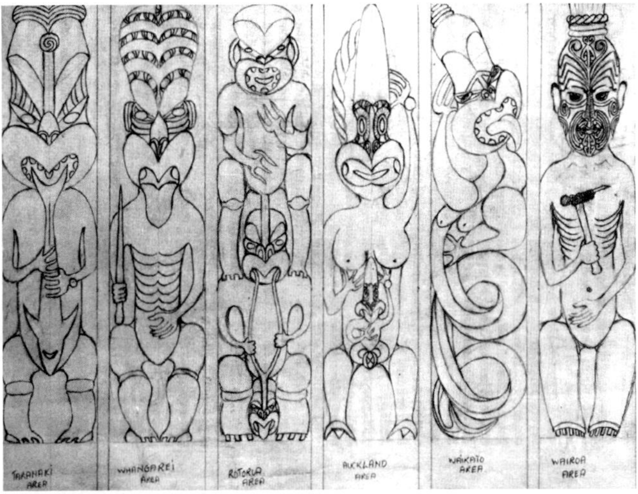


*Die Entwürfe des Sängers für die Symbolfiguren seines Pouihi.*

*Kurz vor seinem Tod schnitzte Inia te Wiata ein Pouihi (Totemsäule) als Dank an seine Maoris in der Heimat.*

Stipendium zur Ausbildung seiner Stimme. Ohne das Stipendium hätte er es in seinem Leben kaum sehr weit gebracht. Und so hat er einen Baum aus Neuseeland kommen lassen und eine riesige Skulptur daraus gemacht. Drei Stockwerke hoch. Doch er hat sie nicht vollenden können. Woran Inia gestorben ist, weiß ich nicht. Die Arbeit an dem Pouihi hatte er fast beendet, als er urplötzlich erkrankte. Andere Maoris haben die letzten Arbeiten daran gemacht und die Statue zur Erinnerung an den Sänger im Neuseelandhaus von London aufgestellt.«

IN DEN TAGEN, DIE DER ERSTEN BEGEGNUNG FOLGEN, sehen wir Inias Tochter nur in den Stunden, die sie nicht im Mercury verbringt. Vormittags stöbern Luv und ich in der Stille von Bibliotheken nach Spuren der Vergangenheit. An einem Nachmittag führt uns Rima in das Auckland Institute and Museum. Beeindruckende Ölgemälde hängen da, geben Zeugnis von der Zeit, als braunhäutige Insulaner die ersten Segelschiffe der Europäer vor Anker gehen sahen. Rima sagt: »Anfangs ist es schwer gewesen. Oft auch blutig. Der Unterschied der Seelen zwischen Maori und Pakeha ist zu groß.« Sie sieht uns an. Und lacht. »Pakeha... habt ihr das Wort schon mal gehört?«

*Früher Nebel wie bei Caspar David Friedrich.*

»Ja«, sagt Luv. »Es ist wohl das Maori-Wort für uns weiße Menschen.«

»Richtig«, sagt Rima. »Nur, daß es in der Übersetzung nicht ›weiße Menschen‹ heißt.«

»Sondern?«

»Weiße Rüben.« Rima lacht, bis ihr die Tränen kommen.

Pakeha. Weiße Rüben. Mir gefällt das Wort. Am nächsten Sonntag treffen wir auf eine weiße Rübe, die schon zu Lebzeiten Legende ist. Wir hatten uns einen Wagen genommen und sind zu Wasserfällen hingefahren, die »Huka« heißen. Glasklares Wasser stürzt zwölf Meter tief über Felsen weg zu Schaum hinunter, der vom Fuße der Kaskaden flußabwärts treibt. Dieser Schaum gibt den Fällen seinen Namen: Huka auf Maori heißt in unserer Sprache Schaum. Ein Stück oberhalb, den Fluß hinauf, gibt es ein Hotel mit Namen Huka Fishing Lodge. An seinem Ufer sehen wir einem Angler zu. Wie ein Denkmal steht er da. Wie das Denkmal aller Angler, die gemeinsam mit dem Köder das Wort Hoffnung an dem Haken haben.

»Das Restaurant da hinter uns sieht vielversprechend aus«, sage ich zu den beiden Frauen, »und auf Forelle hätte ich heute richtig Lust«, worauf Rima meint: »Dann muß ich uns jetzt erst mal Hungerpeitschen borgen gehen.«

»Wieso das denn, Rima?«

»In Neuseeland kannst du, wenn du Forelle willst, die nicht einfach so im Restaurant bestellen. In Neuseeland mußt du dir die Forelle vor dem Essen selber fangen.«

»Mach Witze.«

»Nein, ist wahr.«

»Und was dann?«

»Dann gibst du deine Forelle dem Koch da drinnen«, sagt das Clownsgesicht. »Bei uns kocht der nur einen Fisch, den du selber fängst.«

Ich überlege, ob das wohl wieder einer ihrer Scherze ist, doch dann mischt sich das Anglerdenkmal in die Sache ein. »Wenn's nicht so wäre«, sagt der Mann am Ufer und dreht uns auch weiterhin den Rücken zu, »würden die Berufsfischer alles Leben aus unseren Gewässern fischen.«

Rima geht ein paar Schritte seitwärts auf den Angler zu. Versucht, ihm ins Gesicht zu sehen.

»Es heißt zwar, daß in Neuseeland die Umwelt noch in Ordnung ist«, sagt der Angler, »weil wir Atomkraft beispielsweise nicht erlauben. Selbst die Amerikaner lassen wir mit ihren nukleargetriebenen Schiffen nicht in unsere Häfen rein. Unsere Luft ist sauber, weitgehend jedenfalls, Neuseelands Flüsse auch, und dennoch gibt es bei uns vieles zu verbessern.«

*Begegnung mit dem Neuseeländer Sir Edmund Hillary. Hardy hilft dem Bezwinger des Mount Everest beim Erklimmen einer Böschung.*

Wie der Mann das nun in aller Ruhe so erzählt, verrenkt Rima ihre Glieder. Stellt ihre Bilder ohne Worte dar. Zieht sich mit den Fingern an einem steilen Felsen hoch. Will uns sagen: Dieser Angler da, der steigt auf einen Berg, und wenn er oben ankommt, ist er auf dem höchsten Gipfel, den es gibt. Ich sehe Luv an, fragend, und sie sagt »Mount Everest«. Der Angler dreht sich zu ihr um. »Guten Tag, Sir Edmund«, sagt Luv zu ihm.

Der Angesprochene lüftet einen abgewetzten Anglerhut: »Good day, Madam.« Und spricht von seinen Sorgen weiter: »Wir müssen jede Anstrengung unternehmen, damit es bei uns nicht wie in anderen Ländern wird. Recyclen müssen wir, Abgase der Autos unter Kontrolle bringen, müssen unsere Wälder schützen. Zweihundert Jahre lang haben Siedler den Wald gerodet, um für ihre Schafe Weideland zu schaffen...«

Ich versuche zuzuhören, aber höre doch nicht zu. Weil ich wie der kleine Junge bin, der sich seinem Helden gegenüber sieht. Edmund Hillary! Der erste Mensch, der den Mount Everest bezwungen hat! Zusammen mit seinem Scherpa Tenzing Norgay. Diese beiden Namen braucht Luv mir niemals vorzusagen.

»Wir haben thermale Kräfte überall in unserer Erde«, höre ich Ed Hillary jetzt sagen, »Dämpfe mit sehr hohem Druck, heiße Quellen in unendlich großer Zahl. Wir müssen noch mehr als bisher alles auffangen, was die Natur uns schenkt. Müssen das Geschenk umsetzen in saubere Energie.«

Er sieht mich an und lacht. Mein Mund steht offen. Ich merke das erst jetzt. »Sie müssen mir verzeihen«, sagt Ed Hillary. »Mit meinen Thesen langweile ich Sie nur.«

Ich schüttele den Kopf. Zu gestehen, ich habe eigentlich nicht richtig zugehört, fällt schwer.

»Wie wär's?« sagt Edmund Hillary. »Ich habe sechs Forellen in dem Eimer. Wir gehn jetzt rein und geben die dem Koch für unseren Lunch.« Er lacht noch einmal zu mir hin. »Vorausgesetzt, Sie ziehen mich hier die Böschung hoch.«

Ich halte ihm meine Hand entgegen. Der Mann ist schwer. Rima lacht hell auf. Klatscht in die Hände. »Dies muß als historisches Ereignis angesehen werden«, ruft sie laut. »Ein Schauspieler hilft dem Bezwinger des höchsten Berges dieser Welt das Ufer eines Flusses hoch.«

EIN ANDERMAL sitzen wir in unserem Hotel beisammen und Rima sagt, die Begegnung zwischen uns war vorbestimmt. Ihr Vater hat das so gewollt. Es war das »Mana« ihres Vaters, das die Bühnentür hat offen haben wollen. Luv und ich sind durch die Tür in das dunkle Bühnenhaus gegangen. Das Mana ihres Vaters hat die Begegnung von uns herbeigeführt. Als ich sie frage, ob sie unter Mana das gleiche versteht, wie ich es schon bei Gauguin über die Maoris der Marquesas gelesen habe, meint sie, daß es das gleiche sei, weil es ja auch die gleichen Menschen sind.

»Mana«, sagt sie, »bedeutet Kraft, Macht, Autorität der Seele. Wenn ein Maori stirbt, ist das kein Abschied, der als ewig dauernd angesehen wird. Ewig kann nur die Trauer um den Toten sein. Und die Erinnerung an ihn. Unsere Tränen entspringen nicht allein dem Schmerz. Sie sind auch Ausdruck von Bewunderung. Denn das Mana kehrt nun in das Land zurück, aus dem es kam.« Sie hält ihr Glas zum Licht und betrachtet sinnend, wie der Rotwein funkelt. »Ihr könnt mir glauben«, sagt sie dann. »Dieses Mana lebt! Es steigt aus den Nebeln auf und kommt zu uns, den Lebenden. Es kommt zu uns in Form von Träumen. Oder Visionen. Oft auch als Gedanken, die uns lenken.«

Ich sehe Inias Tochter zu. Sie nippt am Glas. Und lacht. »Das Mana eines Toten kann manchmal ganz schön quälend sein.«

AM LETZTEN ABEND in der Stadt steigen wir zu einem Hügel hoch. Auf seiner Kuppe steht, allein für sich, ein Baum. Der Hügel ist nach dem Baum benannt: Lone Tree Hill. Wir sehen uns das Lichterspiel der Autos in den Straßen an.

Rima will wissen, welche Art Geschichte ich über die andere Insel schreiben will, und als ich sage, es wird um einen Doppel-

*Seite 214 oben: Unsere Fahrt über die Nordinsel wurde zu einer Reise durch die Einsamkeit.*

*Seite 214 unten: Der erste Europäer, der diese Küste sah, war der holländische Seefahrer Abel Tasman.*

*Seite 215: Auf der Nordinsel ranken sich die Märchen der Maoris um ihre brodelnden Wasser.*

decker gehen und um den Himmel über Neuseeland, sieht sie von mir fort und auf die Stadt hinunter.

»Und in der Geschichte über die Maoris«, sagt sie, »geht es dann um mich.«

Es überrascht mich, daß sie von selbst darauf gekommen ist, und ich sage ihr das auch.

»Ich weiß nicht, ob ich möchte, daß du über mich was schreibst«, meint sie leise.

»Das habe ich gespürt«, sage ich. »Es war zu spüren, daß es dir nicht recht sein wird.«

»Ich glaube, es liegt daran, daß meine Mutter auch einmal ihre ganz persönlichen Gedanken aufgeschrieben hat. Ich weiß noch, wie verzweifelt ich gewesen bin. Es ist jetzt viele Jahre her, aber ich weiß noch deutlich, wie verzweifelt es mich gemacht hat, daß sie aufgeschrieben hat, was nur uns beide anging. Was ganz persönlich war.« Sie holt tief Luft und spricht nicht weiter.

»Und was sie aufgeschrieben hat«, sagt Luv, »das hat sie andere Leute lesen lassen? Ist es das, warum du so verzweifelt warst?«

»Sie hat unsere Gedanken in ein Buch hineingeschrieben. Andere Leute haben sie dazu gedrängt. Es waren ausnahmslos Pakehas. Ein Maori hätte sie niemals zum Schreiben angeregt. Ein Maori gibt Ereignisse erzählend weiter, aufschreiben würde er sie nicht. Mutter hat das Buch anfangs auch gar nicht schreiben wollen, aber nach langem Zweifeln hat sie es dann doch getan. Sie glaubte, sie sei es dem Gedenken der großen Liebe ihres Lebens schuldig. Es ist ein gutes Buch geworden. Die Biographie des Inia te Wiata. Unser Schmerz um seinen Tod steht darin auf jeder Seite. Für alle Welt notiert von seiner Witwe, die Pakeha ist.«

»Dein Vater war berühmt«, sagt Luv. »Ohne deine Mutter hätte ein anderer die Biographie geschrieben.«

Rima nickt. »Ich bin beides«, sagt sie, »Pakeha und Maori. Die Pakeha in mir gibt meiner Mutter recht. Die Maori in mir jedoch will nicht, daß ihre ganz persönlichen Gedanken über meinen Vater in einem Buch zu lesen sind. Oder gar der Brief, den ich an meinen Vater schrieb, als er gestorben war. Es sind die Gedanken einer Sechsjährigen gewesen, die Mitleid mit dem Toten hat, die von ihrer Trauer spricht, aber auch von ihrer Freude, weil ihr Vater jetzt im Himmel neben Jesus sitzt.« Dann denkt sie eine Weile nach. Ihre Stirn hat steile Falten. Schließlich setzt sie ihre Gedanken mit einer Frage fort: »Würdest du meinen Brief in deinem Film verwenden?«

»Nicht, wenn du damit nicht einverstanden bist.«

»Ich bedauere es sehr, daß der Brief in dem Buch zu lesen steht. Wenn wir beide ihn in deinem Film verwenden, beleidigen wir die Mana meines Vaters. Ich glaube nicht, daß du das willst.«

In ihren Augen stehen Tränen. »Rima«, sage ich, »es ist versprochen, daß wir den Brief der Sechsjährigen nicht verwenden, und sollte ich in der Bibliothek jemals auf das Buch über deinen Vater stoßen, überspringe ich die Seite mit dem Brief.«

»Heiliges Ehrenwort?«

»Heiliges Ehrenwort.«

»Das ist gut.« Sie sieht mich von der Seite an und lacht. Ihr Lachen überrascht mich nicht. Es kommt aus diesem unverhofften Umschwung der Gefühle, den ich nun schon an ihr kenne. »Trotzdem«, sagt sie dann, »ich weiß noch immer nicht, ob ich deinen Film wirklich möchte.«

»Das ist eine Frage, auf die ich keine Antwort weiß.«

»Kannst du auch nicht. Und ich, für mein Teil, brauche ein paar Tage Zeit«, sagt sie mit großem Ernst. »Weil ich eine Antwort auf die Frage brauche, ob mein Vater deine Geschichte will.«

ES IST MITTE DEZEMBER. Über die Nordinsel hinweg wölbt sich ein herrlich blauer Sommerhimmel. Weiße Wolkenbündel segeln eilig durch das Blau. Ihre dunklen Schatten springen vom Land aus in die Wasser einer weiten Bucht und wandern auf das Meer hinaus. Manchmal segeln die Schatten über Inseln hin, von denen es in dieser Bucht gut 150 geben soll. Von ihnen hat die Bucht den Namen: Bay of Islands, Bucht der Inseln, in unsere Sprache übersetzt.

Mein Schreibtisch steht vor einem Fenster, das den Blick auf diese Bucht der Inseln rahmt. Es ist ein schönes Bild mit Segelbooten, Vergnügungsdampfern und badenden Familien am Strand. Ich sage mir, wie eine Postkarte aus dem Urlaub sieht das da unten aus, und wenn du sie verschickst, dann schreibst du hinten drauf: »Gruß aus dem Urlaub. Die Bucht der Inseln ist das Herzstück von Neuseeland. Vor 150 Jahren ist hier eine Nation gegründet worden.«

Wir haben einen Bungalow gemietet, der hoch über der Bucht in grünen Hügeln liegt. Es ist ein Holzhaus, wie es an dieser Küste viele gibt. Grau gestrichen und mit weißen Rändern an den Fenstern. Ein Sonnendeck läuft an drei Seiten um das Haus. Von dem Deck aus kann ich die Dächer des kleinen Ortes Russell sehen, der das reinste Schmuckstück ist mit seinem langen Landungssteg für den Ausflugsdampfer. Mit weißgestrichenen Häusern, die jung gewesen sind, als Queen Victoria im fernen Heimatland regierte. Jedoch: Lange vor der Zeit dieser vom Volk geliebten Königin war Russell das ganze Gegenteil von Frieden. Walfänger hatten hier ihren Hafen. Mit Rowdies, Bordellen, Kneipen, Ungesetzlichkeit und Schmutz. Doch mit diesen Sätzen greife ich dem, was am Anfang aller Dinge war, voraus.

AM ANFANG ALLER DINGE ist eine große Eisscholle, die dann zerbrach, vom Südpol aus in dieses Meer getrieben. Ich sagte das bereits auf der ersten Seite meiner Notizen, und an den Faden knüpfe ich jetzt an.

Wissenschaftler schreiben, daß wegen des milden Klimas dieses Meeres sich sowohl Flora als auch Fauna im Verlauf von Jahrmillio-

*Die Bay of Islands.*

nen auf beiden Inseln haben gut entwickeln können. Primaten jedoch, die zu Menschen hätten werden können, habe es dort zu keiner Zeit gegeben. Als die Maoris mit ihren Auslegerkanus aus Polynesien kamen, fanden sie beide Inseln unbewohnt. Außer der Antarktis war das heutige Neuseeland zu jenem Zeitpunkt die letzte größere Landmasse unserer Welt, die der Mensch noch nicht entdeckt und sich unterworfen hatte.

Die Landung der ersten Polynesier liegt fast 1200 Jahre zurück. In ihren Booten hatten sie Frauen, Kinder, Hunde, Ratten und Saatgut mitgebracht. Es heißt, daß auch Schweine und Federvieh an Bord gewesen seien, doch die hätten die Stürme des Südpazifik nicht überlebt. Um die Landung des ersten Kanus rankt sich eine Legende: Als die Männer an Land gingen, ließen sie Frauen und Kinder in dem Kanu zurück. Mit der nächsten Ebbe trieb das Boot aufs Meer hinaus, was den sicheren Tod bedeuten mußte, denn Maori-Frauen war es streng verboten, die Paddel auch nur zu berühren. Die Tochter des Häuptlings fand den Ausweg aus der Not. Sie ergriff ein Paddel und rief »Kia whakatane au i ahau! – Ich werde handeln wie ein Mann!« Die anderen Frauen erklärten sich auch zu Männern und paddelten das Kanu zum Strand zurück.

Die Maoris fanden fruchtbaren Boden auf beiden Inseln vor. In den Wäldern wuchsen Früchte, die eßbar waren. Vögel gab es überall in großer Zahl. Einer dieser Vögel, den sie Moa nannten, war sogar riesig groß und versorgte die Familien mit Fleisch für viele Wochen. Fische gab es nicht nur im Meer, sondern auch in den Flüssen und den meisten Seen. Trotz solch günstiger Verhältnisse ist das Leben der Maoris keine Südseeinsel-Idylle gewesen. Infektiöse Krankheiten, Arthritis, Kannibalismus und kriegerische Handlungen verkürzten die Lebenserwartung der Insulaner. Sie lag im Schnitt bei dreißig Jahren, und ein Vierzigjähriger war bereits ein weiser, alter Mann.

Diese ersten Siedler waren von den verschiedensten Inseln Polynesiens hergesegelt. Sie hatten eine gemeinsame Sprache ebenso wie eine gemeinsame Kultur, doch eine Nation sind die Maoris nie gewesen. Vielmehr waren sie in wetteifernde Stämme aufgespalten. Der Stamm war das Fundament des Maori-Lebens, das in der Familie seinen Anfang nahm. Es war die Großfamilie, die bestimmt hat, wie Gesetz und Ordnung auszusehen haben, wer welches Land bebaut, welche Kinder heiraten, gegen wen Krieg geführt wird und aus welchem Grund. Alles Sein des Menschen unterlag der Tradition, und alle Bereiche des Lebens wurden nach der Überlieferung gelebt: Geburt, Beerenernte, Kunst, Paarung, Tod und Religion. Ihre Götter standen den Elementen vor: dem Wind, dem Meer, dem Himmelszelt, der Erde oder auch dem Wald.

*Die Entdecker des heutigen Neuseeland waren seefahrende Maoris aus der tiefsten Südsee. Bei der Durchquerung des Pazifik mußten sie Übermenschliches erdulden. Wegen der Schwaden über den heißen Quellen nannten sie die Insel »Aotearoa«, das Land der langen weißen Wolke.*

Die Hierarchie des Stammes war streng geregelt. Aus der Kaste der Noblen gingen der Häuptling und die Generäle hervor. Die zweite Kaste bestand aus dem gemeinen Volk. Die unterste Kaste war die der Sklaven. Sie hatten alle niederen Arbeiten zu verrichten, und wenn die Götter Menschenopfer forderten, wurden diese aus den Reihen ihrer Miserablen ausgewählt.

Die Frau war dem Manne untertan. Die Priester lehrten, der Waldgott »Tane« habe die Frau aus Erde geformt, während der Mann eine direkte spirituelle Schöpfung des höherstehenden Gottes »Tu« gewesen sei. Daher müsse die Frau als unheilig, der Mann hingegen als vollkommen gelten.

Die Siedlungen der Maoris standen am Meer ebenso wie hoch oben in den Bergen. Fünfhundert Menschen lebten oft in einem Dorf. Künstler und Kunsthandwerker standen in großem Ansehen. Holzschnitzer verzierten Häuser, Kanus und Hausgeräte. Ein wich-

tiger Zweig der Kunst waren die Tätowierungen. Der Mann trug diese Ornamente im Gesicht und am Gesäß, die Frau war an Lippen, Kinn und ihren Brüsten tätowiert. Obgleich es als unzüchtig galt, für den Mann ebenso wie für die Frau, ihre Geschlechtsteile öffentlich zu entblößen, wurden in den Schnitzereien der Phallus und die Vagina als Zeichen der Freude und der Fruchtbarkeit immer wieder dargestellt. Das in Kunstwerken ständig wiederkehrende Bild der weit herausgestreckten Zunge bedeutete Herausforderung, auch kriegerischen Trotz und war zugleich abwehrende Magie.

Die Mehrzahl aller Siedlungen sind Wehrdörfer gewesen, die mit Palisaden, Gräben und Wällen befestigt waren. Ihre Flotte bestand aus Kriegskanus, die sie »Waka« nannten. Kriege unter den Stämmen waren an der Tagesordnung, doch da die Maoris kein Eisen kannten, bestanden ihre Waffen aus hölzernen Schwertern und großen Keulen, was dazu führte, daß so ein Krieg zwar blutig war, doch nur selten viele Tote auf dem Schlachtfeld hinterließ. Mit der Muskete, die der weiße Mann den Maoris brachte, setzte die Dezimierung der Insulaner untereinander ein.

Der Südpazifik ist die letzte bewohnbare Region unserer Welt gewesen, zu der Europäer vorgedrungen sind. Sie fürchteten dieses

*Ein Waka, Kriegskanu der Maoris.*

stürmische Meer, das nur nach langer Fahrt über den Indischen Ozean oder an Südamerika entlang zu erreichen war, und wer sich dann in diesem Riesenbecken befand, wußte nicht, was er zu erwarten hatte. Die Seefahrer des 16. und 17. Jahrhunderts konnten nur vermuten, daß es an seinem Ende diesen unbekannten Kontinent geben mußte, den sie als Terra Australis Incognita in ihren Karten hatten und den wir heute unter dem Namen Antarktis kennen. Auf der Suche nach jenem vereisten Kontinent im Süden ist der holländische Seefahrer Abel Tasman am 13. Dezember 1642 als erster Europäer auf das »Land der langen weißen Wolke« gestoßen. Er hatte die Alpen auf der Südinsel erreicht, die er als eine bis dahin unentdeckte Küste Südamerikas betrachtete und »Staten-Landt« nannte.

*Bis zum heutigen Tag spricht aus der Kunst der Maoris ihr Glaube an ihre Götter und die Verehrung der Seelen ihrer Ahnen.*

Tasmans erste und einzige Begegnung mit den Bewohnern der Südinsel hat mit einem Blutbad geendet. Als ein Kriegskanu der Maoris eines von Tasmans Ruderbooten rammte, setzte ein entsetzliches Gemetzel ein. Tasman trug seinen Ankerplatz in die Seekarte als »Mörderbucht« ein und segelte nach Norden weiter. Schon wenige Jahre nach Abel Tasman fanden andere Holländer heraus, daß der Entdecker nicht auf Südamerika, sondern auf ein neues Land gestoßen war und trugen den holländischen Namen »Het niew Zelandt« in die Karte des Südpazifik ein. Danach hat dann hundertdreißig Jahre lang kein Segelschiff von Übersee die beiden Inseln mehr gestört.

Es ist der britische Captain Cook gewesen, der die Inseln wiederfand. Genau gesagt ist er damals noch Leutnant Cook gewesen. Und noch genauer gesagt war es sein Schiffsjunge Nicholas Young, der am 6. Oktober 1769 die Ostküste der Nordinsel über der Kimm aufsteigen sah. Zur Erinnerung an ihn heißt das Kliff noch heute »Young Nick's Head«.

Die ersten Landgänge von James Cook und seinen Leuten haben zu Kampfhandlungen mit den Einwohnern geführt. Der Engländer mußte erkennen, daß die Maoris agressive Krieger waren. Die Maoris hingegen mußten erkennen, daß die weißen Teufel eine

Zauberwaffe namens »Muskete« hatten. Auf der Suche nach Insulanern, die friedvoll waren, segelte Cook zu einer anderen Bucht, die er »Mercury Bay« taufte, nachdem er von dort aus die Bewegungen des Planeten Merkur hatte studieren können. Beim ersten Landgang in der gleichen Bucht machte er eine weitere Entdeckung. Sie sollte sich als lebenswichtig erweisen: Ein Südseeinsulaner, den er als Matrose seit Tahiti bei sich hatte, konnte sich in der Sprache seiner weit entfernten Heimat mit den braunen Menschen dieser Insel unterhalten. Cook und sein Übersetzer trafen sich mit den Maoris dieser Bucht am Strand. Mißtrauen wurde überwunden. Gastgeschenke aus Europa wurden gegen Nahrungsmittel und frisches Wasser eingetauscht. Es ist an dieser Stelle gewesen, daß Leutnant Cook den Gepflogenheiten der anderen Entdecker folgte: Er ließ den Union Jack hissen und übergab die Insel den Besitztümern seiner britischen Majestät. Die Maoris sahen dem mit Unverständnis zu. Sie ließen ihn gewähren. Besitz von Land war ihnen fremd. Land, so sagten sie, kann dir nicht gehören. Viel eher ist es andersherum: Du gehörst dem Land.

*Nach Abel Tasman war Captain Cook der zweite weiße Seefahrer, den die Maoris zu Gesicht bekamen.*

Captain Cook ist in die Geschichte eingegangen als ein Entdecker, der wie kein anderer den Pazifik kartographisch erschlossen hat. Selbst bis in die nebeligen Gefilde der Antarktis hinein, die er 1775 vermutlich umsegelt hat, ohne sie als Kontinent erkannt zu haben. Im Nordpazifik hat er die Nordwest-Passage gesucht und ist dabei bis zum Polarkreis vorgestoßen. Zehn Jahre lang hat er den Pazifik durchkreuzt, und die Buchten Neuseelands sind ihm dabei eine Art zweiter Heimat geworden. Mit den Maoris dieser Ankerplätze hat er im Lauf der Jahre Freundschaft schließen können. Sein gewaltsamer Tod im Januar 1778 durch die Maoris auf Hawaii mutet deshalb als Ironie des Schicksals an.

Vier Jahre nach dem Tod von Captain Cook gingen Robbenfänger auf der Südinsel an Land. Seehundfelle brachten damals sehr viel Geld. Die nächste Welle weißer Seeleute sind Walfänger gewesen. Ein rauhes Gesindel. Amerikaner. Briten. Sträflinge aus Sydney. Sie machten den Hafen zum Stützpunkt für ihre Raubzüge in den

Südpazifik, den ich beim Schreiben dieser Notizen unter meinem Fenster sehen kann. »Kororareka« nannten ihn die Maoris. Die Seefahrer änderten den Namen in »Russell« um.

Zunächst lebten Walfänger und Insulaner ohne berichtenswerten Streitfall nebeneinander her. Im Gegenteil: Einige Maoris fanden Gefallen an den Kneipen und Bordellen dieses Hafens. Empörte Missionare, die den Walfängern von Australien her gefolgt waren, nannten den Hafenort »Höllengrube des Südwestpazifik«. Es ist den frommen Leuten nicht gelungen, den vernichtenden Einfluß der Seeleute von den Stämmen fernzuhalten. Der Einfluß bestand in Form von Alkohol, Prostitution, Geschlechtskrankheiten und dem Verkauf von Musketen an die Maoris.

*Den Entdeckern folgten die Missionare.*

Trotz allem herrschte lange Zeit Frieden zwischen den Eindringlingen und der Bevölkerung. Maoris der obersten Kaste heuerten sogar bei den Weißen an. Einer von ihnen war ein Häuptlingssohn, der auf der Brigg *Boyd* gefahren ist. Als sein Pakeha-Skipper ihn wegen eines geringfügigen Vergehens auspeitschen ließ, war der Friede gebrochen. Der Pakeha hatte das Mana des Häuptlings verletzt. Die Krieger seines Stammes massakrierten die Mannschaft der *Boyd*, fraßen die Toten auf und zündeten die Brigg an. Im Gegenzug überfielen die Walfänger ein Maori-Dorf und brachten alle Bewohner um.

In den frühen Dekaden des 19. Jahrhunderts kamen friedlichere Weiße zu den Inseln. Die Ankunft von Missionaren, Händlern und Lehrern veränderte das Zusammenleben zwischen Maoris und Pakehas. Zwar brauchten die Missionare zehn Jahre, bis sie den ersten Maori taufen konnten, und weitere zehn Jahre bis zum zweiten, aber der Pflug war mit ihnen zu den Eingeborenen gekommen, eine geschriebene Maori-Sprache, eine gesunde Ernährungsweise und florierender Handel mit der Welt in Übersee. Im Sog dieser Entwicklung kamen immer mehr britische Siedler an diese Küsten. Großbritannien hatte sich zwar nie entschließen können, Neuseeland zu einer Kolonie der Krone zu erklären, doch mit der von Captain Cook verkündeten Übernahme der Inseln ging man auf einseitige Weise großzügig um: Nach freiem Ermessen wurde Maori-Land an Neuankömmlinge verkauft, und schon bald

*Seite 225 oben: Handelsschiffe brachten Schotten, Schafe und Hirtenhunde.*

*Seite 225 unten: Der Vertrag von Waitangi. Geburtsstunde der neuseeländischen Nation vor hundertfünfzig Jahren.*

sahen sich 100 000 Maoris einer doppelten Anzahl von Pakehas gegenüber. Die Einheimischen begannen allmählich die Frage nach dem Besitz von Land in einem anderen Licht zu sehen. Sie wollten zurückbekommen, was den Briten nie gehört hatte. Eine blutige Auseinandersetzung stand bevor. Gesetz und Ordnung mußten geschaffen werden.

Die Regierung in London schickte einen Mann namens James Busby den weiten Weg zum Rand der Welt. Er erhielt den Titel »Resident«. Auf meine Weise übersetzt bedeutet das: oberster Diplomat der britischen Krone auf einem Territorium, das Großbritannien noch nicht zur Kolonie hatte erklären wollen. Der Resident konnte die Häuptlinge beraten, sie manipulieren oder drängen, doch wahre Macht war ihm nicht gegeben. Nicht einmal Soldaten hatten sie ihm aus London mitgeschickt. Die Maoris erkannten das sofort und nannten ihn »unseren Krieger ohne Waffen«. Der Mann erreichte eine gewisse Beliebtheit bei den Häuptlingen der Stämme. Er muß Geschick besessen haben: Auf der einen Seite ist es ihm gelungen, seiner Regierung klarzumachen, daß ein Blutbad vermieden werden kann, wenn Maori-Stämme das Recht

*Ein Land, das oftmals an Europa denken läßt.*

erhalten, der Einverleibung ihrer Inseln in das britische Imperium zuzustimmen, und auf der anderen Seite gelang es ihm, die widerstrebenden Häuptlinge der Stämme zu einem Treffen der Verständigung zwischen Maoris und Pakehas zu überreden.

Beim Notieren dieser Kurzfassung der Geschichte Neuseelands sehe ich mir an dieser Stelle selber zu. Das Bild zeigt einen Mann, der von seinen Blättern aufsieht, sich mit dem Stuhl nach hinten lehnt und laut die Frage stellt: »Wie kann ein Maori, verantwortlich für seinen Stamm, sich und sein Volk von den Pakehas eines fremden Landes einverleiben lassen? Wie können alle Häuptlinge auf diesen Inseln das Schicksal ihrer Stämme freiwillig in die Hände einer Frau legen, die als Königin ein weit entferntes Land regiert? Ein Land, das die Maoris vermutlich nie betreten werden. Waren die Häuptlinge in jenem Jahr bereit, ihre eigenen Wurzeln abzustechen, die in dem Land der langen weißen Wolke fest verwachsen waren? Immerhin ging es um Wurzeln, die sie seit Hunderten von Jahren ihren Kindern mit dem alten Spruch vermittelt haben: ›Du weißt nicht, wohin du gehst, wenn du nicht weißt, woher du kommst.‹«

In dem Bild, das ich von mir selber hier skizziere, sieht der Mann am Schreibtisch durch sein Fenster zu der Bucht der schönen Inseln hin. Am anderen Ufer steigt ein Kliff zu einer saftiggrünen Wiese auf. Hohe Tropenbäume rahmen diese weitgestreckte Wiese ein. An ihrem Rand stehen zwei Häuser, die von entgegengesetzten Kulturen sind. Das eine Haus ist weiß und könnte überall in England sein. Das andere ist reich und bunt mit Maori-Kunst verziert. Zwischen beiden Häusern erhebt sich ein hoher, weißer Mast mit den Flaggen Neuseelands und der britischen Marine. Der Platz dort drüben heißt »Waitangi«, und es ist an jenem Ort gewesen, daß eine Nation geboren wurde. Das Jahr war 1840, als sich auf jener Wiese Maoris und Pakehas trafen. Die Häuptlinge sind in ihren kunstvoll verzierten Kriegskanus über das Wasser der Bucht gekommen und das Kliff hinaufgestiegen, wo der britische Resident sie vor seinem weißen Haus erwartet hat. Ein großes Festzelt hatte er mitten auf die Wiese stellen lassen, in dessen Schatten die Missionare und ein britischer Gouverneur die Maori-Häuptlinge erwarteten. Die Briten hatten einen Vertrag aufgesetzt, der den Häuptlingen durch einen Übersetzer vorgelesen wurde. Die Verhandlungen verliefen lang und wortreich. Das Schriftstück wurde mehrfach neugefaßt. Schließlich verlangten die Häuptlinge von ihren Missionaren einen Rat. Die

Gottesmänner drängten zur Unterschrift. Dieses Papier, so sagten sie, sei der unverbrüchliche Pakt zwischen zwei verschiedenen Rassen, die damit zu einer gemeinsamen Nation zusammenwüchsen, mit gleichen Rechten und Pflichten, in einem souveränen Staat, unter dem Schutz der britischen Krone. Die Maoris unterschrieben. Genau gesagt malten sie ihre Kreise, Kreuze und Kringel auf das britische Papier.

Dieser Vertrag von Waitangi, so kann ich in alten Dokumenten lesen, wurde in London niemals ratifiziert. Landhungrige weiße Siedler haben sich nicht daran gehalten. Es gab und gibt Stimmen, die das Abkommen als vorsätzlichen britischen Betrug abtun. Gegenstimmen sagen, Maoris und Pakehas hätten ihn erfüllt, weil der Vertrag von Waitangi eines der wenigen britischen Dokumente sei, das einer anderen Rasse menschlichen Respekt erwies.

*Die Flugzeuge der Air New Zealand tragen am Leitwerk den Koru, das Maori-Symbol für Wachstum und Wiedergeburt.*

Jetzt ist es 150 Jahre später. Ich sitze, wie gesagt, an meinem Schreibtisch oberhalb der gleichen Bucht und schreibe für Inias Tochter die Geschichte auf, die ich im Film erzählen will.

»1840 gaben die Maoris ihre Wurzeln auf, doch anderthalb Jahrhunderte danach haben sie sich ihre Kultur zurückgeholt.«

Der Satz liegt zwischen anderen handgeschriebenen Notizen auf dem Tisch. Ich sehe zu der Wiese von Waitangi hin. Und muß an Inias Mana denken. Und schreibe für seine Tochter gegen Schluß meiner Geschichte: In Waitangi sind die Maoris meiner Meinung nach geworden, was sie vorher nie gewesen sind: eine Nation. Ohne die Häuptlinge von Waitangi wäre am 6. Februar 1840 Neuseeland nicht geboren worden, und ohne Schmerzen ist es dabei nicht abgegangen. Es hat auch weiterhin Kriege gegeben, um Landbesitz, um gleiche Rechte, auch um das Recht der Gleichstellung von Maoris und Pakehas bei der Wahl. Wenn Arbeiter zu entlassen waren, bei der Weltwirtschaftskrise von 1929 beispielsweise, bekam der Mann mit der braunen Haut seine Papiere, lang bevor einer von den Weißen gehen mußte. Möglich auch, daß es auf den beiden Inseln früher Europäer gab, die ihre Ureinwohner in Reservaten halten wollten. Doch für mich, den Fremden, sind das Geburtswehen einer Nation. Heute scheint das weitgehend vergessen. In dem Neuseeland, das ich auf dieser Fahrt erlebe, finden sich polynesische Kultur und westliche Lebensart gemischt. Keiner sagt, daß er dem anderen überlegen sei. In einem solchen Klima muß das Selbstbewußtsein der Maoris wachsen. Sie besinnen sich auf ihre eigene

Sprache. Auf ihre Hochzeitszeremonien. Auf die Art, wie sie ihre geheiligten Stätten zu neuem Leben bringen. Auf die Art, wie Rima mit dem Mana ihres Vaters spricht.

»1840 gaben die Maoris ihre Wurzeln auf, doch anderthalb Jahrhunderte danach haben sie sich ihre Kultur zurückgeholt.« Ich sehe mir den Satz noch einmal an. Und lege ihn für Inias Tochter in das Manuskript.

AN EINEM TAG MIT STEILER MITTAGSSONNE steht Rima auf dem Deck vor unserem Fenster, das die Bucht einrahmt. Luv ist bei ihr, die beiden lachen. »Wegen der Inkonsequenz von Frauen«, ruft Luv zu mir her, durch die Tür. »Wir lachen nur, weil Rima sagt, sie hat von Anfang an gewußt, daß sie in deinem Film dabei sein wird.«

»Die Pakeha in mir hat es von Anfang an gewußt«, lacht Rima und gibt mir einen Kuß auf beide Backen. »Die Maori hingegen hat sich die Entscheidung schwer gemacht.«

Rima sagt, daß sie zwei Begegnungen herbeiführen muß, wenn unser Film mit Erfolg gesegnet werden soll. Die eine Begegnung ist die mit dem »Marae« drüben in Waitangi, diesem verzierten Südseeinsulanerhaus, das auf der historischen Wiese neben dem weißen Haus des Residenten steht. Die andere Begegnung, sagt Rima, ist von besonderer Art. Sie wird mit den Seelen von Neuseeland sein, und der Weg dahin führt uns weit zum Nordkap rauf.

DAS SÜDSEEINSULANERHAUS auf der Wiese von Waitangi hatten wir schon einmal besucht, Luv und ich. Es war uns an dem Tag fremd gewesen. Bunt. Auch eindrucksvoll. Doch eher grimmig. Zwei Touristen waren durch eine Welt gewandert, die ihnen furchterregend schien. Die an Kannibalen denken ließ. Heute aber sieht das Haus ganz anders aus. Heute bin ich nicht Tourist. Heute bin ich Gast. Freund sogar. Freund von Inias Tochter. Was einmal grimmig schien, ist heute schön. Heimelig. Schutz gewährend. Wird mir vertraut. Weil es auch das spirituelle Haus des Sängers Inia te Wiata ist.

Wie wir nun so vor der großen Pforte stehen und Luv ein paar Fotos von der fratzenhaften Maske an dem hohen Giebel macht, sagt Rima, »Ein Marae ist ein Versammlungshaus der Maoris. Es gibt Hunderte von ihnen, über beide Inseln weit verstreut. Ein jedes erinnert an einen berühmten Ahnen und ist auch wie ein Mensch gebaut: Der First ist sein Rückgrat. Die Dachsparren stellen Rippen dar. Die Giebelbretter schließlich sind die Arme. Wenn du hineingehst in das Haus, begibst du dich in die Arme deines Ahnen. Er nimmt dich an seine Brust, fordert dich auf, alles mit dir in das Marae hineinzutragen, das deine Seele an dem Tag bewegt. Nicht nur deine Zufriedenheit, dein Glücksgefühl, sondern selbst auch deine Sorgen. Deine quälenden Fragen. Deinen Schmerz. Wenn du die schützenden Arme dieses Marae wieder verläßt, hast du alles abgeschüttelt, was bedrückend war, und du nimmst von hier Geschenke in dein Leben mit hinaus. Es sind Geschenke, die die Seele macht. Denn diese Marae sind heilig. Weil sie der Zufluchtsort für die Seelen der Verstorbenen sind. Und der Ort für Gespräche mit Menschen, die noch am Leben sind. Der Rat der Alten trifft sich hier zum Gespräch. Oder Kinder kommen unter dieses Dach zum Spielen. Im Grunde symbolisiert so ein Versammlungshaus dem Maori die Verbundenheit mit der spirituellen Welt, und alles darin wird als verehrungswürdig angesehen. Nicht nur das Versammlungs-

*Ein »whare whakairo«, Haus der Begegnung und der Stille.*

haus. Auch alles andere Elementare in unserem Leben: Sprache, Legende, traditionelle Speisen, Jadeschmuck, das Lied, der Tanz.«

Rima geht in das Portal hinein und hält es für uns auf. »Also kommt. Bleibt doch da nicht stehen. Laßt euch von dem Marae umarmen.«

»Wie ist das«, fragt Luv, »hast du etwas dagegen, wenn ich da drinnen Fotos mache?«

»Aber nein«, lacht Rima. »Fotografiere nur, soviel du willst. Dies ist keine Moschee der Muselmanen. Hier drinnen darfst du fröhlich sein.«

In dem Halbdunkel ist es still. Ein kleines Fenster geht zum Meer hinaus. Die Wände sind angefüllt mit Schnitzereien, Masken, Augen aus Perlmutt, Symbolen von Phallus und Vagina. Die Dachsparren tragen helle Ornamente, und der Boden ist aus blankpoliertem Tropenholz. Ein Möbelstück ist nirgendwo zu sehen. Rima setzt sich neben eine Statue aus Ebenholz, die das Dach zu tragen scheint. »Darf ich vorstellen«, sagt sie, »Rakati, der große Häuptling des Mapui-Stammes.« Rima lehnt sich an Rakati an. »Dieses hier ist ein besonderes Versammlungshaus«, sagt sie dann. »Weil es in Waitangi steht. Jede Schnitzerei hier stellt ein Stück Neuseeland dar. Jedes Symbol ist ein Stück der Maori-Stämme beider Inseln.« Sie sieht sich um. »Ist es nicht wunderschön?«

*Leuchtturm am Cape Reinga, wo sich Tasman-See und Pazifik treffen.*

»Ja«, sagt Luv, »das ist es. Wunderschön. Es macht den Besucher still. Und ruhig.«

Es ist Rima anzusehen, wie wohl sie sich unter diesem Dach hier fühlt. »Als Kind«, sagt sie, »als kleines Mädchen habe ich schon gewußt, daß meine Wurzeln nicht in England, sondern hier bei den Maoris sind. Doch wie bedeutsam das tatsächlich ist, das weiß ich erst, seit Vater damals in London starb und Mutter mich zurückgebracht hat nach Neuseeland. Seit ich angefangen habe, in meiner Kultur zu leben. An einem Ort wie diesem hier.«

ZU DEM ORT DER BEGEGNUNG mit den Seelen ist es ein ziemlich weiter Weg nach Norden rauf. Wir fahren durch Weideland und grüne Hügel. Flüsse und Teiche gibt es im Überfluß, und der

Gedanke an die Alpen auf der südlichen der beiden Inseln wirkt hier wie der Weg zurück in ein weit entferntes Land. Zwischen Dünen, die so hell und hoch wie die in der Sahara sind, sagt Rima, ich soll mal zur Küste runterfahren, denn da gibt es einen neunzig Meilen langen Strand, und jeder Neuseeländer, der etwas auf sich hält und zu dem Nordkap will, läßt Asphaltstraße Asphaltstraße sein und nimmt den Weg am Strand entlang.

Wie wir nun so aus den Dünen herauskommen, ist da in beiden Richtungen ein schier endlos weites Dünenufer, nach Norden und nach Süden hin, und die Wellen der Tasmanischen See »trecken da gemächlich an den Strand«, wie die Leute im Norden meiner weit entfernten Heimat an dieser Stelle sagen würden. Die Ebbe hat das Meer nach draußen ziehen lassen, und es muß wohl an der Sonne liegen, daß der Boden hier an diesem Strand so hart geworden ist. Ich überschlage, wie lange die Ebbe noch da draußen bleiben wird und wie weit es zum Cape Reinga ist, denn wenn die Flut einsetzt, möchte ich nicht mehr mit dem Auto an diesem Strand hier sein.

Wie eine Fatamorgana kommen zwei Autobusse durch den wabernden Dunst, der von grünen Wellen aus zu hohen Dünen will. Die Busse sind mit Menschen voll besetzt. Ich frage den Fahrer, wann die Flut einsetzt, und er sagt, erst in vier Stunden und bis zum Nordkap schaffe ich es vorher allemal.

*Abschied von Rima an der nördlichsten Spitze ihrer beiden Inseln.*

Die Fahrt den Strand entlang wird zu einem riesig großen Spaß. Das Ufer hier ist ohne Menschen. Der Boden erinnert an die Härte von Beton, an Beton ohne alle Rillen, an eine Autobahn, auf der es keine Löcher gibt. Das ist wie tiefes Fliegen, durch eine Luft ganz ohne Turbulenz. Das wird eine Autofahrt, die fast so schön wie Fliegen ist.

Das Nordkap ist ein Ort der Einsamkeit. Cape Reinga nennen die Maoris diesen grünen Berg, der steil zum Meer abfällt. Der sich in zwei Meere fallen läßt, um genau zu sein. Weil dieses Cape Reinga die Nordspitze Neuseelands ist, also das Kap, an dem sich die beiden Meere treffen. Die Wellen der Tasman-See steigen an den Wellen des Pazifik hoch. In einer Landschaft, die ringsum ohne Bäume ist, wächst sturmgeplagt aus einem steilen Fels heraus ein Baum. Hoch über den Wassern beider Meere steht ein Leuchtturm auf dem grünen Berg, und weit im Dunst des Meeres sind drei kleine Felseninseln auszumachen. Danach ist nichts anderes mehr zu sehen. Nur noch Ozean. Ein Ozean, der aussieht wie das Ende dieser Welt.

Von West kommt eine steife Brise her. Die Luft fühlt sich nicht mehr wie Neuseelands Sommer an. Wir sitzen in dem Gras am Leuchtturm. Rima schweigt. Von einem Pfosten deuten Schilder wie dünne Finger in alle Richtungen über Land und Meer. Einer der

*Am Nordkap steht ein unsterblicher Baum. Auf dem Weg zurück in ihre mystische Heimat Hawaiki lassen sich die Seelen der Maori-Toten von dem Baum ins Meer hinuntergleiten.*

Schilderfinger zeigt nach London, 18 000 Kilometer Richtung Nordwest. Ich sage mir, wenn der Finger in die entgegengesetzte Richtung zeigen würde, wäre die Entfernung sicherlich genauso groß.

Rima ist lange wortkarg, wie gesagt. Dann spricht sie von der Begegnung mit den Seelen. Einer Begegnung, die ihr wichtig ist. »Die Seelen«, sagt sie, »sind jetzt hier. Überall. Um uns herum.« Sie bittet, lächelnd, daß wir ihr glauben müssen. »Denn die Seelen unserer Toten, der Maori-Toten, die wandern jetzt zu diesem Kap dort hin. Vorbei am Leuchtturm, hoch im Norden, wo Neuseeland seinen Anfang hat. Oder sein Ende. Hängt davon ab, wie du es siehst. Für die Seelen ist dieses Nordkap hier das Ende der langen Reise ihres Lebens zum Landende unserer Inseln hin. Sie sind jetzt auf dem Weg nach ›Hawaiki‹, unserer Heimat, die wir verloren haben, doch die nicht vergessen ist. Hawaiki soll weit entfernt unter den Wassern von Polynesien sein. Wer lebt, weiß nicht genau, wo er es suchen soll. Die Seelen unserer Toten aber kennen es. Sie wandern an diesem Leuchtturm hier entlang und zu dem verwunschenen Baum dort hin. Zu diesem Baum, der einsam aus dem Felsen wächst und der unsterblich ist. Von den Wurzeln dieses

Baumes gleiten sie dann in das Meer hinab. Einmal halten sie noch inne auf ihrer Reise nach Hawaiki, und zwar bei den drei Felseninseln dort am Horizont. Von den Inseln werfen sie einen letzten Blick auf uns zurück, weinen uns Zurückgebliebenen ihre Tränen nach und lassen sich von dem Meer aufnehmen, das ihnen Trost spendet und sie heimgeleitet in die Unterwelt.«

Wir sehen zu den Inseln hin und schweigen. Luv schraubt ein Teleobjektiv in ihre Kamera und geht den Pfad zum Meer hinunter.

»Wo willst du hin?« fragt Rima.

»Zu dem Baum«, sagt Luv. »Ein Foto machen. Ein Foto dieses Baumes machen, von dem die Seelen sich ins Wasser gleiten lassen.«

AUF UNSEREM ERDBALL gibt es ein Land mit Felsen, die im Wasser brodeln. Ich schließe meine Notizen ab. In einem Holzhaus über einer schönen Bucht. In einem Land, von dem uns Ozeane trennen. Auch ein paar Kontinente sind zu überqueren bis zu zwei Inseln hin, die tief unter dem Äquator sind. So weit am Rand der Welt liegen diese Inseln, daß ihre Bewohner sagen: »Wenn wir vom Erdball runterpurzeln, merkt ihr das da oben nicht einmal.«

*Allgegenwärtige Symbolfiguren der Maoris auf der Nordinsel.*

HIVA OA

*Nicht einmal der Tod bringt Endgültiges zustande.*

Plötzlich war da dieser kalte Wind. Ich ging an den Hauswänden der Rue de Chateaubriand entlang und sagte mir, daß es in Paris jedes Jahr so geht: Mittags ist noch Herbst und du siehst dem Regen zu, wie er Blätter und Zeitungen auf dem Pflaster aufweicht, doch am gleichen Abend biegst du bei der Rue Washington um die Ecke und der Wind schlägt dir eisig einen ins Gesicht, und da weißt du dann, daß es Winter ist.

Mein Zuhause damals war eine kleine Wohnung im Lord Byron. Wer mich besuchen wollte, mußte an den Blicken des Concierge vorbei, dann über einen kleinen Hof, und in dem Haus dahinter lagen schließlich meine beiden Zimmer. Die Fenster gingen auf einen schmalbrüstigen Platz mit einer langen Reihe Lindenbäume hinaus, und wenn windgepeitschter Regen die Blätter von den Ästen riß, sah der Platz aus, als hätte einer ihn gemalt. Einer von diesen ungerühmten Malern oben an der Place du Tertre.

Das Lord Byron machte nicht viel von sich her. Es nannte sich nicht einmal Hotel, sondern Residence, und seine Rue de Chateaubriand war eine enge Straße, die nur um sechs Uhr morgens lärmte, wenn die Müllmänner ausgeleerte Tonnen in die Hauseingänge warfen. Der Concierge vorn bei der Tür war ein Pensionär, mit einem Ordensband im Knopfloch und endlosen Geschichten aus dem Senegal. Manchmal haben wir beide nachts an seinem Pult ein Bier getrunken, und aus Dankbarkeit für solche Unterbrechung seiner Einsamkeit hat er in den Vorraum zu meinem Badezimmer einen Eisschrank hingestellt. Später sind noch Töpfe und eine Kochplatte dazugekommen, aber einen Mann, der gerne kocht, hat das aus mir in meinen jungen Jahren nicht gemacht. Zum Frühstück bin ich lieber ins Bistro Ecarté gegangen, weil sie da einen starken Espresso hatten, mit Croissants warm aus dem Ofen, und nach einem langen Drehtag im Studio von Biancourt, spät am Abend, habe ich mich bei Alexandre in der Avenue George V. an einen schön gedeckten Tisch gesetzt. Ein Blatt in meinem Tagebuch

*Hardys Südsee-geschichte mit ihren rätselhaften Verstrickungen beginnt im Paris der sechziger Jahre.*

sagt dazu lapidar, der Teufel solle die Dosen jener ungeliebten Küche zwecks Aufwärmung in seine Hölle holen.

Das Alexandre war ein guter Platz zum Abends-da-so-Sitzen, hinter seinen weiten Fenstern, und den Leuten an der Ampel zuzusehen, wenn der Wind den Männern an den Mänteln riß und den Frauen unter ihre Röcke wollte. Alles Gekünstelte der Stadt war mit einemmal davon. Der kalte Wind hatte sogar die Eleganz davongejagt.

Der Oberkellner stellte den Wein vor mich hin, den ich an jedem Abend trank. Blanc de Blanc. »Nichts ist mehr so, wie es noch heute morgen war«, habe ich zu ihm gesagt. »Heute morgen ist noch Herbst gewesen.«

Der Mann hat gelacht. »Es muß daran liegen, daß Sie Künstler sind«, sagte er, »andere Gäste reden nicht wie Sie.« Dieser Maître d'Hotel, wie sie bekanntlich in Paris den Oberkellner nennen, ist immer gut zu mir gewesen. Seit meinen ersten Tagen in der Stadt, als ich auf der Suche nach Arbeit war, in einem guten Film, und er sein Deutsch an mir versuchte. Es war ein hartes Deutsch, das er in Treblinka hatte lernen müssen. An seinem Handgelenk war die Nummer des Lagers tätowiert. Als ich die dünnen schwarzen Zahlen sah, hat er mein Erschrecken mit einer kleinen Geste weggewischt. Ganz gelingen konnte ihm das nicht. Er hat das sicher auch gewußt. Berührt haben wir das Thema seit dem Tag nur noch selten. Sein Name war Monsieur Henri. Ich habe nie gehört, daß ihn einer einfach Henri nannte. Ihn nur mit seinem Vornamen anzusprechen, wäre keinem in den Sinn gekommen bei diesem Mann, der aus Warschau, aus dem Ghetto, kam.

Oft stand er in seiner weißen Smokingjacke neben mir. An jenem naßdunklen Abend ebenso. Wir schwiegen. So wie meist, wenn wir auf das Treiben vor dem Fenster sahen. Später deutete er mit dem

Kopf nach draußen. »Da kommt er jetzt«, sagte er, »Ihr Monsieur Ventura.«

Drüben, bei Fouquets, kam Lino aus der Tür. Er hastete an den Champs-Élysées entlang und mußte an der Ecke warten. Die Ampel blieb eine ganze Weile rot. Die Leute um ihn herum hatten ihre Rücken in den Wind gedreht und beugten sich nach vorn. Ich sah Lino zu, wie ihm das zu lang wurde da drüben und er plötzlich zwischen den Autos hindurch über die spiegelnde Straße lief. Monsieur Henri nahm ihm den Trenchcoat ab. Er hielt das nasse Ding weit von sich, als er es nach hinten trug.

»SALUT, MON POTE«, sagte Lino, »ich kann nicht lange bleiben.« Ein paar Gäste am Nebentisch sahen ihn überrascht an und tuschelten sich seinen Namen zu.

»Ich weiß«, sagte ich. »Ihr fahrt heute nacht noch los. In die Bretagne.« Seine Frau hatte es mir erzählt. Vorhin. Am Telefon. Lino hat eine Frau mit einem klaren Gesicht. Ich weiß nicht, wie ich es anders sagen soll. Ein klares Gesicht. Und ein ruhiges Wesen. Ich überlegte, ob es wohl an der Frau liegt, daß bei ihm zu Hause alles richtig ist. Ruhig. Mit Verständnis. Klar. Eben richtig. Mit der Frau. Und mit den Kindern. Und ich dachte, wie das falsch gelaufen war bei mir, mit allen. Aber irgendwann werde auch ich die gleiche Art von Mädchen treffen. Eine mit so einem klaren Gesicht.

»Deine Frau hat hier angerufen«, sagte ich dann, »jetzt eben erst, weil du bei Fouquets aufgehalten worden bist. Und ich soll dich nicht zu lange hier behalten, hat sie noch gesagt, weil eure Kinder sie schon verrückt machen wegen eurer Autofahrt.« Ich schob ihm mein Glas rüber. Er nahm einen Schluck und ließ den Wein im Mund rumlaufen, prüfend, so im Kreis, bevor er ihn gut genug zum Trinken fand. Monsieur Henri wollte ein Glas für Lino holen, aber weil der ja noch die halbe Nacht den Kutscher machen mußte, winkte er mit einem Lächeln ab. Es war dieses ganz besondere Lächeln, das die Leute an Lino liebten, das mich aber eher traurige Gedanken denken ließ. Denn tief in diesen runden, dunklen Augen saß beständig eine Art Bedauern. Oder jedenfalls wollte mir das so scheinen: Das Lächeln lief nur um den Mund. Aus den Augen sprach das Gegenteil. Verwunderung. Bedauern. Traurigkeit.

Es war in diese Gedanken hinein, daß Monsieur Henri eine Frage stellte und von Lino eine Antwort kam, die für mein Leben

Konsequenzen haben sollte. Nicht sofort, erst zwanzig Jahre später, und keiner von uns hat das an dem Abend wissen können, aber die Frage löste jenen Zeitmagneten aus, an den ich später glauben sollte. Eigentlich ist es eine Feststellung von Monsieur Henri gewesen, in der ungläubige Anteilnahme steckte. »Was sagen Sie dazu, cher Monsieur«, meinte er, »im France Soir steht zu lesen, daß Jacques Brel aufhören will.« Er sah Lino fragend an.

»Es ist wahr«, antwortete Lino und sah eine Weile aus dem Fenster. »Brel kehrt auf keine Bühne mehr zurück.«

»Das ist doch nicht möglich!« Ich wußte nicht, ob ich das glauben sollte.

»Er hängt alles an den Haken.«

»Aber er wird doch weiter seine Gedichte schreiben«, sagte Monsieur Henri, »und seine Lieder komponieren.«

*Der belgische Dichter und Sänger Jacques Brel auf der Bühne des Olympia.*

Lino schüttelte den Kopf. »Nichts mehr. Kein Wort mehr. Keine Lieder. Keine Bühne. Nichts.«

»Nichts?«

»Nur Schweigen.«

»Cher Monsieur«, sagte der Oberkellner, »Sie sind sein bester Freund. Alle Welt weiß, daß Sie sein bester Freund sind. Sie sollten mit ihm reden.«

»Ich habe mit ihm geredet«, sagte Lino. »Nächtelang.«

»Und er läßt sich nicht umstimmen?«

»Er findet, daß er ein Recht darauf hat zu leben.«

»Zu leben?«

»Er selbst zu sein.«

»Vielleicht ist das gut für ihn«, sagte Monsieur Henri. »Für uns hingegen ist es schrecklich.«

»Du wirst sehen«, sagte ich zu Lino, »er macht nur mal ein Jahr Pause. Dann wird ihm das zu langweilig und er schreibt weiter.«

Lino sah mich lange an. Dann schüttelte er den Kopf.

*Zwei Freunde. Jacques Brel und Lino Ventura.*

»Ich sehe ihn noch vor mir«, sagte Monsieur Henri, »wie er das erstemal in Paris aufgetreten ist, dieser ungehobelte junge Mann aus Belgien, mit seinem starken Akzent, aber mit seinen ungewöhnlich dichterischen Worten.«

»Ja«, nickte Lino. »Ich habe ihn noch gekannt, als er in schummrigen Bars aufgetreten ist. In Belgien hatte er sich unbeliebt gemacht. Bei den Flamen.«

»Ich weiß«, lächelte Monsieur Henri, »wegen ›Les flamandes, les flamandes‹. Oh ich kann das Lied noch immer hören, bei seinem ersten Auftritt in Paris. Wie ein verächtlicher Trommelwirbel ist das gewesen, ›Les flamandes‹, im Olympia, auf dieser dunklen Bühne, und der schmalbrüstige junge Mann hat da ganz allein gestanden mit seinen brennenden Augen und den schneeweißen großen Händen, die alles unterstrichen haben, was er sang. Es sind die Hände eines Pantomimen, doch wenn er dieses Liebeslied an seine Heimat singt…«

»Le plat pays«, unterbrach ihn Lino, »sein Lied vom flachen Land mit Kirchtürmen anstatt Bergen und einem Wind, den er ›die blonde Frieda‹ nennt.«

Ich hörte den beiden zu und lief im Geiste ins Olympia, und ich hörte Brel und seinen Liedern zu, die viel vom Sterben sprachen, von Untreue, von Priestern, von Freundschaft und vom Schweigen. Ich hatte ihm immer mal die Hand schütteln wollen, und einmal bin ich auch hinter die Bühne gegangen, aber in dem Korridor stand er verschwitzt in einer Menschentraube, die ihn hat unerreichbar werden lassen. Ich muß wohl die Schultern fallen gelassen haben, wie das einer vorm Davongehen resigniert so

*Programmhefte zu einigen von Hardys französischen Filmen.*

macht, und da hat er zu mir hergesehen und einen Gruß rübergewinkt, mit seiner großen weißen Hand.

Als ich meine Gedanken zurückholte, zurück ins Alexandre, fand ich mich allein mit Lino. Monsieur Henri nahm an einem anderen Tisch eine Bestellung auf.

»Du hast immer gewollt, daß Brel und ich uns kennenlernen«, sagte ich.

»Das wäre gut gewesen. Für uns drei.« Er holte Luft in seine Lungen und stieß sie seufzend wieder aus. »Aber es ist so gekommen, wie es bei uns häufig geht: Wenn Brel im Olympia gesungen hat, war ich einen Film in Nizza machen, und kaum war ich wieder in Paris, bist du nach Kalifornien geflogen. Wir haben einen Beruf, der Menschen auseinanderführt.«

»Ja«, sagte ich. »Ist wohl so.«

Lino wischte sich über die Stirn. »Soll ich dir mal erzählen, was dieser Brel jetzt machen will?«

»Erzähl mal.«

»Wenn ich es dir erzähle, hältst du mich für verrückt.«

*Ein Schnappschuß aus dem Besitz der Familie Brel. Jacques war ein begeisteter Flieger.*

»Was will er machen?«

»Fliegen.«

Ich mußte lachen. »Aber hör mal, das tut er doch bereits seit Jahren!«

»Schon. Einmotorig. So als Sport, genau wie du. Aber jetzt will er mit dieser verdammten Fliegerei sein Geld verdienen. Verstehst du, was ich sage?«

»Nein.«

»Er ist in der Schweiz gewesen. In Genf. Hat seinen Schein gemacht, als Berufspilot! Und will jetzt wildfremde Leute durch die Luft kutschieren!« Lino schüttelte den Kopf. »Du mußt dir das mal vorstellen: Da sitzt ein Mann rum, auf dem Flugplatz, mit einem Gesicht, das jeder Schweizer kennt, hängt in der Pilotenlounge herum, und wenn einer kommt und will geflogen werden, macht Brel für ihn den Kutscher.«

»Das ist allerdings...«

Lino beugte sich über den Tisch. »Écoute, der Mann ist ein Genie! Nicht einfach nur so ein Sänger im Varieté, sondern ein Dichter! Und gibt das Schreiben auf! Kutschiert lieber andere Leute durch die Luft! Gegen Geld!«

Eine Weile schien er wieder den Leuten an der Ampel zuzusehen. Ich ließ ihm Zeit. Er hatte in seinem Kopf so einiges zu ordnen.

»Jetzt weiß ich es«, sagte er plötzlich, überraschend laut, »jetzt weiß ich, wie wir vorgehen!«

Ich sah ihn fragend an.

»Du machst nur noch deine Arbeit fertig in Biancourt, und dann gehen wir nach Genf. Wie von ungefähr schlendern wir in seine Pilotenlounge und sehen ihn uns an, wie er da sitzt in seinem weißen Fliegerhemd mit den goldenen Streifen.«

»Und dann?«

»Und dann sagen wir, ›Mon jeune bonhomme, nun fliegen Sie uns mal nach Marseille, wir wollen da nämlich eine Bouillabaisse zu uns nehmen‹, und dann setzen wir uns hinten rein in seine Kiste und bestehen auch drauf, daß er seine Dienstmütze aufbehält, und ab und an schnalzt du mal mit der Zunge, weil Brel ja weiß, daß du auch einer von diesen Piloten bist, und da tust du dann eben so, als würde er was ganz gefährlich Falsches machen, und an der Stelle singe ich dann mit Angst in der Stimme ›Plus près de toi mon dieu‹!«

»Herrlich! Wenn du ›Näher mein Gott zu dir‹ singst, fällt er vor Lachen aus dem Flugzeug!«

DAMALS, AN DEM NASSDUNKLEN WINTERABEND bei Alexandre haben wir das für einen guten Plan gehalten und haben auch geschworen, daß wir es so machen werden, aber wir haben es nicht gemacht. Es ist nicht dazu gekommen, daß wir nach Genf gegangen sind.

*Eine Freundschaft, die bei Dreharbeiten begann. Der französische Film »Taxi nach Tobruk« wurde wegen seiner scharfen Verurteilung jedweder Kriegstreiberei zum Welterfolg. Lino und Hardy erhielten dafür den großen Filmpreis von Frankreich.*

Jahre später war da wieder einmal dieser kalte Wind. Viele Jahre später. Ich war lange von Paris fort gewesen. Wir standen in Linos Haus über der Porte Saint Cloud und sahen in den hohen Winterhimmel.

»Weißt du eigentlich«, habe ich ihn erinnern wollen, »daß wir noch immer nicht unseren Schwur eingelöst haben, nach Genf zu fliegen und Jacques Brel zurückzuholen«

»Zu spät«, sagte Lino. Er sah mich nicht an. »Für Brel ist es jetzt zu spät.« Er steckte seine Hände in die Hosentaschen. »Es ist etwas eingetreten, das...« Er sprach nicht weiter und begann in einem großen Kreis durch das Zimmer zu gehen. Ich ließ ihm Zeit. Schließlich brachte er den Satz zu Ende. »Die Ärzte sagen, daß Brel jetzt sterben muß.«

Ich sah ihm auf seinem Weg im Kreise zu und lief meinen eigenen Gedanken hinterher, die zu offenen Gräbern hin gegangen waren.

Es sind ungewöhnlich viele Gräber gewesen, vor denen ich gestanden hatte. An jenem Tag in Linos Haus über der Porte Saint Cloud bin ich noch sehr jung gewesen, aber ich hatte schon vor vielen offenen Gräbern gestanden.

Lino sagte: »Du bist lange fort gewesen. In den Staaten liest du sicher nicht viel über Brel.«

»Außer in New York«, sagte ich. »Aber ich habe jetzt länger an der anderen Küste gearbeitet.«

»Brels Spaß an der Fliegerei hat nicht lange angehalten«, sagte Lino. »Er hat damit aufgehört. Jacques ist krank geworden. Doch das ist nicht der Grund gewesen. Es war die Presse, die ihn aus Genf vertrieben hat. Er hatte keine Ruhe mehr. ›Jacques Brel, der Flieger‹. Sie haben sich nicht sattschreiben können daran.«

»Damit hat er rechnen müssen«, gab ich zu bedenken. »Denn die Presse ist schon immer sein Fluch gewesen. Über die Frauen im Leben des Jacques Brel schreibt sich's leichter als über seine Arbeit.«

*Brel erkrankte an Lungenkrebs. Als die Ärzte ihm keine Hoffnung ließen, machte er sein Kapitänspatent und segelte in die Südsee. Ebenso wie Gauguin verbrachte er die letzten Jahre seines Lebens auf Hiva Oa. (Privatfoto aus Familienbesitz. Drei Jahre vor seinem Tod entstanden.)*

Lino blieb stehen. Ich glaube, daß er gelächelt hat. »Die Frauen im Leben des Jacques Brel«, sagte er dann und schüttelte den Kopf. »In ihrer Nähe wirkt er unbeholfen. Und doch gibt es keinen von uns, der so intensiv mit Frauen lebt wie er. Niemals siehst du ihn allein. Ständig sind Frauen um ihn herum. Mit seinen drei Töchtern fängt das ja schon an.« Er lachte. »Drei an der Zahl, wirklich wahr! Und dann ist da Miche, die ihn vor Ewigkeiten schon geheiratet hat und die sich auch niemals von ihm trennen wird, obgleich er sie mit den Töchtern weiterhin in Brüssel leben läßt und sie ihn in der Zeitung stets mit einer anderen abgelichtet sieht. Meist hat er Maddly neben sich, und du weißt ja, wie die auf Fotos wirkt: ein hübsches Mädchen, Tänzerin, mit dunkler Haut. Ich glaube, daß sie aus Guadeloupe kommt.« Er sah zu mir her. »Höre ich mich an wie Klatsch und Tratsch?«

Ich schüttelte den Kopf. Er hörte sich eher hilflos an. Besorgt um den Freund, dem er nicht helfen konnte. Und ich sagte ihm das auch.

Er nickte bedächtig. »Brel und seine Maddly. Ein begabtes Mädchen. Gute Tänzerin. Und auch klug. Manchmal zog sie sich zurück, weil sie ihm die Stille schaffen wollte, die er für sein Leben sucht. Die Stille um ihn herum. Das Schweigen über ihn. Aber daraus ist nie etwas geworden. Kaum war Maddly fort, haben die Kolumnisten wilde Geschichten über Brel und seine Einsamkeit geschrieben.«

»Und über seine Fliegerei.«

Lino nickte. »Und über seine Fliegerei. Über die Stunden vor dem Start. Ebenso wie über die danach. Über die Stunden seines Lebens. Ich glaube, daß er daran zerbrochen ist. An seiner Berühmtheit. An der ständigen Verfolgung. An den Bildern in der Zeitung, die ihn müde zeigen. Trunken. Nachts. Von Zigarettenrauch umhüllt. Vor dieser Art von Dasein hat er flüchten wollen. Es ist eine

*Südseezauber: Bora Bora.*

Flucht in die Stille geworden.« Er dachte nach. »Falls es sowas gibt wie Stille auf dem Meer.«

Er konnte sehen, daß ich ihn nicht verstand. »Brel hat sich ein Segelschiff gekauft, die *Askoy*, so an die achtzehn Meter lang, und damit ist er dann auf den Atlantik raus.«

Ich dachte, daß dieser Brel aus lauter Überraschungen für mich bestand. »Ich wußte gar nicht, daß Brel Segler ist.«

»War er bis vor kurzem auch noch nicht«, sagte Lino. »Deshalb ist er erst mal wieder auf die Schulbank, hat das Kapitänspatent gemacht. Maddly hat er auch ausbilden lassen, und erst dann ist er auf den Atlantik raus.«

»Die beiden ganz allein?«

»Nein. Seine Tochter France ist mit dabeigewesen.« Er lachte. »Ich sag dir's ja: Ohne Frauen kann dieser Brel nicht sein.«

»Wohin sind die drei gesegelt?«

»Weiß nicht genau. Ich glaube, bis hin zum Panamakanal. France sagt, sie haben sich gut verstanden, alle drei, aber dann hat sie mitansehen müssen, wie ihr Vater krank geworden ist. Mit Schmerzen auf der Brust und Blutstürzen, und das ist das Ende gewesen von dieser Fahrt. Brel ist zurückgekommen. Hat sich untersuchen lassen. Hat sich sein Todesurteil angehört.«

Er machte eine Pause. Ich wußte nichts zu sagen. Als Lino weitersprach, überraschte mich die Sachlichkeit in seiner Stimme. »Lungenkrebs. Das ist der Befund gewesen. Sie haben ihn unverzüglich operiert. Eine Lunge mußte raus. Die eine Seite, ganz und gar. Jacques hat gefragt: ›Wie lange noch?‹, und sie haben ihm gesagt: ›Zwei Jahre. Wenn es gut geht, drei.‹«

»Merde«, sagte ich.

»Ja«, sagte Lino. »Merde.«

In dem Zimmer war es still. Für eine lange Zeit.

»Weißt du, Lino, ich hab mich oft gefragt, was du wohl machst, wenn dir ein Arzt sagt, allenfalls drei Jahre noch.«

»Ich glaube«, sagte er, »das fragt sich jeder.«

»Und was hat Brel gemacht?«

»Er ist sterben gefahren. Mit seinem Segler.«

»Allein?«

»Mit Maddly. Nach Polynesien. Auf eine Insel. Ganz weit weg. Wo ihn keiner finden kann. Zu einem Archipel längst vergessener Inseln.«

»Welche Inseln?«

»Les Marquises.«

»Kenn' ich nicht.«

»Siehst du, du kennst sie auch nicht, diese Marquesas-Inseln. In der Südsee liegen die. Gehören zu Frankreich. Hast du tatsächlich nie davon gehört?«

»Nie.«

»Eine davon ist ganz berühmt. Hiva Oa.«

»Warum ist die berühmt?«

»Paul Gauguin liegt da begraben.«

»Ich dachte, Gauguin liegt in Tahiti.«

»Das denkt jeder, in Tahiti, denn da hat er diese tropischen Bilder gemalt, doch die letzten drei Jahre seines Lebens hat er auf Hiva Oa zugebracht, und da liegt er auch begraben.«

»Ich hätte wetten können...«

»Ich auch. Bis der Brief von Brel gekommen ist. Er hat vor Hiva Oa geankert, unter einem Dorf, das Atuona heißt, und in dem Ort

*Die schwarze Lavabucht von Atuona. Gauguin malte dort seine letzten Bilder. Brel ging dort zum letztenmal vor Anker.*

hat er sich ein Haus gemietet, so eine kleine Hütte, und ein Stück weiter die Straße rauf am Haus von Brel vorbei ist der Friedhof, und da liegt Gauguin begraben.«

»Und deshalb ist er hingefahren? Weil Gauguin auf Hiva Oa begraben liegt?«

»Weiß nicht«, sagte Lino.

»Vielleicht weiß er's ja selber nicht«, sagte ich.

»Möglich. Wenn du Brel fragst, weiß er es sicher selber nicht, warum er zu Gauguin gefahren ist.«

»Hör mal«, sagte ich, »wir könnten ihn besuchen.«

Er sah mich von der Seite an.

»Laß uns hinfahren, Lino, weil wir ihm den Spaß mit Genf ja nicht gemacht haben.«

Lino dachte nach. »Vielleicht will er ja alleine sein.«

»Beim Sterben?«

Er nickte.

»Kann auch anders sein«, gab ich zu bedenken. »Kann auch sein, daß er's gut findet, wenn er mit seiner Angst nicht ganz alleine ist.«

»Mit seiner Angst vorm Tod?«

»Nein. Mit der Frage, ob er seine Energie verschwendet hat. Ohne nachzudenken. Weggeschenkt. Und mit der Sorge, ob ihm für das nächste Leben von der Energie noch genügend übrig bleibt.«

DANACH HABEN WIR ÜBER UNSEREN PLAN nicht mehr gesprochen. Für mich begann damals ein neues Leben. Auf einer Farm in Afrika. Lino ist in seinem Paris gewesen. Für den Mann am Kilimanjaro war Paris weit weg.

Am Ende einer jeden Woche kam ein Paket mit Zeitungen zu mir in den Busch. Schon beim Absenden sind sie gut eine Woche alt gewesen. Doch was in Europa alt war, ist für den Afrikaner neu. Zeit ist ein Begriff, den er mit endlos übersetzt. Und mit allem, was vorübergeht.

Den Tod von Brel habe ich durch ein solches Paket alt gewordener Zeitungen erfahren. Ein paar Freunde hatten ihn begraben. Auf seinen Wunsch hin im Südpazifik. Bei Gauguin.

Ich sagte mir, das ist es also jetzt. Das ist das Endgültige an unserem Plan: Wir haben Brel zweimal im Stich gelassen. Einmal in Genf. Und dann auf seiner Insel bei dem Maler. Dann sagte ich mir, endgültig kann das gar nicht sein. Weil es das Endgültige nicht gibt.

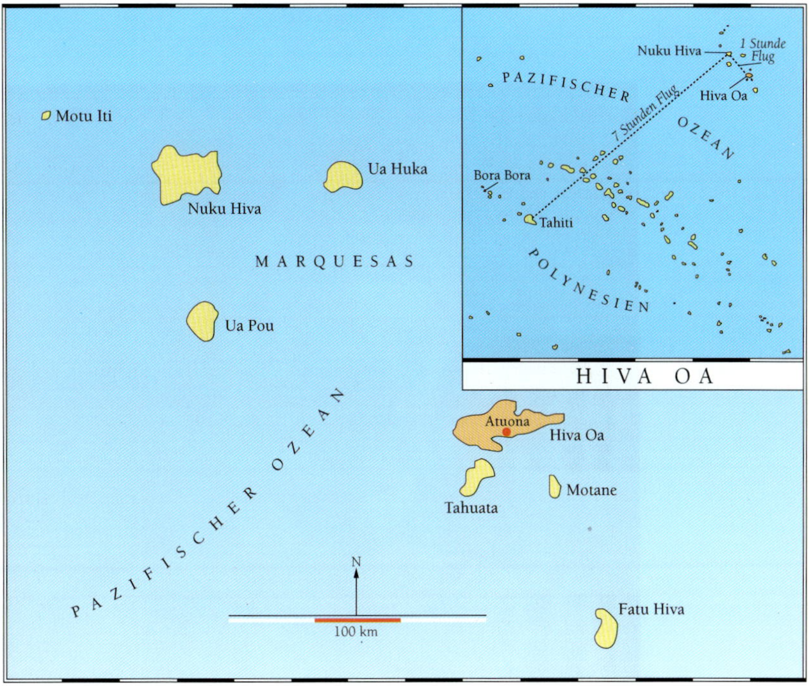


Nicht einmal der Tod bringt Endgültiges zustande. Weil er das, was wir gewesen sind, nicht von uns nehmen kann. Gedanken nicht. Auch nicht die Bilder von Gauguin. Oder die Lieder des Jacques Brel. Ohne Ende gültig ist allenfalls die Zeit.

ES IST IM GLEICHEN SINNE ZU VERSTEHEN, wenn ich sage: Als die Zeit gekommen war, bin ich zu Jacques Brel geflogen. Zu diesen Inseln, an die so gut wie niemand denkt. Und die oft nur schmalfingrige Atolle sind. Tief in der Südsee, zwischen 8 und 10 Grad unter dem Äquator, bei Längengrad 140 West wie Steine achtlos in das Meer gestreut. Die Inseln haben Namen wie Tahu Ata, Rangiroa, Ua Pou. In den Jahren, als Gauguin hier lebte, fuhren Küstenschoner ihre Häfen an. Das waren wochenlange Fahrten, doch auch für mich, ein Jahrhundert später, ist es ein langer Weg gewesen. Selbst

Paul Gauguin. Selbstbildnis. Der Maler liegt auf Hiva Oa begraben.

von Tahiti waren es noch an die sieben Stunden Flug. Zweimotorig. In einem Flugzeugtyp, den ich nicht kannte. Am Rumpf stand in bunter Schrift »Air Polynésie«, und von den achtzehn Passagieren bin ich der einzige Fremde an dem Tag gewesen. Die sieben Stunden gingen von Papeete mit Kurs Nordost zu einer Insel hin, die Nuku Hiva heißt. Ihre Landebahn lag vor Felsen in einem goldverdörrten Gras. Sie war kurz und endete im Meer. Ab und an schlug eine Welle zu der Piste hoch. Hinter dem Kontrollturm gab es ein Gebäude, das nach drei Seiten offen war. Tische standen unter diesem langgestreckten Dach verstreut, Stühle, eine alte Waage für Fracht oder Passagiergepäck und schließlich noch ein Hund. Der Pilot stellte einen der Motoren ab und rollte mit der Kraft des anderen seine Maschine vor das lange Dach. Wie ein geheimes Zeichen tauchten aus einer Senke Autos auf. Alte Citroëns. Pritschenwagen. Vierradangetriebene. Sie holperten über einen roten Sandweg zu dem Flugplatzgebäude hin. Die Leute hinter den Steuerrädern machten den Eindruck von Bauern. Südseebauern. Stämmig. Und mit dunkler Haut. Auch die Passagiere waren von der gleichen Art. Nur einer unter den Männern sah nach französischem Kolonialbeamten aus.

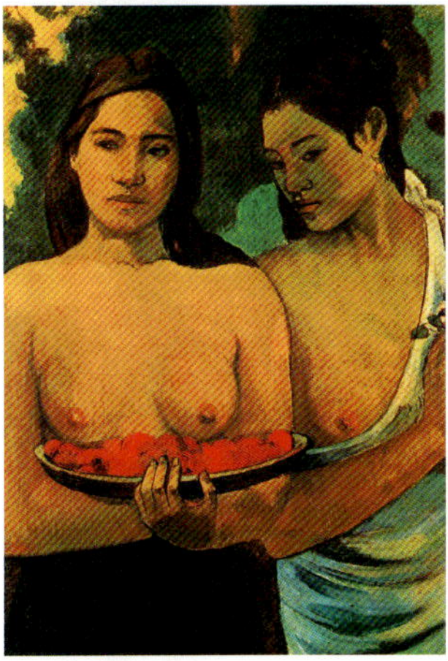

*Vahine der Inseln. Fast unverändert. Bis heute.*

Der Mann vom Turm stieg die steile Treppe nach unten und stellte sich zu den Passagieren. Die Leute gingen fröhlich lärmend unter dem langen Dach hindurch, kletterten in die Autos, warfen ihre Taschen auf die Pritschen der Kleinlaster und starteten die Motoren. Der ganze Spuk verschwand ebenso schnell in der Senke, wie er aus ihr gekommen war. Nur ein Citroën blieb noch zurück. In der Tür lehnte eine Insulanerin, die in ein leuchtend rotes Tuch gekleidet war. Sie trug eine Blüte im Haar, die von der gleichen roten Farbe war. Ihr Haar war schwarz und hing weit über ihren Rücken hinweg. Sie schien mir einem Bild von Gauguin entstiegen. Der Name für diese Mädchen ist Vahine gewesen, in seinem Buch »Noa Noa« hat er sie so genannt, und auf seinen Bildern hat er sie meist nackt gemalt. Gauguin ist ganz vernarrt gewesen in ihre kräftigen Körper. Und in ihre goldene Haut.

Als das Mädchen bei dem Citroën meinen Blick bemerkte, lächelte sie mich an. Ihr Gesicht war grob und breit. Die Schönheit der Frauengesichter bei Gauguin konnte ich in ihr nicht wiederfinden. Der Pilot ging zu ihr hin, gab ihr einen langen Kuß und ließ sich von ihr davonfahren. Sein Flugzeug blieb einsam vor dem langen Dach geparkt. Es wurde für den Rückflug wohl erst am nächsten Tag gebraucht.

*Blüten der Inseln. Auch sie erinnern an Gauguin.*

Aus dem Schatten kam der Hund heran, den ich vorher schon bemerkt hatte. Er sah zu mir hoch. Von dem Dach hinter ihm hingen Blüten in allen Farben, Rot, Weiß, Gelb, Lavendel, und sahen wie Orchideen aus. Die Vahine des Piloten hatte eine solche Blüte in ihrem Haar gehabt.

Ich setzte mich an einen der Tische und holte meine Fliegerkarten aus der Bordtasche, die voller Ölflecke und Risse war. Der Kurs zu Brels Insel hin ging, grob gesprochen, nach Südost. Die Flugzeit würde so an die 50 Minuten sein. Ob auf dem Flugzeug für mich Platz sein würde, hat mir auf Tahiti keiner sagen können. Meiner Berechnung nach müßte die Maschine in vier Stunden kommen. Oder fünf. Wenn sie kommt. »Bei Motorschaden«, hatten sie mich auf Tahiti gewarnt, »repariert der Pilot die Sache selbst. Das kann manchmal Tage dauern.« Ich sah mich um und sagte mir: »Tcha. So ist das also hier. Ein Mann. Ein Hund. Viel Zeit. Und etwas Wind aus Ost.«

Übrigens blieb die Frage offen, wo ich auf der Insel die Nacht verbringen sollte, denn da drüben gab es kein Hotel. Außer Weltumseglern kam dort kaum jemand vorbei. Auf dem Flug von Papeete her hat mir der Pilot gesagt, »Versuchen Sie es auf gut Glück. Vielleicht legt Ihnen einer 'ne Matratze in die Küche.«

Ich mußte mich also fragen, warum willst du überhaupt dorthin? Vom Meer her kam ein leichter Tropenwind. Ich sah zu den Wellen hin und sehnte mir Hiva Oa an den Horizont herbei. Meine Gedanken wanderten zu wunderbaren Farben, und Bilder wurden antastbar: Bizarre Felsen. Palmen. Pferde. Schatten. Blüten. Frauen. Frauen. Frauen. In Gold. In Rot. In Blau. Farben aus einer anderen Welt. Farben aus der Welt des Paul Gauguin.

MIT DEN FARBEN KAM DIE FRAGE DES ›WARUM‹ für diesen Flug zurück, und hätte ich mich das gleiche in der Sachlichkeit meiner frühen Jahre in Paris gefragt, wäre die Antwort anders ausgefallen. Beim Warten auf das Flugzeug aber, allein mit einem Hund vor einem teergedeckten Pistenrand, kam der Gedanke in mir auf, den ich ganz am Anfang dieser Geschichte aufgeschrieben habe. Ich sagte mir: »Es ist der Zeitmagnet. Irgendwann einmal entscheidest du, daß du hinwillst zu diesem Brel, und Jahre später, wenn du es selbst schon nicht mehr weißt, holt dich so ein Magnet über diese ganze lange Zeit hinweg zu ihm.«

DAS WARTEN IST MIR LANG GEWORDEN. Mein Freund, der Hund, schlief die ganze Zeit. Einmal stand er auf, sah zu mir hoch, streckte sich mit Gähnen und stakste durch das goldverdörrte Gras. Ich nahm die Dinge aus meiner Bordtasche, die ich auf solchen Flügen immer bei mir habe: eine Tropendose Brot, eine Dose Camembert, Rotwein und ein Buch. Ich hatte alles in der Rue Cardella gekauft, die hinter dem Hafen von Papeete liegt. Das Buch war für Schüler der oberen Klassen am Lycée und behandelte die Geschichte der französischen Besitzungen in Polynesien. Es hatte schöne Farbabbildungen und war in der Sprache schlicht gehalten.

*Auf dem Weg zu Gauguin und Brel.*

Soweit es um die Marquesas ging, war die Information recht dürftig. Die graue Vorzeit, so hielt das Geschichtsbuch fest, war noch immer ungeklärt. Die Inseln schienen anfangs unbewohnt. Einige Historiker glauben, daß die ersten Menschen ungefähr 1000 Jahre vor unserer Zeitrechnung aus Südostasien gekommen sind. Andere sagen, die ersten Siedler seien aus Tonga oder Fiji hergesegelt. Thor Heyerdahl hingegen schreibt, die Leute stammen von den Osterinseln. Jene Tikis, die auf allen Inseln stehen, seien für ihn eindeutiger Beweis, weil sie den weltberühmten Tikis auf den Osterinseln gleichen.

Der erste Europäer hat 1595 hier geankert: Der spanische Seefahrer Alvaro de Mendana auf der Suche nach dem sagenumwobenen südlichen Kontinent Terra Australis Incognita. Zu Ehren seines Vizekönigs, des Marqués de Mendoza, hat er den Archipel »Las Marquesas« genannt. Der nächste Europäer ließ lange auf sich warten: Erst anno 1774 stieß Captain Cook auf diese Inseln. Anschließend nahmen Amerikaner und Engländer abwechselnd die Inseln in Besitz, Walfänger haben Stützpunkte errichtet, und schließlich wurde 1842 das ganze Gebiet ein französisches Protektorat. Viel zu holen gab es hier für eine Kolonialmacht jedoch nicht. Kopra höchstens, Muscheln oder kunsthandwerkliche Arbeiten der Ureinwohner. Inseln, die Merkantiles nicht zu bieten haben, werden von der Welt vergessen. Daß die Marquesas trotzdem in Erinnerung geblieben sind, ist nicht Handelsleuten, sondern Künstlern zu verdanken: Melville, Stevenson und Paul Gauguin. Der eine hinterließ uns den Roman »Tipi«, der andere »Robinson Crusoe« und der dritte seine Bilder.

AM NACHMITTAG KAM EIN JEEP AUS DER SENKE, der militärisch aussah und von einem Gendarmen in Tropenuniform gesteuert wurde. Der Beifahrer war wie ein Städter gekleidet. Trotz der Hitze hatte er seine Krawatte nicht gelöst, und auch die Weste unter dem Jackett war bis obenhin geknöpft. Die beiden sahen zu mir her. Auf dem Weg zu dem Dach, das als Flugplatzgebäude diente, schienen sie sich über mich zu unterhalten. Der Gendarm stellte einen Koffer auf die Gepäckwaage und fuhr nach einem militärisch korrekten Gruß davon.

Der Zivilist kam auf mich zu. Er war nicht groß, aber stämmig, mit breiten Schultern. Seine braunen Augen erinnerten an die Augen der Südseebauern, mit denen ich hierher gekommen war, aber sonst sah er wie ein Franzose aus. An den Falten im Gesicht konnte ich ablesen, daß er auf die Sechzig zuging.

Als er bei meinem Tisch angekommen war, sagte er: »Bonjour, Monsieur. Es wurde mir mitgeteilt, daß ein Fremder danach trachtet, einen Platz auf der Maschine zu uns nach Atuona zu ergattern.«

»So ist es, Monsieur«, sagte ich. »In der Menge der hier Anwesenden haben Sie den Richtigen erspäht.«

Der Mann lachte. »Es freut mich, Ihre Bekanntschaft zu machen.« Er hielt mir seine Hand entgegen. »Mein Name ist Guy Rauzy. Ich bin der Bürgermeister drüben auf Hiva Oa.«

Der Mann hatte einen Händedruck wie ein Bauer, und ich sagte, daß ich ihm gern von meinem Wein anbieten würde, falls er zufällig ein Glas in seiner Hosentasche hätte. Er nahm auch das lachend hin und meinte dann: »Ich kenne Ihr Gesicht, aber ich weiß nicht, wo ich es hintun soll. Fremde Ihrer Art kommen nur recht selten den weiten Weg in unser Dorf.«

»Sie machen es einem Fremden nicht leicht, zu Ihnen hinzukommen«, antwortete ich, »und wenn er erst mal drüben auf der Insel ist, weiß er nicht mal, wo er sein müdes Haupt hinlegen soll.«

Er nickte verständnisvoll. »Wir wollen es nicht anders haben. Die Menschen bei uns sind zufrieden mit ihrem abgeschiedenen Leben. Sehen Sie, Abgeschiedenheit kann auch als Schutzschild angesehen werden: Weil so kein Einfluß von außen unser Dasein stört. Tourismus zulassen, cher Monsieur, bedeutet den Teufel in unser Haus einladen.«

Er studierte mein Gesicht. Ich wartete darauf, daß er sagen würde, ›ganz ohne Frage halten Sie mich für altmodisch, Monsieur‹, aber er sagte es nicht.

»Fremdenverkehr bringt Geld unter die Leute«, erklärte er nach einer Weile. »Das ist wohl wahr. Aber nur wenn die Leute lächeln. Wer nicht lächelt, geht leer aus. Also verkaufen die Leute ihr Lächeln. Und gewöhnen sich daran. Wir aber wollen das nicht, und haben dabei zuallererst unsere Frauen im Sinn. Wir wollen nicht, daß unsere Frauen ihr Lächeln für Geld anbieten. Denn so ein Lächeln ist lediglich der Anfang. Erst verkauft die Frau ihr Lächeln. Danach verkauft sie ihren Körper.«

Ich gab zu verstehen, daß seine Überlegungen sicherlich zu Recht bestünden, auch anderswo sei ich solchen Gedanken schon begegnet, und faltete die Fliegerkarten auf dem Tisch zusammen, und er sagte: »Wenn Sie bedenken, zwei berühmte Männer hat es während dieses Jahrhunderts in Polynesien gegeben, Gauguin und Brel, und beide habe ich bei mir auf meinem Friedhof.«

Ich nickte und nahm einen Schluck Wein, und Guy Rauzy sagte: »Es steht außer Frage: Sie sind wegen Brel gekommen.«

»Ja«, sagte ich. »Und wie geht es Maddly? Lebt sie noch bei Ihnen auf der Insel?«

Er schüttelte den Kopf. »Nicht mehr. Sie ist noch lange dageblieben, einige Jahre, aber jetzt wissen wir nicht mehr, ob sie wiederkommt.«

Aus der Senke kamen jetzt wieder Autos angefahren.

»Die Leute scheinen zu wissen, daß ihr Flugzeug in Kürze landen wird«, überlegte ich.

»Nein«, sagte Rauzy, »aber sie scheinen es zu hoffen.«

Ich räumte den Rest meiner Sachen vom Tisch und trug die leere Käsedose zu einem Abfallkübel bei der Waage. Ich überlegte, was ich wohl tun müßte, um mitgenommen zu werden auf dem Flug, und fragte das den Bürgermeister. Der Mann ließ sich mit der Antwort Zeit. »Sie verhalten sich nicht so, als wären Sie Journalist«, stellte er dann fest.

»Nein«, lachte ich. »Alles andere als das.«

Ein kleines Lächeln zog sich um die Falten bei den braunen Augen. »Habe ich noch eine Wurf frei?«

»Soviel Sie wollen.«

»Schauspieler.«

»Der Wurf ging ins Schwarze.«

Er nahm die Ellbogen auf den Tisch und stützte das Kinn auf seine Hände. Es waren klobige Hände. Rissig. Sonnenverbrannt. »Sind Sie ein Freund von Brel?«

»Ich habe es seit Jahren sein wollen. Leider bin ich zu spät gekommen.«

»Wir haben uns oft gefragt, wer wohl seine Freunde sind, drüben, wissen Sie, im Mutterland«, sagte der Mann. »Einmal sind wir den Weg hochgegangen zu Gauguin, Jacques und ich. Wir sind zum Friedhof hochgeschlendert, und vor dem Grab hat Brel gelacht und hat gemeint: ›Nun sieh dir das mal an, Guy, da ist Gauguin und hier bin ich, und das macht erst zwei aus der alten Heimat hinterm Meer. Jedoch – wenn du Karten spielen willst, brauchst du dazu den Dritten.‹«

Er sah mich an und wartete. »Diesen Dritten... den hat er immer wieder mal erwähnt.«

Ich habe es nie gemocht, wenn einer ausprobieren wollte, wie leicht er mich das Fürchten lehren kann. »Machen Sie sich keine Sorgen«, sagte ich. »Ich bin gekommen als einer, der ein Grab besuchen will. Ich bin nicht gekommen, mich in ein Grab zu legen.«

Es kamen jetzt noch zwei Autos angefahren, und bei der Waage standen schon ein paar Männer mit Gepäck. Eine Insulanerin wog die Koffer. Sie trug die farbenfrohe Uniform der Air Polynésie. In ihrem Haar steckten keine Blüten.

»Wie ist das,« sagte ich, »Frauen scheinen bei Ihnen wohl kaum mitzufliegen.«

»Oh doch«, meinte Monsieur Rauzy, »wenn sie zum Entbinden in die Klinik wollen, dann schon.«

Es dauerte noch eine geraume Zeit, aber dann hörte ich das Flugzeug kommen.

DER PILOT SPRACH MIT DEM AKZENT eines Mannes, der in Paris geboren ist. Er hatte junge Augen und graues Haar. Sein Flugzeug sah ungewöhnlich eckig aus. Es hatte zwei kräftige Motoren und ein feststehendes Fahrwerk. Am Rumpf stand, daß es eine englische Maschine war, eine Britain Norman.

»Sie gehen um das Ding herum, als wüßten Sie noch nicht, ob Sie sich ihm anvertrauen sollen«, grinste der Pilot.

»Im Gegenteil«, sagte ich, »es liegt mir viel daran, daß Sie mich mitnehmen.«

»Demnach hält die Maschine Ihrer sorgsamen Prüfung stand.« Der Pilot hatte vier goldene Streifen an den Schulterklappen. Ich mochte ihn. Er nahm auf Anhieb für sich ein.

»Es ist den Engländern gelungen, ein rundum eckiges Flugzeug zu bauen«, sagte ich. »Und es wider besseres Wissen in die Luft zu bringen.«

Der Pilot lachte. Er ging zu dem langen Dach und tauchte in den Schatten ein. Die Insulanerin in Uniform hielt ihm die Cargoliste hin. Guy Rauzy stellte sich neben ihn und zeigte mit der Hand auf mich.

»Was ist Ihr Gewicht?« rief der Pilot aus dem Schatten zu mir her.

»Achtzig Kilo«, rief ich zurück. Der Mann nickte und hob den Daumen.

Beim Einsteigen mußten sich die Passagiere zum Aussortieren in einer Reihe vor das Flugzeug stellen.

»Die schweren Kerle kommen auf die vorderen Sitze«, ordnete der Pilot an, »weil ich die Maschine sonst nicht trimmen kann.«

In der Reihe standen fünf Männer. Ausnahmslos Einheimische. Gut die Hälfte schien mir schwergewichtig. Ich stellte mich deshalb als Anwärter auf den letzten Platz ganz hinten an.

*Der Inselpilot Michel Gauthier will nicht wahrhaben, daß Brel gestorben ist.*

»Nein«, sagte der Pilot. »Sie kommen zu mir auf den Copilotensitz.« Er deutete zum Bürgermeister hin. »Guy sagt, daß Sie Jacques' Grab die Ehre erweisen wollen.« Dann gab er mir die Hand. »Ich heiße Michel Gauthier.«

»Michel ist ein enger Freund von Brel gewesen«, sagte der Bürgermeister.

»Nur die letzten Jahre«, sagte der Pilot. »Und nur auf diesen Inseln hier.«

ICH SCHÜTTELTE DIE HAND DES MANNES und dachte daran, wie es mir seit Jahren immer schwerer fällt, an Zufälle zu glauben. Ich zog den Copilotensitz nach vorn und sagte mir, daß die Air Polynésie so an die zwanzig Piloten haben muß, und ausgerechnet dieser eine, der ein Freund von Brel gewesen ist, fliegt dich jetzt zu ihm.

Die Maschine hatte viel Gewicht zu tragen, und der Pilot nahm sich alles von der Startbahn, was es gab, und danach stieg er gemächlich zu den weißen Wolken hoch. Es waren Cumuli, in 3000 Fuß, und sie standen über das ganze Meer verteilt.

Die ersten Minuten nach dem Start flog Michel Gauthier an den schroffen Felsen von Nuku Hiva entlang. Die Luft war bockig und warf uns gewaltig hin und her. »Fallwinde... an den Felsen...«, brüllte der Pilot. »Alles Vulkane gewesen... gut zu sehen...« Die Maschine bebte, und der Lärm von den Motoren schluckte seine Worte weg. »Alle Inseln... ursprünglich Vulkane... zerborsten... vor vielen Jahren... jetzt tot.«

Das war eine grüne Insel, selbst die zerborstenen Felsen waren grün, mit Büschen bewachsen, wo sonst nur Moos auf Steinen wächst. Ein enges Tal lief vom Fuß der Felsen in das Meer. Kokospalmen standen in dem Tal. Eine Landungsbrücke streckte sich ins Meer hinaus. Dann war da noch ein Haus. Einsam unter diesem vielen Grün.

»Kopra...«, brüllte der Pilot, »... getrocknete Kokosnuß... machen Öl daraus... Abtransport mit Küstenschoner.«

Die Insel blieb zurück, und in der nächsten halben Stunde flogen wir über die Eintönigkeit des Meeres. Blauer Himmel, smaragdgrünes Meer und weiße Kumuluswolken. Ich ließ meine Augen über die Instrumente wandern. Wer über Meer fliegt, macht das alle paar Minuten so. Öldruck. Temperaturanzeige. Manifold. Tanks. Alle Anzeigen waren an dem Tag normal. Der eine Radiokompaß zeigte auf das Funkfeuer von Hua Pou bei 90 Grad querab. Der andere war auf den Beacon von Hiva Oa eingestellt. Die Zeit verging. Ich sah Michel Gauthier von der Seite an, denn es ist die Eintönigkeit des Meeres, die den Piloten schläfrig macht.

Dann tauchte aus dem Meer die Insel auf, zu der ich lange auf dem Weg gewesen war. Hiva Oa. Beim ersten Hinsehen sah sie anders aus, als ich gedacht hatte. Keine Farben. Nur ein dunkler Felsenklotz im Meer. Langgestreckt. Abweisend. Wellen stiegen wütend an einer steilen Küste hoch. Nirgendwo ein schützendes

*In seinem Bild »Frauen und Schimmel« hat Gauguin das Kreuz gemalt, neben dem er begraben liegt.*

Korallenriff. Keine liebliche Lagune. Nichts, was in unseren Gedanken eine Südseeinsel paradiesisch macht.

Wir ließen die Steilküste an Backbord liegen. Hinter dem Piloten preßte Monsieur Rauzy seine Stirn an das Plexiglas. »Steil unter uns... Atuona... Unser Dorf... Da... Hügel... oben... helles Kreuz... Friedhof... Gauguin.«

*Gauguin hat eine Reihe ungemalter Bilder hinterlassen.*

Wenig später kam der Platz in Sicht. Hoch oben in den Bergen. Erst war da ein Kliff, und dann, in das Kliff hineingeschnitten, die schwarze Landebahn. Ziemlich kurz. Ansteigend. Und am oberen Ende eingerahmt von einem Wald.

»Na?« Der Pilot hatte ein breites Grinsen. »Schlimme Art von Platz«, brüllte ich zurück.

»Ja.« Michel lachte. »In der Regenzeit... Turbulenzen...« Er schüttelte den Kopf. »Dann ist... Anflug... kriminell.«

Michel Gauthier flog wie ein Buschpilot. Er wußte, wie man in dieses hochgelegene Aerodrom reingeht: flach, nur mit etwas Kraft, gewissermaßen an die Motoren drangehängt. Er setzte gleich hinter der Markierung auf und trat hart auf die Bremspedale. Als wir aus der Maschine stiegen, sagte der Bürgermeister, daß die Marquesas erst seit Ende der siebziger Jahre Landebahnen haben. Und auch längst nicht alle. Für einige von ihnen ist der Küstenschoner bis zum heutigen Tage die einzige Verbindung mit der Außenwelt.

Über dem Flugplatz war es heiß. Feucht. Inselluft. Äquatorluft. Ich sah auf den Ort hinunter. Rote Dächer zwischen Palmen. Abseits ein paar Silberdächer. Sandwege zu grünen Felsen hoch. Ein schwarzer Strand in einem weiten Bogen. Guy Rauzy deutete auf eine Bucht. Ein Frachter und zwei kleine Segelboote lagen da vor Anker.

»Sehen Sie das dunkelblaue Wasser dort. Es zeigt große Tiefe an«, sagte Guy Rauzy. »In der Bucht hat Brel damals mit seiner *Askoy* geankert. Ein schweres Schiff, stolz, gut anzusehen. Zwei Wochen hat das Schiff da gelegen, bevor Jacques an Land kam. Maddly war bei ihm. Sie sind gemächlich durch das Dorf geschlendert, und wir haben durch Brel hindurchgesehen.« Er lächelte.

»Aber lassen Sie mich Ihnen die Wahrheit sagen: Wir stammen von den Maoris ab. Unsere Großeltern sind noch Kannibalen gewesen. Von ihnen ist immer noch gehörig viel in unserem Blut, und wenn Maori-Augen durch einen Fremden hindurchsehen, dann haben sie trotzdem alles ausgelotet, glauben Sie das nur.« Er lachte. »Die Bäume bei uns haben mehr Augen als Blätter an den Ästen.« Sein Lachen war rauh und der Mund wurde ganz breit dabei. »Jacques ist oft an Land gekommen. Immer wieder hat er sich im Dorf umgesehen. Schließlich hat er gefragt, ob er bleiben darf. Wir haben ihm ein Haus gegeben. Darin konnte er mit Maddly leben, bescheiden wie wir. Es war nur ein kleines Haus, und deshalb hat er irgendwann ein größeres geplant. Es sollte oben auf dem Kliff stehen. Der Blick aufs Meer ist besonders schön von dort. Jacques glaubte zu der Zeit, daß er nicht mehr sterben muß. Bedenken Sie, die Ärzte hatten ihm drei Jahre Frist gegeben.« Er schüttelte den Kopf. »Das Gleichnis mit Gauguin ist verwirrend«, sagte er dann. »Auch der ist krank hierher gekommen. Die Zeit, die ihm verblieb, war dieselbe: drei Jahre. Brel hat oft darüber nachgedacht. Doch anders als bei Gauguin hat ihn der Tod nach drei Jahren nicht geholt. Vier Jahre sind vorbeigegangen, und sogar fünf, und deshalb hat er geglaubt, daß er noch mal davongekommen ist. Des Nachts haben ihn keine trüben Gedanken mehr befallen, und in seine Art zu gehen ist wieder so etwas wie junges Leben zurückgekehrt. Wie bei einem, der denkt, daß er von nun an ewig lebt. Jacques ist glücklich hier bei uns gewesen. Er hat mir auch gesagt, warum: Weil es hier keinen gab, dem seine Berühmtheit Eindruck machte. Weil es keine Presseleute gab. Niemanden, der Disharmonie in sein Leben hätte bringen können. Kein Telefon, also keine Neugier aus Paris, keine Störung über Draht. Wenn sich ein Journalist angemeldet hat, über das Bürgermeisteramt, dann habe ich zurückgefunkt: ›Bedauere, kein Quartier.‹ Und so ist es ja auch gewesen. Es gab bei uns für Fremde noch niemals eine Unterkunft.«

Ich sah ihm zu, wie er sich freute über seine List.

»Es gibt noch einen Fremden«, sagte ich, »der heute eigentlich hierher gehört. Lino Ventura. Er war ein enger Freund von Brel.«

»Ich weiß«, sagte der Bürgermeister. »Jacques hat oft von ihm erzählt.«

»Lino glaubt, daß Jacques zum Sterben auf Ihre Insel hier gekommen ist.«

»Nein«, sagte Rauzy. »Nicht zum Sterben. Die Zeit war ihm davongelaufen, das ist wohl wahr, und Jacques hat das auch gewußt. Also ist er zum Leben hergekommen. Das ist meine Überzeugung.« Er sah mich von unten herauf an. »Vous comprenez? Jeden Tag leben. Solange es noch geht. Das wahre Leben! Nicht mehr ankämpfen müssen gegen das berühmte Gesicht.«

Eine Vahine von morgen.

Er sah zu der Bucht hinunter. »Als er da unten ankam, haben alle im Dorf sehr wohl gewußt, wer da draußen ankert. Wir haben zwar kein Fernsehen auf der Insel und auch kein Kino, aber wir können Schallplatten kaufen, und Zeitungen bekommen wir auch regelmäßig, und da haben wir schon gewußt, wie berühmt dieser Jacques Brel war. In den Zeitungen hieß es immer, daß der Mann leicht ärgerlich würde, unnahbar sei und arrogant. Unnahbar? Arrogant?« Er stieß Luft aus der Nase, verächtlich, und legte den Kopf nach hinten. »Man muß sich fragen, ob die Leute wissen, was sie drucken. Au contraire, Monsieur, Sie hätten das Gegenteil erleben sollen, wenn er nämlich hier durchs Dorf ging, und diese häßlichen, flohzerbissenen Köter liefen hinter ihm her, und einer von uns blieb stehen: ›Bonjour, Jacques, wie geht's dir denn, mein Kleiner?‹... Das hätten Sie sehen sollen, wie glücklich er da war! Und fragen Sie mal den Michel Gauthier danach, wie das war, wenn seine Fliegerfreunde landeten! Da ist der Jacques dann hier über die Landebahn gesaust, auf das Flugzeug zu und hat gebrüllt, ›He, was wollt ihr denn bloß hier, ihr alten Päderasten?‹, und dann haben sie sich umarmt und gelacht, und wie ein Kind ist er gewesen, dieser Brel! Oder wenn Michel seine Christa mitgebracht hat, seine ›Vahine‹. Ein Bild von einem Mädchen. Wenn sie einen gelben Pareo um ihren Körper gewickelt hatte und auch noch eine Couronne auf dem Kopf, so eine Blütenkrone aus gelbem Hibiskus in ihrem schwarzen Haar, dann wurde der Jacques ganz still vor Bewunderung. Unbeholfen wie ein junger Bursche ist er in solchen Augenblicken gewesen, alles andere als ein berühmter Mann.«

Der Pilot hatte inzwischen sein eckiges Flugzeug für die Nacht versorgt. Er warf seine Tasche in das Bürgermeisterauto und sagte zu mir: »Im Dorf gibt es einen Bungalow für Piloten. Wenn Sie wollen, können Sie den haben. Guy setzt mich bei der Post ab. Ich kann beim Postler auf dem Sofa schlafen.«

»Ist gut«, sagte Rauzy, und ich sagte »danke«, und der Bürgermeister fuhr uns den Berg hinunter nach Atuona. Der Sandweg hatte tiefe Rillen, verkrustete Spuren festgefahrener Autos. »Vor drei Tagen hat ein heftiger Regensturm gewütet«, sagte der Pilot.

»Michel hat den Jacques übrigens wieder zum Fliegen gebracht«, sagte der Bürgermeister. »Erzähl doch mal, wie das gewesen ist.«

»Erzähl du's ihm«, meinte Gauthier.

»Also, Brel hatte sein Pilotenpatent ja zurückgegeben, wegen seines Zustandes, aber als es ihm dann besser ging, hat Michel ihn geschult, auf den Inseln hier.«

»In einer alten Beachcraft«, warf Michel ein, »einer Twin, ich hatte sie in Papeete aufgetrieben.«

»Brel hat seine Prüfung mit Bravour gemacht«, sagte Guy Rauzy. »Auch der Arzt hat ihn fliegen lassen.«

»Auf seiner einen Lunge hat er soviel Schub gehabt wie andere Piloten auf beiden.«

*Auch Roß und Reiter sind noch so, wie Paul Gauguin sie sah.*

»Die Beachcraft hat oben in dem Hangar gestanden, vous savez, gleich neben dem Turm«, sagte der Bürgermeister, »und wenn der reguläre Flug mal ausgefallen ist, wegen Maschinenschadens, dann ist Brel rübergeflogen zu den anderen Inseln und hat unsere Leute abgeholt, kostenlos, und den Postsack hat er auch hergeflogen.«

»Er hat sogar auch mal 'ne Zeichnung gemacht«, warf Michel ein, »für ein Loch im Bauch der Beach, damit das Beladen mit dem Postsack schneller geht.«

»Das müssen Sie sich mal vorstellen«, lachte Rauzy am Steuer vor sich hin. »Ein Loch im Rumpf! Und die Zeitungen hatten geschrieben, daß er arrogant sei, dieser Brel!«

DER BUNGALOW, DEN MICHEL MIR ÜBERLASSEN HATTE, war bis übers Dach mit Bougainvillea zugewachsen. Er stand gleich hinter dem Bürgermeisteramt. Es war schon dunkel, als wir ankamen. Die Fenster standen weit nach draußen offen. Ein dünnes Vorhangtuch mit Blumenmuster klemmte in der Tür. Von der Zimmerdecke hing eine Glühbirne herunter. Sie ging an, wenn man an einer Kette zog. Der Eisschrank war vollgepackt mit Lebensmitteln. Neben der Kochplatte stand Pulverkaffee im Glas.

»Baguette holen Sie sich morgens frisch. Den Bäcker finden Sie unweit der Gendamerie«, sagte der Pilot. »Eine belle vue aufs Meer kann ich Ihnen von dieser Villa aus nicht bieten, aber der Blick zum Berg hinauf ist lohnenswert.«

Ich sagte: »Für einen Mann, der mittags noch nicht wissen konnte, wo er am Abend seinen Kopf hinlegt, ist die Hütte wie ein Geschenk von einer guten Fee.«

»Ihr guter Fee klappert morgen früh die Inseln ab«, grinste der Pilot, »aber in einer Woche ist er wieder da. Wenn Sie wollen, sehen wir uns dann.«

»Ich will.«

»Na gut. Bis dann.«

An der Zimmerdecke hing ein Gecko. »Schlafen Sie gut«, sagte Michel. »Trotz Ihrer Angst vor diesem gefährlichen Biest da oben.«

Er wartete auf mein Lachen. Dann ging er in die Dunkelheit hinaus. Einmal drehte er sich noch um. »Wir haben einen Piloten bei uns, der schießt auf diese Dinger. Mit einem Luftgewehr. Er sagt, daß er wegen dieser Geckos die Strecke nach Hiva Oa nur sehr ungern fliegt.« Ich konnte noch erkennen, wie er den Kopf schüttelte. Dann ging er den Kiesweg entlang zur Straße hin. Der Sternenhimmel über ihm war zum Greifen nah.

IN DEN NÄCHSTEN TAGEN LIEF ICH MEIST OHNE ZIEL durchs Dorf und stieß auf Bilder, die ich kannte. Seit Lino an jenem Tag in seinem Haus über der Porte Saint Cloud sagte, der Maler hätte seine letzten Jahre nicht in Tahiti, sondern auf den Marquesas zugebracht, stehen in meiner Bibliothek zahllose Bände über ihn. Über sein Leben. Seine Qualen. Seine Freuden. Seine Werke. Achtzehntausend Kilometer weit entfernt von Atuona habe ich Gauguins Gemälde in Museen hängen sehen. Jetzt lief ich durch sein Dorf. Ich lief durch seine Farben. Über hohen Bäumen stand ein grüner, steiler Berg. Unter die Bäume duckte sich ab und an ein Haus. Die Dächer waren aus Blech, meistens rot gestrichen. An allen Büschen wuchsen Blüten, bunt, wie Blüten sonst nicht sind. Manchmal stand ein Pferd neben einem Haus, döste in der Mittagshitze, und kleine schwarze Schweine drückten sich in schwere Schatten. Vor dem dunkelblauen Wasser in der Bucht standen weit verstreut hochgewachsene Palmen, und auf Ponies saßen Knaben, unbewegt, am Strand. Das waren alles Bilder von Gauguin. Bilder, die er zurückgelassen hatte. Es waren die ungemalten Bilder von Gauguin.

*Hibiskus wächst auf Hiva Oa wild.*

Das Haus, in dem er seine Farben kaufte, habe ich sofort erkannt. Von einem alten Foto her. In dem Bildband war es Sepia, vergilbt. Im wahren Leben ist es grün gewesen. Mit einer Veranda um das Haus herum. Mit Männern, die im Schatten an den Verandapfosten lehnten. Mit einer Vahine, die gemächlich durch die grelle Sonne kam. An manchen Stellen lagen Baumschatten auf dem Weg des Mädchens, und sie ging durch Licht und Dunkelheit und Licht. Sie hatte ihren Körper in einen Pareo gewickelt, der aus einem hellen Rosa war und selbst im Schatten sein Leuchten nicht verlor. Als sie herangekommen war, winkte ich ihr zu. Sie lachte leise. Aber sie winkte nicht zurück.

Damals wie heute ist das grüne Haus ein Kramladen gewesen. Ein Amerikaner hatte es gebaut. Der Maler hat bei ihm auf Pump gekauft. In einem Raum, der fensterlos gewesen ist. Der Laden ist

*Kramladen, unverändert seit den Tagen Gauguins. Der Maler hat seine Farben dort gekauft. Auf Pump.*

noch immer fensterlos. Im Zwielicht stieß ich auf Regale. Sie waren mit Gemischtem angefüllt: Plastikwannen. Stoffe. Und Gewürz. Auch Dosen. Oder Zeitschriften.

Ein Insulaner wischte Staub. Ich wollte wissen, ob er noch immer Ölfarben und Leinwand anzubieten hätte. Er sah mich an. Sein Mund stand offen. Er wußte nicht, wovon ich sprach. Maler wohnten nicht mehr in dem Dorf.

Dann ging ich den Pfad entlang, der vom Krämerladen zur Bucht hinunterführt und sich durch ein Gehölz von Kokospalmen windet. Nach ein paar hundert Metern endete der Pfad vor verwilderten Bananen. Ich sagte mir, ganz sicher ist das eine Lichtung, die Gauguin gerodet hat. Wo jetzt Bananen wachsen, hat einmal sein Haus gestanden. Doch das ist längst verbrannt. Der katholische Bischof hat es abgebrannt. Der Leichnam war noch gar nicht kalt, da hat der Bischof dieser Inseln das Haus verbrennen lassen. Weil es das Haus der Sünde war, wie der Bischof sagte. Die Wohnstatt eines Syphilitikers. Eines Ketzers. Eines Aussätzigen vor dem Antlitz seines Herrn. Beim Weg am Freudenhaus vorüber waren die Priester gezwungen gewesen, ihre Schritte zu beschleunigen und sich voller Schaudern abzuwenden, denn für den Eingang hatte Gauguin ein Relief geschnitzt. Ein nackter Frauenkörper ist darauf zu sehen, die teufelsgleiche Fratze eines Hundes, und die Worte »Soyez amoureuses, vous serez heureuses – Seid verliebt und ihr werdet glücklich sein«. Im Inneren der Hütte hingen pornographische Fotos aus Port Said, und obgleich die Kirche forderte, daß die Insulanerinnen sittlich hochgeschlossene Kleider trugen, haben sie dem Maler nackt Modell gesessen. Oder Modell gelegen. Haben das Lager mit dem Mann geteilt. Sogar die rothaarige Frau des Zauberers hat sich dem Maler hingegeben: Der meistgefürchtete Mann der Insel hatte ihm die Frau als Zeichen seiner Freundschaft selbst in das Sündenhaus gebracht. Gauguin soll verhext gewesen sein von dieser Frau. Immer wieder

*Rekonstruktion der Hütte von Gauguin. Der katholische Bischof ließ »das Haus der Sünde« niederbrennen.*

Paul Gauguin
1902

hat er sie gemalt. Zuletzt ein Jahr vor seinem Tod. Als Mädchen mit dem Fächer.

Die Eingeborenen hatten um den Tod gewußt, der in dem Maler saß. Er war schon ein Gezeichneter gewesen, als er von Tahiti nach Hiva Oa kam. Doch wer ihn liebte, hoffte auf ein Wunder. Und die meisten unter ihnen liebten den Franzosen, der sie nicht unterwürfig sehen wollte. Der sich schützend vor sie stellte. Der die Gendarmen verhöhnte. Der einer von ihnen geworden war. Seinen französischen Namen sprachen sie auf ihre Weise aus: »Koke«. Als sie ihn tot in seiner Hütte fanden, hat sich einer der Männer über ihn geworfen und ihn durch das Haar hindurch in die Kopfhaut gebissen, um den Maler in ihr Leben zurückzuholen. Als das nicht gelang, trugen sie den Freund davon. Noch in derselben Stunde ließ der Bischof das Haus der Sünde niederbrennen. Mit allem was darinnen war. Auch mit den Bildern von Gauguin. Die Insulaner sahen mit Entsetzen zu. Durch Atuona lief ihre Klage: »Na mate koke! Na pete enate! – Gauguin ist tot! Wir sind verloren!«

AN EINEM FRÜHEN MORGEN, als es noch nicht heiß geworden war, ging ich endlich Brel besuchen. Die letzten Jahre seines Lebens hatte er in einem Haus verbracht, das hügelan auf dem Weg zum Friedhof liegt. Es ist unscheinbar und duckt sich hinter eine Kurve.

Als ich den Sandweg zu ihm hochstieg, lebte ein Militärarzt in dem Haus. Der Mann war jung und schmächtig, mit mädchenhaft zarten Handgelenken. Er stand lange vor mir in der Tür und stellte viele Fragen. In dem Zimmer hinter ihm lag seine Vahine auf dem Sofa. Sie war eine ungewöhnlich große Frau, an der alles mächtig war, die Arme, die Beine, die Brüste unter dem dünnen Tuch. Außer dem Sofa erinnere ich mich an kein anderes Möbelstück im Zimmer, von einer Topfpalme abgesehen. Die Wände waren weiß und blau gestrichen. Meine Phantasie reichte nicht aus, Brel in dem Zimmer dort zu sehen. Schließlich brachte mich der Arzt zu einer Terrasse, die neben dem Haus vor einem Abhang lag.

»Et alors?« fragte der Arzt.

»Man merkt von ihm nichts mehr«, sagte ich. »Brel hat hier oben keine Spuren hinterlassen.«

»Möglich«, sagte der kleine Mann. Er führte mich zu dem Hang, der dem Meer entgegenfiel. Der Blick von hier war weit und schön.

*Seite 270: Die Frau des Zauberers. Der gefürchtete Mann lieh sie dem Maler als Geliebte aus.*

Der Arzt deutete auf das Meer hinaus und auf eine Insel, weiter hinten in dem Dunst. »Es ist falsch, diese Inseln als französisches Territorium zu bezeichnen. Weil das alles hier doch pure Heimat ist. Sie verstehen, was ich meine.«

»Nein. Nicht ganz.«

Er sah über Hiva Oa und die anderen Inseln hin. Dann breitete er in einer großen Geste seine Arme aus: »C'est la France!« rief er. »Der Ozean! Die Inseln! Frankreich, wie es verteidigungswürdiger nicht anzutreffen ist!« Er sah zu mir her. »Ich nehme an, Sie teilen meine Meinung.«

*Der Inselpilot erinnert sich an Jacques Brels Haus.*

»Sehen Sie mal auf den Kalender«, sagte ich. »An der Schwelle zum einundzwanzigsten Jahrhundert ist Frankreichs Glorie alt geworden.«

Ich stieg den Rest des Weges hinauf zum Friedhof. Auf dem Grab des Malers steckten Plastikblumen. An vielen Büschen blühten Orchideen. Hibiskus wuchs ringsum im Überfluß. In der Nähe von Hibiskus sehen Plastikblumen scheußlich aus. Die kleine Statue Oviri hatte jahrzehntelang der Tropensonne widerstehen können, und auch die Inschrift »Paul Gauguin 1903«, in einen Lavastein gemeißelt, sah keineswegs verwittert aus.

Über das Grab hinweg erhob sich ein hohes Kreuz mit einem Christus, der wie ein Christus in Paris aussah. Ich glaubte mich an dieses Kreuz auf einem seiner Gemälde zu erinnern: In der unteren Hälfte liegt eine Vahine auf ihrem Pferd, und auf den Hügel weit darüber hat er das gleiche Kreuz gemalt. Jetzt trennt ihn dieses Kreuz von Brel.

Ich ging zu Brel hinüber und sah das Sonderbare an dem Grab: Der hochaufgerichtete Naturstein trägt ein Relief. Brel ist darauf zu sehen. Doch nicht allein. Das Bildnis einer Frau ist bei ihm in der Bronze. Ich hatte nie gehört, daß Brel einen anderen Menschen mitgenommen hat in seinen Tod, und nach allem, was Lino mir erzählte, ruhte Brel allein in seinem Grab. Jedoch: Auf dem Relief ist eine Frau bei ihm. Eine Afrikanerin. Ernst. Hübsch. Jung. Mit krausem Haar. Maddly. Ihr Kopf ist ganz nah hinter seinem. Wie zugehörig. Wie Gemeinsamkeit im Tod. Wie zu Brel ins Grab gestiegen.

10 GRAD SÜD UNTER DEM ÄQUATOR ist es nur ein kurzer Sprung vom Tag hinüber in die Nacht. Wenn es erst mal 18 Uhr geworden ist, schiebt sich das letzte Licht des Tages über einen grünen Felsen, der gleich hinter dem Dorf steil und zerklüftet in den Himmel steigt. Ich sah mir jeden Abend an, wie der Felsen in Minuteneile aus dem Tag verschwand.

Weiter hinten im Dorf lebte Barbu. Abends, wenn das Tageslicht den Fels verließ, begann der Mann für mich zu kochen. Ich hatte seine Hütte das erste Mal gesehen, als ich am Sonntag aus der Kirche kam. Die Kirche selber hatte ich gefunden, weil ich den Gesang von Frauenstimmen hörte. Es war ein schönes Lied, und ich bin ihm nachgegangen. Die Frauen saßen unter einem bastgedeckten Kirchendach, das nach allen Seiten offen war. Fast in der Art, wie der Wind vor ein paar Tagen einen Hund und mich in Nuku Hiva unter dem Flugplatzdach umwehte, so trug er jetzt das Lied der

*Links – das Grab von Brel.*
*Rechts – das Grab von Gauguin.*

Frauen von dem Kirchendach in Atuona fort und weiter durch das Dorf. Die Vahine hatten bunte Kleider an und strohgeflochtene Hüte. Wenn die Nonnen fromme Lieder ihrer Heimat auf Französisch sangen, machten die Insulanerinnen nur mit dünnen Stimmen mit. Neben den Nonnen stand ein Klotz von einem Mann, der an Kannibalen denken ließ, und als der in das Geschehen eingriff und aus tiefer Kehle ein Kirchenlied in der Eingeborenensprache andröhnte, sangen alle jubelnd mit, auch die Kinder, und das klang dann froh und voller Inbrunst. Ein Lied von Liebe ist aus dem Psalm geworden. Ein Liebeslied für den Mann am Kreuz.

*Der kleine Friedhof von Atuona.*

Dann gingen die Vahine zurück zu ihren Männern. Ich stieg zu den Hügeln hoch. Bei Büschen mit roten Hibiskusblüten stieß ich auf ein Dach aus Palmenblättern, in dessen Schatten ein paar Tische standen. Weiter hinten war ein Raum für Kinder, der aber auch als Küche diente. Und wohl als Schlafraum ebenso. Wegen der Matratzen kam mir das so vor, die zwischen Spielsachen verstreut am Boden lagen.

Ein Mann kam aus dem Raum und nickte mir seine Begrüßung zu. Er sah wie ein Portugiese aus, an dem alles dunkel war: Die Haut. Die Augen. Sein langer Bart. Ich fragte den Mann, ob dies ein

Restaurant sei, aber er winkte nur verächtlich ab: »Was soll hier einer schon mit einem Restaurant anfangen, wo die Leute doch kein Geld haben. Allenfalls mal, wenn es eine Hochzeit gibt, dann schon, dann wird das hier ein Restaurant. Oder wenn es einen Fremden auf die Insel zieht. So wie dich. Und der arme Kerl hat nichts zu essen. Dann auch. Dann ist das auch ein Restaurant. Also komm heute abend wieder.«

Ich kam von da an jeden Abend wieder. Es war gut, daß ich den Mann gefunden hatte. Die Leute nannten ihn Barbu. Es war gut, unter seinem Dach zu sitzen, zwischen seinen Tischen, in der Dunkelheit. Das war ein fester Punkt für nur ein wenig Zeit. Für die eine Woche, bis Michel Gauthier mit seiner Britain Norman kam.

Barbu hatte wunderbar gekocht. Oft ging er am Morgen nach Langusten tauchen. Abends grillte er sie dann, hinten in dem kleinen Raum bei den Matratzen. Wenn ich ankam, stand schon Wein auf meinem Tisch. Hibiskusblüten lagen bei der Flasche, niemals verwelkte, jeden Abend frisch, wie spielerisch über das Tuch verstreut. Wenn er sah, daß es mir schmeckte, setzte er sich zu mir an den Tisch. Ich hatte viele Fragen. Er hatte viel Geduld.

»Wie ist das, Barbu? Mit den Tikis, die Thor Heyerdahl beschrieben hat. Oben im Wald, unter dem Berg, liegen sie weit verstreut herum.«

Er nickte. »Du bist an dem sakralen Ort meiner Vorfahren gewesen. Dort haben sie ihre Götter angebetet. Haben ihnen Tikis hingestellt. Das ist der Ort gewesen, an denen sie den Göttern Menschenopfer brachten. Die Knochen sind noch immer dort verscharrt.« Über sein dunkles Gesicht zog eine Art von Lächeln. »Meine Leute waren Menschenfresser. Bis vor wenigen Generationen noch. Hunger war aber keineswegs der Grund. Und auf Menschenjagd sind die Leute auch nicht gegangen, wie manches Mal behauptet wird. Vielmehr hat ein Krieger den erschlagenen Gegner gefressen, weil er die Seele seines Feindes wollte.« Er legte die Hände übereinander. »Du brauchst dich aber nicht zu sorgen«, sagte er dann mit einem heiseren Lachen. »Ein weißer Mann wird ungern aufgefressen. Er ist nicht zu genießen. Das ist überliefert. Nur Maori-Fleisch schmeckt gut.«

Barbu sah mich an. Ich dachte, daß er in meinen Augen nach Entsetzen sucht. »Barbu«, sagte ich, »mit deinen Schauergeschichten erschreckst du allenfalls noch kleine Kinder.«

Er lachte. »Also dann, was willst du wissen?«

»Diese Tikis in dem geheiligten Wald ...«

»Was ist mit ihnen?«

»Einige sind rund. Andere liegen menschengleich, doch mit dem Gesicht nach unten, langgestreckt auf dem Waldboden herum.«

»Ich weiß«, sagte er. »Das waren einmal unsere Götterbilder. Die Missionare haben sie umgestürzt. Unsere Tempel auch. Was sie nicht auf ihren Schiffen nach Frankreich schaffen konnten, haben sie umgestürzt.« Er lachte. »Missionare wollen keine Konkurrenz. Wie ist der Wein?«

»Schwer.«

»Michel mit seinem Flugzeug bringt nächste Woche wieder von der guten Sorte mit. Der hier ist aus Algerien. Wenn dir der Kopf weh tut, wirst du mich verfluchen.«

»Kann sein.«

»Ich will dir mal was sagen. Sie haben alles umgestürzt auf dieser Insel. Auch die Schönheit. Ich meine das Schöne in unserem Leben. Früher sind die Leute heiter gewesen. Wer Hunger hatte, ist fischen gegangen. Oder hat sich Bananen aus dem Wald geholt, Mango, Brotfrucht. Es wächst ja alles wild. Die Männer haben jeden Tag nur das geholt, was die Familie zum Essen brauchte. Doch dann sind die Franzosen gekommen, die Missionare und die Gendarmen, und haben angeordnet, daß die Faulheit aufhört und das Arbeiten anfängt. Es muß mehr gefischt werden, haben sie befohlen, denn der Fisch ist zum Verkaufen da. Und die Banane wird angepflanzt, geerntet und zum Markt getragen, weil man Geld braucht für das Leben. Mit dem Geld kauft man zum Beispiel Büstenhalter, weil es eine Sünde ist, wenn die Mädchen ihre Brüste zeigen. Die Vahine mußten Unterhosen tragen und Kleider, bis zum Hals geschlossen. Diese ganzen Sachen, Büstenhalter, Schuhe oder Kleider haben sie aus Frankreich kommen lassen, und wer die kaufen mußte, brauchte Geld. Selbst sonntags, in der Kirche, haben die Leute Geld gebraucht. Für die Kollekte. Außerdem haben die Franzosen Steuern eingeführt, und selbst die geringsten Vergehen sind mit Geldbußen belegt worden. Oder mit Zwangsarbeit für die Kirche und die Gendarmerie.«

Er lehnte sich zurück und wippte mit dem Stuhl. »Unsere ganze Fröhlichkeit haben sie umgestürzt, diese Missionare. Vorher ist das Leben heiter gewesen. Die Leute haben eigentlich nur singen wollen. Spiele spielen. Im Schatten liegen. Und sich lieben. Die Eltern haben ihre Töchter auf diese Spielereien vorbereitet. Heute versteht man l'art d'amour darunter. Doch damals war es nur naiv. Und es ist einer Vahine ganzer Stolz gewesen, wenn sie viele Liebhaber hat glücklich machen können. Die Ehe selbst war nie so eine große Angelegenheit. Ich glaube, hier hat jeder jeden lieben dürfen. Es ist eine Insel der Polygamie gewesen, und Eifersucht hat es wohl kaum gegeben. Wenn ein Mann die Frau des Nächsten haben wollte, hat der Nachbar gesagt, ›Du bist mein Freund, es ehrt mich, wenn du Hina begehrst. Also: Mau tera, nimm sie dir. Einem anderen würde ich sie nicht geben, aber wenn Hina auch Lust auf dich bekommen hat, dann Mau tera. Weil es für mich eine Ehre ist.‹« Er legte den Kopf zurück. »Ich sage dir, eine glückliche Insel ist das gewesen. Jedenfalls hat mein Großvater mir das so erzählt. Doch dann sind die weißen Matrosen gekommen. Mit ihren Krankheiten. Skorbut. Tuberkulose. Syphilis. Danach kamen die Missionare. Und die Gendarmen. Das glückliche Leben war zu Ende. Mit den Tikis haben sie die Schönheit umgestürzt.«

*Vahine unserer Tage. Der Inselpilot Gauthier hat die Insulanerin Christa zur Frau genommen.*

Er zog die Gläser zu sich heran und schenkte sie voll bis an den Rand. »Brel hat hier abends so wie du gesessen. Oft hat er gelacht. Wenn er von Maddly erzählt hat und ihrem Tanzunterricht in dem Mädcheninternat, da hinten, bei den frommen Schwestern. Wenn er davon gesprochen hat, wollte er sich ausschütten vor Lachen. Maddly war gewissermaßen Lehrerin geworden in dem Internat, und wenn sie mit ihrer Klasse schwimmen ging, mußten die Mädchen komplett angezogen in die Wellen. Mit Rock und Bluse!

Aber für den Ballettunterricht hat Maddly den Mädchen Bikinis geschenkt, weil sie gesagt hat: ›Ballett und angezogen sein, das schickt sich nicht‹, und darüber hat sich Brel totlachen wollen. Einmal hat er zu mir gesagt, das Beste an Maddlys Ballett seien die Gesichter der frommen Schwestern.«

Da saß ich also jeden Abend unter diesem Dach. Draußen flüsterten oft Frauenstimmen. Sehen konnte ich die Vahine nicht. Manchmal haben sie aus ihrer Dunkelheit heraus gelacht.

»Worüber lachen sie, Barbu?«

»Über dich. Über den Fremden, der so scheu ist. Der nicht zu ihnen rausgeht in die Dunkelheit.«

NUR GANZ ALLMÄHLICH IST DER LETZTE TAG GEKOMMEN: Es war ein heißer Mittag ohne Wind. Ich sah den Geckos zu und hörte das Flugzeug von Gauthier an der steilen Küste unterm Dorf.

Nachmittags stiegen wir das letzte Mal zum Friedhof hoch. Der Pilot hat anfangs nicht gewollt. Er sagte, wenn er sich mit Brel etwas zu erzählen hat, braucht er nicht vor seinem Grab zu stehen. Ich gab ihm recht. Doch als ich ihm meine Gedanken über den Zeitmagneten anvertraute, hat er genickt und ist mit mir den Sandweg hochgegangen.

Bei Gauguin zog er die Plastikblumen aus dem Lavahügel und warf sie in die Mülltonne am Eingangstor. Dann pflückte er Hibiskusblüten ab und streute sie aus vollen Händen über das Grab. Als wir zu Brel hinübergingen, nahm er keine Blüten mit. Vor dem Grabstein habe ich ihn nach den zwei Köpfen im Relief gefragt: »Die Bronze schafft Verwirrung.« Es ist ein lautes Vor-mich-Hindenken gewesen. »Der Bürgermeister hat mir erzählt, Brels Freundin hätte noch ein paar Jahre nach seinem Tod in Atuona ausgeharrt, bevor sie davongegangen ist und nie wieder von sich hören ließ.«

»Das ist richtig«, sagte Michel. »Maddly lebt in New York. Sie hat von dort einmal geschrieben.«

»Aber warum dann dieses Relief? Als würde sie hier mit ihm begraben sein?«

Michel hob die Schultern an. »Möglich, daß Maddly mit der Bronze angekündigt hat, nach ihrem Tod wird sie bei ihm liegen. Ebenso wie sie zu Lebzeiten bei Jacques gelegen hat.«

Er schwieg für eine Weile. Wind war aufgekommen. In leichten Wellen. Die Wellen spielten mit den Büschen.

»Wenn Maddly sich unter diesem Stein begraben läßt«, sagte er dann leise, »wird sie sehr einsam sein.«

»Einsam? In ihrem Tod?«

Er nickte. »In ihrem Grab.« Ein Ausdruck von Verzweiflung zog über sein Gesicht. »Weil Jacques ja überhaupt nicht hier begraben liegt.«

Der Pilot sah zu dem Grabstein hin. Er sah auf seine Hände. Dann fing er an zu weinen.

Ich hörte seinem Weinen zu. Und hörte den Wind in meinem Kopf.

»Brel ist nicht tot.« Es war ein stilles Weinen. »Er will nur die Leute glauben machen, daß er gestorben ist.« Der Mann schlug die Hände vors Gesicht. »Er will das nur die Presse glauben machen. Weil er zur Ruhe kommen muß.« Ein Schluchzen lief durch seinen Körper. »Jacques ist nur woanders hingegangen. Eines Tages kommt er zurück.«

Ich legte meinen Arm um seine Schultern. Es schien ihn zu beruhigen. Wie es ein Kind beruhigt, wenn du deinen Arm um seine Schultern legst.

ALS ES NACHT WAR, GINGEN WIR zu Barbu. Unter dem langen Dach wartete der Bürgermeister. Barbu war dabei, Stallaternen aufzuhängen. »Guy läuft hier schon seit einer Stunde auf und ab«, sagte er.

»Ich weiß, daß Sie uns morgen früh verlassen«, erklärte der Bürgermeister, »und hätte Ihnen gern ein Glas Wein zum Abschied offeriert.«

»Der Wein ist ausnahmsweise gut«, sagte Barbu. »Nuits Saint-Georges, Premier Cru. Michel hat leider nur für zwei Kisten im Flugzeug Platz gehabt.«

Wir tranken den Wein, und Michel sagte: »Wir sind oben an dem Grab gewesen.«

»Ich habe euch gesehen«, sagte Guy Rauzy. »Ihr seid an der Bürgermeisterei vorbei die Straße rauf.«

Der Pilot legte seine Hand auf meinen Arm. »Ich habe unserem Freund alles erzählt.«

»Dann kennen Sie also jetzt die Geschichte mit dem leeren Grab«, sagte Guy Rauzy.

»Ja«, sagte ich. »Glauben Sie auch, daß es leer ist?«

»Nein«, sagte der Bürgermeister. »Michel glaubt es.«

»Dabei hat er selbst den Sarg hierhergeflogen«, warf Barbu ein.

»Lassen Sie mich erklären, wie alles gekommen ist«, sagte Rauzy zu mir. »Wir hatten Brel eine Zeitlang nicht gesehen, weil es ihm nicht gut ging. Als er endlich wieder herauskam aus seinem Haus, war sein Gesicht auf schreckliche Weise eingefallen, und beim Gehen mußte er sich auf einen Krückstock stützen. Da haben wir gewußt, daß es mit ihm zu Ende geht. Er ist zur Untersuchung nach Paris geflogen, und Maddly hat gesagt, daß er in der Klinik dort gestorben sei. Sie hat seine sterblichen Überreste mit der Air France zurückgebracht, von Paris nach Papeete. Von da hat Michel ihn mit der alten Beachcraft hergeflogen. Jacques hatte es so bestimmt.«

Mysteriöse Enthüllungen am Grab von Brel.

»Da hast du es!« Barbu wendete sich jetzt an den Piloten. »Du hast ihn selbst hierher gebracht!«

»In einem Zinksarg«, sagte Michel. »Der zugelötet war. In so einem Sarg kann irgendeiner drin gewesen sein. Oder gar keiner. Nur Gewicht.«

»Das ist eine fixe Idee bei dir, Michel, glaub mir das nur.«

Michel schüttelte den Kopf. Er war ärgerlich geworden. »Sie haben den Sargdeckel nicht mehr für mich aufgemacht. Ich habe sie angefleht, in Papeete, weil ich Jacques noch einmal sehen wollte. Aber sie haben abgelehnt. An die acht Stunden Flug hat die Kiste neben meinem Sitz gestanden. Acht Stunden lang habe ich den Zinksarg ansehen müssen. Und das ist es dann gewesen: Plötzlich habe ich gewußt, dieser Jacques Brel ist gar nicht tot! Der lebt an einem anderen Ort. Wo ihn keiner kennt. Wo er seine Ruhe hat.«

»Ich möcht' bloß mal wissen, wie du auf solche Gedanken kommst«, sagte Guy Rauzy.

»Das ist nur einer von Jacques' grandiosen Späßen!« rief Michel Gauthier. »Verlaßt euch drauf! Wenn von seinem Sterben geredet worden ist, hat er doch immer nur gelacht! Rumgealbert! Erinnert ihr euch denn nicht mehr? Die wildesten Späße hat er doch gemacht. Selbst noch vor dem Grab von Gauguin.«

»Das ist wahr«, rief Barbu dazwischen. »Ich weiß noch, wie er zu dem Grab gesagt hat: ›Hör mal zu, Paul, die Leute sagen, wir werden bald zu zweit hier oben liegen. Falls du dann mit mir Karten spielen willst, fehlt uns noch der Dritte.«

»Es ist mir deutlich in Erinnerung geblieben«, sagte der Bürgermeister, »weil es so makaber war.« Er sah mich an. »Habe ich Ihnen nicht schon einmal davon erzählt?«

»Das haben Sie«, sagte ich. »Ausführlich.«

Barbu sah zu mir her. »Tatsächlich«, sagte er, »der Dritte.«

Ich trank den Wein und legte ein paar Scheine auf den Tisch.

»Wer das wohl sein wird, dieser Dritte?« Barbu hatte jetzt etwas Irrlichtiges in den Augen.

»Ich vermute, daß es Maddly ist«, sagte ich. »Mit dem Bronzerelief hat sie ja schon Anspruch darauf angemeldet.«

*Gauguin schrieb in sein Bild »Woher kommen wir? Was sind wir? Wohin gehen wir?«*

»Da ist was Wahres dran«, meinte Michel.

»Nein«, sagte Barbu, »keine Frau. Im Dorf sagen sie, daß es ein Mann sein wird. Einer aus Übersee.« Er goß den Rest aus der Flasche in mein Glas. »Bin mal gespannt, wer das wohl ist.«

»Ja«, sagte ich. »Bin selber mal gespannt.«

Wie sie nun so weiterredeten, lief ich wieder mal meinen Gedanken hinterher, die zu Lino gewandert waren. Ich sah uns bei Alexandre sitzen und hörte meiner eigenen Stimme zu, die Lino und Monsieur Henri von dieser Insel hier erzählte. Als ich meine Gedanken zurückholte, ging ich neben Michel den gewundenen Pfad zurück ins Dorf.

Wie jede Nacht waren die Sterne in einem tiefdunklen Himmel, anfaßbar nahe über uns. Ich sagte mir, morgen früh fährst du mit Michel zum Flugplatz rauf. Im ersten Licht des Tages hilfst du ihm, die Maschine zu betanken. Wenn dann seine Passagiere kommen, machst du dich auf den langen Flug zurück.

BRIEF
AUS
DUBAI

Gott gibt den Menschen viele Geschenke. Manche nur auf Zeit.

Liebe Leser! Es gibt etwas, das ich gern mit Ihnen durchgesprochen hätte. Ich nehme an, Sie haben sich die Fotos angesehen, vielleicht auch in den Geschichten rumgeschmökert und fragen sich (und mich) an dieser Stelle sicherlich, warum Sie gegen Ende dieses Buches einen Brief erhalten. Noch dazu von einem Mann, der Ihnen leibhaftig nie begegnet ist. Nun ist das allerdings nicht der erste Brief, den ich an Sie geschrieben habe. Den letzten habe ich Ihnen aus Hongkong geschickt. Ich erinnere mich, daß es an einem Tag mit Südwestmonsun gewesen ist, und Wasser stürzte tonnenweise vom Himmel in das Chinameer. Wissen Sie das noch? Mein Verleger hat den Brief im ersten »Weltenbummler«-Buch gedruckt. Allerdings ist das gut zwei Jahre her, und ich kann mir denken, daß in den zwei Jahren bei Ihnen allerhand geschehen ist – wie sollen Sie sich da also noch an einen regennassen Brief erinnern. Außerdem kann es ja auch sein, daß Sie vom Erscheinen eines ersten »Weltenbummler«-Buches gar nichts wissen. In dem Fall wäre dieser hier Ihr erster Brief. Und er kommt aus einem gänzlich anderen Land. Aus Dubai. Sie wissen schon: Dubai, das Scheichtum. Teil der Vereinigten Arabischen Emirate. Aber auch: Dubai, die Stadt am Golf. Am Rand jener Endloswüste, die in unseren Atlanten als Arabische Halbinsel verzeichnet ist. Die Araber selbst sprechen übrigens keineswegs von einer halben Insel. In ihren Atlanten heißt sie Jezirat Al Arab, was übersetzt »Insel der Araber« heißt.

Nun, von dieser recht großen Insel schreibe ich Ihnen heute. Aus Dubai, wo Wüstensand auf Wellen trifft. Mein Zimmer liegt im elften Stock des Hyatt Regency, der Manager des Hotels ist Uli Hoppe, und in seiner Marmorhalle unten steht ein Beduinenzelt. Ich kann mir gut denken, daß Sie jetzt die Stirne runzeln, liebe Leser: Was, ein Zelt? Und das soll in einer Hotelhalle stehen, die aus Marmor ist? Nun, die Stirn läßt sich schnell glätten: In meiner Geschichte geht es um die Enkel kampfeslustiger Beduinen, die ihre Lebensart von der Wüste fort und in die Stadt getragen haben. Mit allem, was dazu gehört. Ich komme gleich in allen Einzelheiten darauf zurück.

Wie gesagt, schreibe ich Ihnen aus dem elften Stock des Hyatt. Mein Schreibtisch ist aus Flechtwerk, Chrom und poliertem Holz. Unter dem Fenster verliert sich eine hellgraue Wüste in einer alten Ansiedlung am Meer. Häuser, die aus der gleichen Farbe wie die Wüste sind, ducken sich hinter hohe Mauern. Wenn der Wind sich langweilt, hebt er puderfeinen Staub vom Wüstenboden auf, dreht sich einen Sandteufel daraus und läßt diese kunstvolle Spirale an den Mauern entlang, trunken, dem Meer entgegentanzen. Die Dächer unter meinem Fenster sind flach, von einheitlich dunkelgrauem Anstrich, und enden an den Rändern in Ablaufröhren für das Regenwasser. Es regnet in dieser Gegend nicht sehr oft, doch wenn der Regen aus schweren Wolken niederfällt, läuft sein Wasser über die Dächer hinweg zu Zisternen ab. Dieses lang überholte Sytem des Wasserspeicherns erinnert noch an die gute alte Beduinenzeit. Die gute neue Beduinenzeit hat mit dem Öl begonnen. Seit die Bohrplattformen vor der Küste den dickflüssigen schwarzen Reichtum aus dem Meeresboden pumpen, wird in Dubai Salzwasser des Golfs zu Trinkwasser gemacht, das jetzt in alle Häuser fließt und den kargen Wüstenboden draußen vor der Stadt in fruchtbares Ackerland verwandelt hat.

*Öl. Eines der Geschenke Allahs an seine Gläubigen.*

Mein Zimmerfenster ist eine langgestreckte dunkelgetönte Panoramascheibe. Ihre Färbung läßt an eine Sonnenbrille denken. Der Architekt hat schon gewußt, warum er das so macht: In diesem Teil der Welt kommt die Sonne trotz der dunklen Tönung ziemlich brennend durch das dicke Glas. Heute allerdings ist der Himmel weiß verwaschen. Das Meer liegt still und friedvoll da. Es ist noch früher Morgen. Gegen Mittag wird es wieder knochentrocken heiß. Der weiße Himmel zeigt das an.

Auf der linken Seite meines Zimmers bildet das Sonnenbrillenfenster den Rahmen für eine landschaftliche Seltenheit: Ein Fluß scheint durch die Endloswüste auf dem Weg zum Golf von Persien zu sein. Britische Kolonialbeamte haben das Gewässer »Creek« genannt. Die fremden Offiziere sind schon lang nicht mehr im Land, doch den Namen haben sie zurückgelassen. Das Wort ist nicht mal schlecht gewählt, weil es sowohl Bucht als auch kleiner Fluß bedeuten kann, und tatsächlich ist das Gewässer eine schmale Meeresbucht, die sich vierzehn Kilometer tief in die Wüste streckt und einem Fluß zum Verwechseln ähnlich sieht. An seinen Ufern stehen ehrwürdige arabische Handelshäuser neben Palästen der Emire. Goldfarbene Fensterscheiben einer Hotelrotunde spiegeln sich am Wasserrand. Kuppeln von Moscheen und schmalfingerige Minarette heben sich über flache Dächer in den Himmel hoch. Küstenfrachter haben an Lagerhäusern festgemacht. Dunkelhäutige Seeleute trinken im Schatten breiter Sonnensegel Minzetee. Zwischen beiden Ufern tuckern kleine Boote emsig hin und her. Sie sind aus Holz, flach und ihre Diesel lärmen laut. So ein Boot heißt »Abra«, was mit kleiner Fähre oder Wassertaxi zu übersetzen ist. Von früh bis spät sind diese Abras mit Menschentrauben voll beladen. Über eine hohe Brücke bringen Lastwagen Konsumgut aus Industrienationen an den Creek: Radios, Bohrmaschinen, Elektroherde, Motorräder, Plastikeimer, Eisschränke, Wasserpumpen. Sie sind für Asien, Ostafrika und den Orient bestimmt. Am Kai liegen salzzerfressene »Dhaus« in Dreierreihen. Männer laufen darüber hin, springen von Deck zu Deck, heben schwere Lasten. Selbst ein Auto habe ich gesehen, das auf eine Dhau geladen worden ist, vermittels

*Der Lebensnerv von Dubai ist der »Creek«, eine enge Meeresbucht, die sich 14 km tief landeinwärts zieht.*

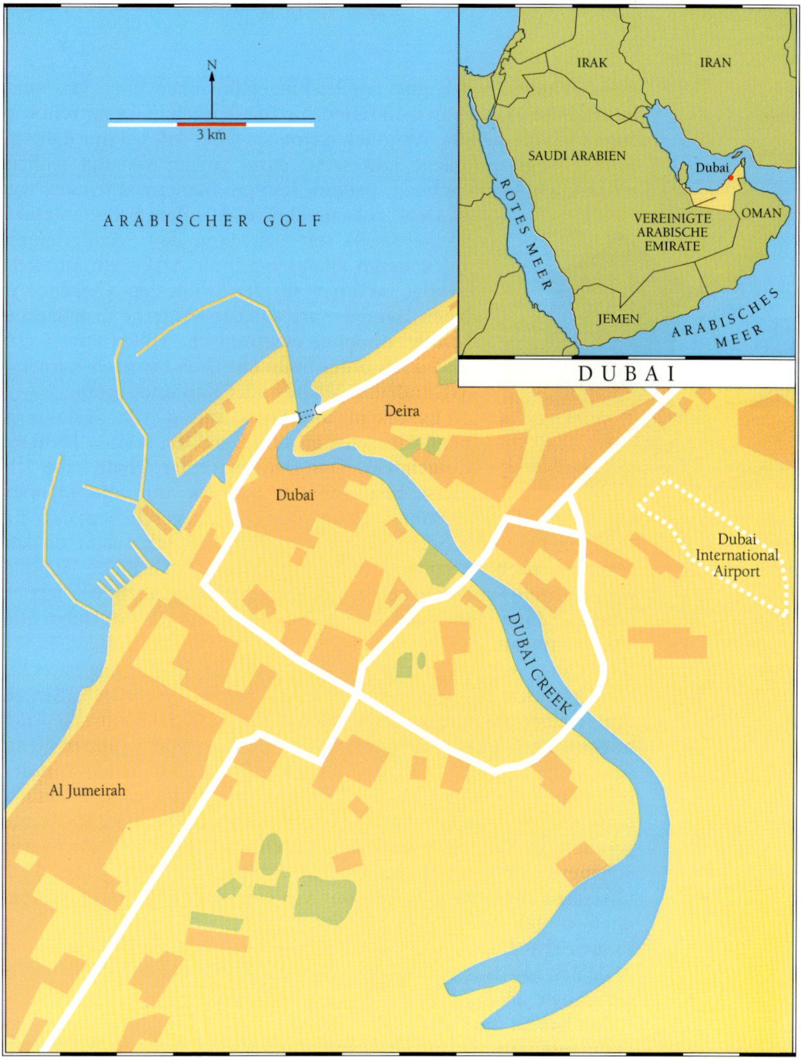
N
3 km
ARABISCHER GOLF
IRAK
IRAN
SAUDI ARABIEN
Dubai
ROTES MEER
VEREINIGTE
ARABISCHE
EMIRATE
OMAN
JEMEN
ARABISCHES
MEER
DUBAI
Deira
Dubai
Dubai
International
Airport
DUBAI CREEK
Al Jumeirah

einer Winde, an der eine Traube junger Burschen hing. Das sind freundliche Männer in dem Hafen. Sie lassen mich nicht spüren, wie fremd ich für sie bin. Wenn ich davon spreche, daß bei mir daheim Schnee liegt um diese Jahreszeit, dann lachen sie und wollen wissen, wie so ein Schnee zustande kommt. Manchmal trinken wir an Deck zusammen Tee. Aus dem Schatten eines Sonnensegels sehe ich dann den Schauerleuten auf anderen Dhaus bei ihrer Arbeit zu: Dunkelhäutige Männer in den wildesten Gewändern laden Handelsware aus der Moderne in hölzerne Schiffe, die ohne elektronische Hilfen navigieren und doch unter braunem Tuch bis nach Karachi, Trivandrum, Madras oder Kalkutta segeln.

*Arabische Tradition: Windturm und Festung.*

Es macht mir Spaß, mit diesen Seefahrern beim Minzetee zu sitzen, auf die breiten Planken hingehockt. Das Deck so einer Dhau habe ich meist blankgeputzt gesehen, und die Männer laufen barfuß übers Boot. So kann es also kaum geschehen, daß die »Dishdasha« eines Seemannes schmutzig wird. Ich mache es den Männern nach: Wenn ich an Bord gehe, lasse ich meine Schuhe neben ihren Sandalen bei der Strickleiter am Kai. Bevor ich es vergesse: Eine Dishdasha ist das weiße Gewand, das in Dubai alle Männer tragen.

Anfangs, schläfrig im Schatten breiter Sonnensegel ausgestreckt, habe ich noch darauf gewartet, daß eine Frau mit nackten Füßen an mir vorüber über die dicken Bohlen huscht. Ich habe mir eine Frau mit bunten Ringen an den Zehen vorgestellt, wie sie in Filmen oft zu sehen ist, doch solche Frauen gibt es nicht. Jedenfalls nicht in der Nähe einer Dhau. Seefahrer auf diesen Meeren haben ihre Frauen nicht an Bord. Auch am Kai habe ich eine Araberin so gut wie nie gesehen. Es kam höchstens vor, daß eine wunderliche Alte an den Schauerleuten vorüberging. Oftmals, wenn ich mich auf einer Abra übersetzen ließ, standen ein paar Verschleierte neben mir an Deck, doch es gab immer einen Ehemann, der sich diskret vor seine Frauen drängte.

*Seiten 291 bis 294: Bilder aus dem Leben einer Stadt.*

Malen wir uns einmal aus, günstige Winde hätten Sie mit mir zusammen an den Creek geweht. Sagen wir auch, Sie hätten bereits Freundschaft mit einem Araber geschlossen und verspüren nun das Bedürfnis, den Mann nach dem Befinden seiner Ehefrau zu fragen.

PEPSI
AL AIN

NASEERI TRADERS

IRANIAN CAVIAR

Leserin und Leser, ich bitte Sie, unterdrücken Sie den Wunsch! Vermeiden Sie, daß es Ihnen geht, wie es mir ergangen ist. Ich habe nämlich einmal von einem Mann, den ich für einen aufrichtigen Freund in Dubai halte, über eine junge Dame etwas wissen wollen, die ich wiederholt in seiner Nähe sah, und fühle noch immer, auch noch beim Schreiben dieser Zeilen, mein Einbrechen in dünnes Eis. Ein andermal kam unser Gespräch auf seine Mutter, und weil ich viele Fragen hatte, anstatt mit meinem Schweigen Achtung für die alte Dame zu bezeugen, habe ich das Haus der Mutter nie betreten. Ich kenne es lediglich von einem Foto, das aus Anlaß eines Familienfestes in der Regionalzeitung *Gulf News* abgebildet war.

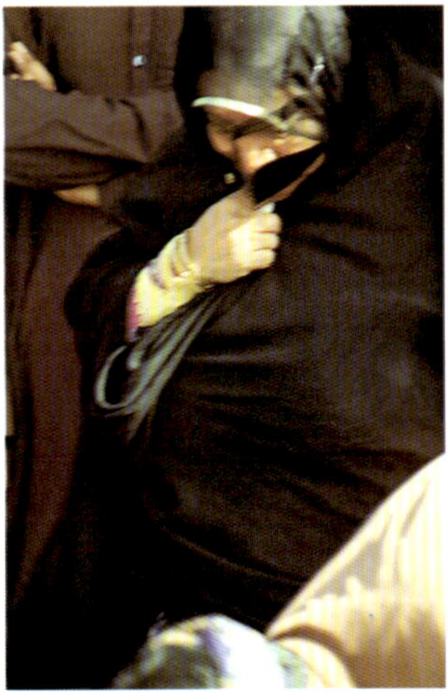

*Die Vollverschleierung der Frau ist in Dubai kaum noch üblich. Den Grad der Verschleierung bestimmen die Ehemänner oder Väter, in manchen Fällen auch die Frauen selbst.*

Wenn nun einer fragen sollte, warum? Warum wohl diese ungewöhnliche Empfindlichkeit, dann müßte ich als erstes nachdenklich mit den Schultern zucken und mich als zweites daran erinnern, daß die Familie das Zentrum des Lebens aller Männer ist, die ich in Dubai zu meinen guten Bekannten zähle. Ich glaube, daß es die liberalsten Männer sind, die ich in den Ländern Arabiens angetroffen habe, weitsichtig, aufgeschlossen für eine neue Zeit. Vielehen, wie sie den Moslems zugestanden sind, führt kein einziger von ihnen, und ihre Frauen gehen unverschleiert durch die Suks. Dennoch ist das Empfinden dieser Männer seit früher Jugend vom Koran geprägt. In der Heiligen Schrift des Islam wird beispielsweise dem Gläubigen geraten, sein Haus mit einer hohen Mauer zu versehen, die jedem Ungläubigen den Blick in das Leben der Familie verwehrt, und an anderer Stelle steht geschrieben: »Sprich zu deinen Ehefrauen und zu deinen Töchtern und zu den Weibern der Gläubigen, daß sie sich mit dem Überwurf verhüllen. So werden sie als anständige Weiber erkannt und haben keine Not.«

Die Frauen in der alten Beduinenstadt am Golf folgen den Worten des Koran in weitem Maße. Viele tragen den Umhang, der »Abeiya« heißt. Ich glaube, die Frauen von Dubai haben ihn in Art und Farbe seit Jahrhunderten nicht verändern wollen. Er ist aus schwarzem Stoff und bedeckt ihre Körper bis zu den Knöcheln.

Wenn bei unachtsamer Bewegung der Überwurf zur Seite weht, leuchtet meist rot oder manchesmal auch blau ein goldbesticktes Kleid daraus hervor, und beim eiligen Ordnen des Gewandes blitzt an den Handgelenken Schmuck in allen Farben. Ich glaube übrigens, daß die strenggläubigen Frauen von Dubai sich mit solcher Kleidung auf eigenen Wunsch vor den Blicken fremder Männer schützen und nicht nur, weil ihr Ehemann es verlangt. Der Kopf einer sittsamen Araberin ist stets mit einem schwarzen Tuch bedeckt und das Gesicht mancher Frau auch mit einer »Burka«, wie die schwarze Plastikmaske heißt, die von der Nase über die Wangen und bis zum Mund hin reicht. Es müssen tief religiöse Frauen sein, die ihr Gesicht auf solche Weise unansehbar machen wollen. Meist treffe ich sie beim Gemüsekauf im Suk. Oft auch im Gedränge des überdachten Suk des Goldes, wo sie sogar beim Überstreifen reichverzierter Halsgehänge die Burka nicht von den Gesichtern nehmen. Frauen, die stets vollverschleiert gehen, sind auf den Märkten nicht sehr häufig anzutreffen, doch wenn im Gedränge der Suks die Augen einer Unverschleierten sich mit meinen Augen treffen, zieht die Frau erschreckt und ohne ein Lächeln auch nur anzudeuten, ihr schwarzes Kopftuch vors Gesicht.

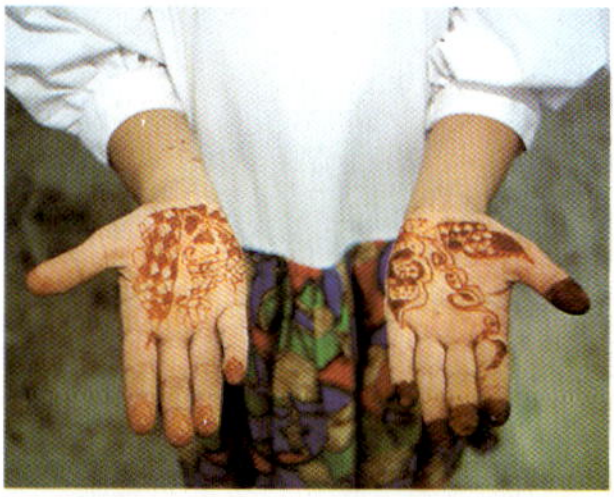

*Henna-Malereien auf den Händen eines jungen Mädchens.*

Nun sollte aber niemand glauben, in Dubai werde das Leben wie zur Zeit der wilden Beduinen in der Tradition gelebt. Keineswegs. Dubai ist ein Bild aus alt und neu. Vor dem schwarzen Untergrund der scheuen Frauen bringen die selbstbewußten ihre Farben in das Bild. In Sommerkleidern, die aus weltberühmten Modehäusern sind. Auf Beinen, die weit ausschreitend durch die Straßen gehen. Diese Straßen muß man sich übrigens meist als Avenuen denken, breit und baumbestanden, lichtdurchflutet, rund um die Uhr von Besenmännern gekehrt. Die Autos sind in Dubai von der teuren Sorte, und aus den Suks hervor steigen Büropaläste aus Glas und Stahl zu dem meist heißen Himmel auf. Oft steht noch ein altes Haus an seinem Platz von einst. Tief geduckt und grau, fast verloren anzusehen zwischen Bauten einer neuen Welt. Die ehrwürdige Mauer um das Haus herum ist so gebaut, wie das Heilige Buch des Islam es von den Gläubigen verlangt, und hundert Jahre lang hat die Mauer jedem Fremden den Blick auf das intime Leben der Familie tatsächlich verwehrt. Heute aber ist der Schutz der Mauer für den Hausbesitzer nichts mehr wert. Heute kann der Fremde, so wie ich, aus dem elften Stock den Leuten in den Garten blicken. Die Suren des Koran wurden zu einer Zeit geschrieben, als nur Gott allein den Menschen in die Gärten sah. Danach kam noch der eine oder andere Träumer, der auf einem Teppich in die Lüfte wollte. Und wiederum danach sind wir gekommen. Erbauer hoher Häuser. Rosahäutige Menschen, gelbhaarig. Einzelgänger, die ihr eigenes Wohl vor das der Allgemeinheit stellen. Ich denke mir, der Araber in einem der geduckten Häuser unter meinem Fenster, der die Familie gut beschützt hinter seiner Mauer haben will, muß unsere Ankunft mit Bedauern sehen. Alles, was wir zu ihm bringen, bringen wir im Überfluß. Wenn die Hitze uns zu groß wird, dann schaffen wir uns kalte Luft, um nur ein Beispiel unter vielen anzuführen. Klimaanlage heißt der Kasten, der vor den Fenstern lärmt und eisigkalte Luft in die Behausungen der Menschen bläst. So kalt ist diese Luft, daß der Araber an durchfrorene Nächte in der Wüste denken muß, damals, als er Kind war und der Vater bei der Falkenjagd mit seinen Söhnen noch in Zelten schlief. In der Stadt, in seinem Elternhaus, sagt der Mann, hatte der Vater einen Windturm bauen lassen und so in den heißen Monaten des Sommers die Luft der Räume mit einem sanften Wind recht kühl gehalten. Windtürme waren reine Meisterwerke, alle Häuser hatten solche Türme, und in der alten Stadt, den Creek entlang, stehen heute noch ein paar davon. Windtürme sind eines der Geschenke Gottes, sagt der Mann. Wie so viele andere Ideen hat Allah dem Menschen auch den Gedanken eingegeben, auf das Wohnhaus einen Turm zu setzen, der zu jeder Himmelsrichtung hin eine weite Öffnung hat und den kühlen Winden Eingang in das Haus gestattet. Der Mann sagt: Gott gab den Gläubigen viele Geschenke; wer sie zählen will, wird mit dem Addieren nicht zuende kommen.

*Ein traditioneller arabischer Windturm. Öffnungen zu jeder Himmelsrichtung hin leiten kühlende Winde in das Haus.*

»DAS GRÖSSTE GESCHENK, das Allah seinen Wüstensöhnen hatte machen können«, so denken Sie, liebe Leser, jetzt ganz sicher, »ist zweifelsfrei das Öl gewesen!« Recht haben Sie. Und Sie können mir glauben, daß die Leute von Dubai darüber ganz genauso denken, auch wenn sie inzwischen haben lernen müssen, daß so ein Geschenk eine unerwünschte Brut von Nachbarn schafft: Lächelnde Neider. Vorschnelle Freunde. Selbstherrliche Feinde. Maßlose Gier einzelner Brüder im Islam. Sogar eine Invasion vom Moslemstaat Irak hat es wegen dieses Öls gegeben, wie jeder weiß, und als Rettung aus der Not kam eine bis dahin nicht denkbare Allianz mit den Ungläubigen zustande, die einen Krieg am Golf entfachten, wie es ihn in der Geschichte dieser Wüste nie gegeben hat. Es ist wohl wahr, das Öl hat nicht nur Gutes auf die Insel der Araber gebracht. Die Leute wissen es genau. Doch im Vergleich, so fügen sie hinzu, bringt Öl mehr Glück als Leid. Sie sagen, was wir bekommen haben, ist mehr als ein Geschenk, was hier geschah, das ist ein Wunder.

ICH WEISS NICHT, WIE ES IHNEN GEHT, aber wenn Menschen wundergläubig sind, werde ich den Teufel tun und widersprechen. Außerdem kommt auch mir schon mal das Wort »Wunder« in den Sinn. Beispielsweise, wenn ich in einem dieser flohgeplagten, kargen Aerodrome beim Tanken auf der Tragfläche meiner Maschine saß, und meine innere Stimme mit mir reden wollte. »So gemächlich wie der gute Mann da unten das Benzin aus seinem Faß in unsere Flächen pumpt, haben wir noch recht viel Zeit«, sagte die Stimme, die außer mir kein anderer hört, und setzte dann hinzu: »Ich könnte mit dir inzwischen mal ein Ratespielchen machen. Also: Seit Otto Lilienthal ist dir bekannt, daß du dich in die Luft erheben kannst, doch ohne diesen wundersamen Saft, der jetzt in deine Tanks gepumpt wird, könntest du keine weiten Strecken fliegen. Nun weißt du zwar, daß Benzin aus Erdöl gewonnen wird. Jedoch: Weißt du auch, welche Urgewalt Erdöl entstehen läßt?«

Ehrlich, Leser, Hand aufs Herz: Ich bin durchgefallen bei dem Quiz. Hätten Sie's gewußt? Eben. Dacht' ich mir. Nun, ich habe für uns alle nachgeschlagen. In kurzer Form erzählt, hat das Wunder namens Erdöl seinen Anfang in Ur-Meeren genommen, vor Hunderten von Millionen Jahren. Damals sind unzählbare, winzige Lebewesen abgestorben, auf den Meeresboden hinabgesunken, und es ist eine dicke Brühe von Faulschlamm daraus geworden. Jedes Millionenjahr kam neuer Faulschlamm zu dem alten. Nun gab es in der Tiefe aber keinen Sauerstoff, weshalb der Faulschlamm nicht verwesen konnte. Vielmehr haben ihn Mineralien und sauerstoffunabhängige Bakterien zu Tropfen aus Kohlenwasserstoff umgewandelt. Als an der Kruste weiter oben das Gefüge der Gesteine, der Deckgebirge und Tonschichten sich veränderte und die Erdoberfläche sich zu festigen begann, entstand ein ungeheures Gewicht, das die Öltropfen aus den Gesteinsporen preßte. Die Tropfen liefen zueinander und bildeten unterirdische Seen. Ein gewaltiger Druck aus der Tiefe schickte die Seen auf Wanderschaft bis in die Nähe der Erdoberfläche hinauf, wo sich das Öl in riesigen Becken sammelte. Immer mehr Öl wurde nach oben gedrückt und trat schließlich durch poröse Stellen in der Erdoberfläche an das Licht der Sonne. Menschen schöpften die klebrige schwarzbraune Masse ab, wußten nicht, was sie da hatten, aber kamen auf die Idee, es als Pech für alles mögliche zu verwenden.

*Dubai hat den tiefsten von Menschen geschaffenen Überseehafen der arabischen Welt.*

FALLS UNTER IHNEN, VEREHRTE LESER, sich der eine oder andere Geologe befinden sollte oder gar eine Tektogenetikerin, so bitte ich mir die vereinfachte Darstellungsweise jenes gewaltigen Vorganges zu vergeben, den nicht nur die Enkel der Beduinen als wundersam hinnehmen. Auch ich sehe das schwarze Sprudeln in der Wüste als Allahs Wunder an. Ganz besonders, wenn ich an die Menge dieses Vorrats denke. Zwar sind mir die Bohrinseln vor der Küste Kaliforniens gut bekannt, auch in Alaska habe ich vor Öltürmen gestanden, und ich weiß, daß sie selbst in Sibirien nach Erdöl bohren, doch das größte Ölvorkommen unserer Welt, so ist in Büchern nachzulesen, liegt ganz nah unter der Erdoberfläche am Golf. Wissenschaftler sprechen von einem geologischen Zufall, wenn sie erklären sollen, warum ein gewaltig großer See aus Öl vor hundert Millionen Jahren seine unterirdische Wanderung ausgerechnet zu den Arabern hin angetreten hat. Die Enkel der Beduinen haben dafür eine andere Erklärung. Sie sind die unverbrüchlichen Getreuen Allahs, sagen sie, und das Wunder des Öls sei Allahs Dank an sie.

Natürlich ist das Erdöl nicht zu den Arabern gewandert, eher ist es umgekehrt gewesen. Der schwarze Schlamm war, wie gesagt, schon an die hundert Millionen Jahre durch eine verkarstete

Erdkruste ans Tageslicht geflossen, als in dem Gebiet, das vom heutigen Jemen bis hinauf zum Libanon reicht, die Spuren der ersten Menschen sichtbar wurden. Und das war etwa 8000 vor Christus. Es sollen Stämme gewesen sein, aus denen nicht nur die Ägypter und Berber hervorgegangen sind, sondern auch die Semiten. Sicher sind auch daher die Gemeinsamkeiten zu erklären, die Arabern und Juden nachgesagt werden. Am Beispiel Abrahams, heißt es, sei das abzulesen: Als Stammvater der Semiten gibt es ihn nicht nur in der jüdisch-christlichen, sondern auch in der arabischen Mythologie. Um die Zeit, als Abraham in der Wüste lebte, um 1800 vor Christus, haben die Semiten ein Ur-Alphabet entwickelt, aus dem unsere Schriften stammen, die hebräische ebenso wie die arabische, griechische und die lateinische. Mit den Buchstaben der Semiten sind die ersten Teile der Bibel geschrieben worden, lange bevor Jesus in dem Wüstenort Bethlehem auf die Welt kam. Zur gleichen Zeit, als Semiten mit der Heiligen Schrift begannen, zähmten ihre arabischen Mitbewohner das Kamel und hatten damit für alle Wüstenbewohner ein Transportmittel geschaffen, ohne das es einen Austausch von Waren unter den Stämmen nicht gegeben hätte. Nur sechshundert Jahre später waren es wieder die Araber, die Neues zuwege brachten: In der Landschaft, die wir heute als Jemen kennen, bauten sie einen Staudamm für ein Bewässerungssystem und verwandelten sandigen Boden in fruchtbare Äcker. Die Semitenstämme machten ihnen den Bau der Dämme nach, und die arabische Bevölkerung wiederum lernte, mit Buchstaben umzugehen. Es hat also den Anschein, als wären die Wüstenbewohner der Frühzeit in Frieden miteinander ausgekommen. Das änderte sich auf tragische Weise, als 597 Jahre vor unserer Zeitrechnung König Nebukadnezar Jerusalem überfiel und die Juden nach Babylon verschleppte. Dieses Verbrechen, das bekanntlich in die Geschichte als »Babylonische Gefangenschaft« einging, halte ich für die feindselige Trennung zweier Wüstenstämme, die im Ursprung gleiche Ahnen hatten. Und damit sind wir an dem Punkt, liebe Leser, den ich gern mit Ihnen durchgesprochen hätte. Es geht darum, daß ich in den geschichtlichen Werken, die bei mir daheim auf meinen Bücherborden stehen, keine Anhaltspunkte dafür finden kann, daß es im Anschluß an die Babylonische Gefangenschaft zu weiteren Kriegen zwischen Arabern und Juden kam. Der Streit um Land und die gewaltsame Übernahme fremder Territorien ist zwischen

Arabern und Juden, historisch gesehen, offenbar noch recht neu. Auch die Massaker und blutigen Feldzüge in Nahost, mit ihren alttestamentarischen Grausamkeiten nach dem Prinzip »Auge um Auge, Zahn um Zahn« und der weltumfassende Terrorismus des »Dschihad« sind Tragödien unserer Tage. Ich frage mich, und damit nun auch Sie, worin der unsägliche Haß begründet liegen könnte, der sich während der letzten eintausendvierhundert Jahre zwischen ihnen aufgestaut hat. Meine eigene Antwort biete ich Ihnen im folgenden zum Abwägen an, wobei ich zu bedenken bitte, daß ich kein Historiker bin und alles andere als ein Theologe. Ich vermute, daß der Schlüssel zum Problem nicht allein in den Kriegen unserer Tage um Gebietsanspruch und Landesgrenzen zu suchen ist, sondern auch in dem Alleinanspruch auf den einzig rechtmäßigen Gott, den jede der drei Religionen erhebt, die in den Wüsten des »fruchtbaren Halbmondes« geboren sind.

Auf der Suche nach Klarheit habe ich versucht, aus Geschichtsbüchern und komplizierten Texten, die auf verwirrende Weise ineinander übergreifen, die Wesenszüge der drei Wüstenreligionen herauszufiltern. Als ich Dinge in knapper Form notierte, wurde mir

*Mohammed geht den Propheten Abraham, Moses und Jesus im Gebet voran (Al-Aqsa-Moschee in Jerusalem). Die islamische heilige Geschichte stellt Mohammed an das Ende einer prophetischen Tradition, die von Adam, Abraham, Moses und Jesus herrührt.*

der Konflikt verständlich, dem die großen Drei nicht ausgewichen sind. Selbst mystische Ereignisse ließen sich historisch ordnen. Und die Tragik dreier Religionen, die sich im Ursprung verblüffend gleichen, stand in bunten Bildern vor mir auf. Es ist die erschütternde Tragik, daß die gleichen Wüstensöhne auf eine fast gleiche Weise Gutes wollen und sich trotzdem gegenseitig töten. Es ist die Tragik, daß sie im Grunde den gleichen Gott anbeten, auch wenn sie im Lauf der Zeit seine Wesenszüge den Bedürfnissen von Volk zu Volk entsprechend verändert haben. Auch wenn sie ihm drei verschiedene Namen gaben. Er scheint mir doch der gleiche Gott zu sein.

Ich lege meine Notizen diesen Zeilen bei. Vergleichen Sie die Blätter: Sie werden Gemeinsamkeiten darin finden.

JUDENTUM.

Eintausend Jahre vor unserer Zeitrechnung gab es in Palästina die Reiche Juda und Israel. Sechshundert Jahre v. Chr. marschierte der babylonische König Nebukadnezar in Jerusalem ein, zerstörte den Tempel der Juden und führte »die Kinder Israels« in die Gefangenschaft nach Babylon. Als sie 538 v. Chr. nach Jerusalem zurückkehren durften, errichteten sie ihr Reich erneut und nannten es Judäa. Ihr neuer Staat war eine nach der Ordnung ihrer heiligen Schrift, der Thora, verwaltete Theokratie. Der Staat Judäa ist bis zu seiner endgültigen Vernichtung durch die Römer immer wieder in kriegerische Handlungen verstrickt gewesen. Christentum und Islam sind spätere Religionsgründungen. Kriege der Juden gegen Christen oder Muslime hat es also ursprünglich nicht gegeben. Die Präventivkriege und Besetzungen von moslemischen Territorien durch das heutige Israel müssen als Sicherheitsmaßnahmen zum Schutz eines Volkes verstanden werden, das einen zweiten Holocaust nicht überleben würde.

Laut rabbinischem Gesetz gilt als Jude, wer von einer jüdischen Mutter geboren ist oder sich zum jüdischen Glauben bekennt. Neuer Auslegung zufolge gelten Juden nicht mehr als semitische Rasse, sondern als eine politische, religiöse und philosophische Gemeinschaft, die in ihrer Wesensart weitgehend durch das Leben in der Diaspora und in Ghettos bestimmt wurde. Verfolgungen, denen sich die Juden weltweit über alle Zeiten hindurch ausgesetzt sahen, haben trotz der tief verwurzelten Neigung zum Individualismus immer wieder für den Zusammenhalt als Volk gesorgt. Die in der Geschichte einmalig dastehende Vernichtung eines Großteils der jüdischen Menschen in den Konzentrationslagern der deutschen Nationalsozialisten hat dazu geführt, daß der alte Traum von der Auferstehung des Staates Israel mit Macht vorangetrieben und 1948 in die Tat umgesetzt wurde.

*Der Rabbi zeigt der jüdischen Gemeinde die Thorarolle mit dem mosaischen Gesetz des Pentateuch, der fünf Bücher Mose. Malerei auf einer Thoraschabracke (19. Jhdt.)*

Die Thora, das Buch des mosaischen Gesetzes, gilt den Juden als die wörtliche Offenbarung Gottes. Das Alte Testament, einer der beiden Hauptbestandteile der späteren christlichen Bibel, war lange vor Entstehung der Christenkirche in hebräischer Sprache geschrieben. Nachdem es – in andere Sprachen übersetzt – nicht mehr nur für die Juden Quelle des Glaubens war, entwickelten diese ihre religiöse Tradition in mündlicher Überlieferung fort, deren Niederschrift im Talmud um 500 n. Chr. abgeschlossen war. Wie die Hauptwerke der anderen Religionen stellt der Talmud eine Gesetzessammlung dar. Er legt die Maßstäbe für Ethik, Reinlichkeit, Philosophie sowie alle anderen Bereiche des Lebens fest und diente darüberhinaus den Juden bis in die Neuzeit hinein als Enzyklopädie allen Wissens.

Die jüdische Lehre verkündet die Herrlichkeit Jahwes. Die Juden erkennen nur ihn allein als Gott. Jahwe wird als Einzigkeit verehrt. Er hat die Welt geschaffen. Der Sinn des Lebens ist die Verwirklichung des Guten. Der Mensch steht Gott aufrecht und ohne Mittelsperson gegenüber. Das Leben wird als heilig angesehen. Es gibt ein Jenseits und eine Vergeltung der guten wie der bösen Taten. Das Verhalten im Diesseits hat bei der Urteilsfindung Gewicht. Traditionelle Juden glauben an die Auferstehung der Toten. Der absolute Gehorsam dem göttlichen Gesetz gegenüber verheißt auf Dauer die Rückführung des Volkes nach Israel.

Es ist mir nicht bekannt, ob jemals der organisierte Versuch gemacht wurde, die jüdische Lehre missionarisch unter Andersgläubige zu tragen. Die Kirche der Juden kennt keine Dogmen.

CHRISTENTUM.

Das vermutete Geburtsjahr des Religionsbegründers Jesus Christus wird neuerdings mit 7 v. Chr. angegeben. Seine Lehre verbreitete sich rasch in Palästina, das von den Römern besetzt war.

Nach dem Tod Jesu am Kreuz entstand das Christentum auf der Grundlage des jüdischen Alten Testamentes. Die Verfolgungen der Jünger Jesu haben zu einem festen ethischen Verständnis in der Gemeinschaft geführt. Der Zusammenschluß der Gläubigen zu einer straff geführten Kirche wurde deshalb rasch erreicht. Gegen alle Anfeindungen hatte sich das Frühchristentum bei Ende des 2. Jahrhunderts nicht nur im Osten des römischen Imperiums ausgebreitet, sondern war in der Hauptstadt Rom ebenso vertreten wie in anderen Landstrichen Italiens und in Gallien. Weitere hundert Jahre später hatte sich das Christentum bereits in Spanien, Persien und Indien ausgebreitet. Im 11. Jahrhundert führten Streitigkeiten um Glaubensfragen, Kult und Sitte zur Spaltung in eine Römisch-Katholische Kirche des Abendlandes und das morgenländisch Orthodoxe Christentum. Im 16. Jahrhundert kam es zum Bruch der kirchlichen Einheit des Abendlandes: Die von Martin Luther angeführte Reformation löste weite Landstriche aus der päpstlichen Oberhoheit der lateinischen Kirche, und in Britannien unterstellte Heinrich VIII. die von Rom abgespaltene Church Of England seiner Obhut.

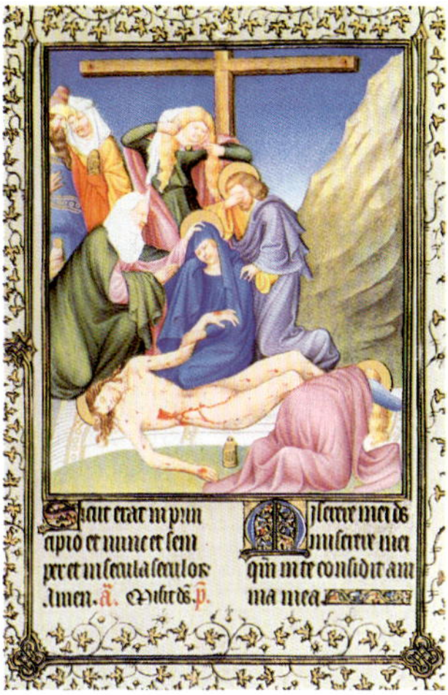

*Für die Christen ist Jesus der Erlöser. Als menschgewordener Gott starb er den Tod am Kreuz. Malerei aus dem Stundenbuch des Duc de Berry (frühes 15. Jhdt.)*

Die Heilige Schrift der Christen ist die Bibel. Sie besteht aus dem Alten und dem Neuen Testament. Das Alte Testament wurde bereits vor der Entstehung der Christlichen Kirche in hebräischer Sprache geschrieben. Die ersten Christen benutzten es aber in der Urform nur zu Beginn und entschieden sich dann für eine griechische Übersetzung mit Namen Septuaginta. Später schufen die Christen eine lateinische Übersetzung. Die Juden sahen keine Gemeinsamkeiten mehr und trennten sich, ungefähr um diese Zeit, von den Christen. Die Niederschrift des Neuen Testaments begann bereits um 50 n. Chr., wurde aber erst Ende des 2. Jahrhunderts abgeschlossen.

Das Christentum hat den abendländischen Völkern eine eigene Kultur gebracht, die auf der Antike aufbaute. Die Wissenschaften waren in ihrem Kerngehalt reine Theologie, wissenschaftliche Erkenntnisse der Phönizier und Griechen wurden unterdrückt. In Literatur und Kunst kam es zu einer Blütezeit. Martin Luther hat mit seiner Bibelübersetzung eine einheitliche deutsche Sprache geschaffen.

Die Missionsarbeit der Kirche begann bereits zu Lebzeiten Jesu. Seit dem »Sendungsbefehl Christi« sind geweihte Männer und Frauen auf allen Kontinenten mit religiösem Eifer dabei, »den Ungläubigen das Wort des Heilands zu predigen«. Die missionarische Tätigkeit der Christenkirche wurde wiederholt mit Waffengewalt durchgeführt. Es gab Kriegszüge nicht nur gegen Ketzer (Albigenser), sondern auch gegen preußische und estländische Heiden. Im 11. Jahrhundert rief Papst Urban II. die Christenheit zum Krieg gegen den Islam auf (Kreuzzüge). Im gleichen Jahrhundert wurde das Heilige Grab erobert. Teilnehmende Ritter erhielten Nachlaß bei kanonischen Bußstrafen. Gegen Palästina, Byzanz und nordafrikanische Gebiete wurden insgesamt sieben Kreuzzüge geführt, die auf beiden Seiten in Blut und Schrecken endeten. Ein Kinderkreuzzug wurde zu einer unvergessenen Tragödie. Kritiker in den eigenen Reihen ließ die Kirche durch die Inquisition vom 12. bis zum 15. Jahrhundert körperlich oder seelisch vernichten. Im 16. Jahrhundert fielen spanische und portugiesische Konquistadoren im Namen ihres Gottes und ihrer Monarchen raubend und mordend über beide Amerikas her und vernichteten die Kulturen der Ureinwohner weitgehend.

Das Christentum versteht sich als eine offenbarende und erlösende Religion. Die Kirche sieht in Jesus Christus die abschließende Offenbarung Gottes, das Heil für alle Menschen, Erlösung von der Sünde und den Eingang in das wahre, ewige Leben. Achtung vor der Würde des Menschen als Ebenbild Gottes ist ebenso bedeutsam wie die Nächstenliebe. Das Gewissen wird als heilig angesehen. Die Kirche predigt die Erhaltung überlieferter Werte und Prinzipien wie Ehe, Monogamie, Familie, Erziehung. In klarer Übernahme des hebräischen Alten Testamentes kennen auch die Christen die Begriffe von Himmel und Hölle: Es gibt ein Jenseits und eine Vergeltung der guten wie der bösen Taten. Die »gute Führung« im Diesseits hat bei der Urteilsfindung durch Gott am Jüngsten Tag Gewicht. Die Christen glauben an die Auferstehung ihrer Toten.

Die christliche Lehre ist auf dem Dogma aufgebaut, d. h. eine christliche Grundüberzeugung oder lehrhafte Sätze bedürfen keiner realen Beweise, sondern sind durch die Autorität der Kirche verbürgt.

ISLAM.

Das Wort Islam soll eine Wortschöpfung seines Propheten sein, die zum einen mit »Eintritt in den Stand des Heils« übersetzt wird, zum anderen mit der Forderung der »Unterwerfung, Hingabe an Gott«. In seiner Ethik verlangt der Islam außerdem Wohltätigkeit, gute Taten und gute Behandlung der Menschen untereinander. Der Islam ist die jüngste der drei Wüstenreligionen. Glaubensgründer ist der Kaufmann und Karawanenführer Mohammed. Der Prophet wurde 570 n. Chr. in Mekka geboren. Seit 613 n. Chr. verkündete er in öffentlichen Predigten, daß Gott durch den Erzengel Gabriel wiederholt zu ihm gesprochen habe. Mohammed betrachtete es als seine Aufgabe, Christen und Juden in einem gemeinsamen Glauben zu Gott zu führen. Die Anhänger des Islam halten Mohammed für den letzten der großen Abgesandten Gottes, dem es gegeben war, das Werk der jüdischen Propheten Abraham, Moses und Christus fortzusetzen.

*Die Suren des Koran enthalten die Mohammed zuteil gewordene göttliche Offenbarung Allahs. Sie in sorgfältiger Kalligraphie zu schreiben und sie zu lesen, ist heilige Handlung. Buchmalerei, Bagdad (13. Jhdt.)*

Das Wort Allahs, das Mohammed verkündete, brachte sein Leben in Gefahr. Im Jahr 630 n. Chr. griff er deshalb zu den Waffen, eroberte Mekka und (das heutige) Medina und verbreitete die neue Lehre mit Hilfe seiner Krieger unter allen arabischen Stämmen auf der Halbinsel. Zwei Jahre später starb Mohammed überraschend. Die Anhängerschaft des Islam spaltete sich in Sunniten und Schiiten. In heutiger Zeit gehören 90 Prozent der orthodoxen Richtung der Sunniten an. Die Minderheit der Schiiten bevölkert auf dem »fruchtbaren Halbmond« den Iran, Irak, Bahrain, den nördlichen Jemen sowie Landstriche von Syrien und der Türkei.

Die Heilige Schrift des Islam ist der Koran. Gott selbst hat Mohammed, seinem »Abgesandten auf Erden«, alle 114 Suren diktiert. Der Koran ist unveränderbar. Im Vergleich zur Heiligen Schrift der Muslime lesen sich die jüdischen und christlichen Glaubensinhalte vereinfacht und sind der Auslegung preisgegeben. Der Koran stellt unmißverständliche Regeln für den Alltag des Gläubigen auf. Sie betreffen die Ehe ebenso wie den Tod, geben Anweisungen in Erbschaftssachen, Erziehung, Eßmanieren, Gesundheit, Hygiene, Scheidungsfragen, und behandeln den gesamten Jahresablauf in sozialer, moralischer und religiöser Hinsicht. Der Text ist gebieterisch und furchteinflößend abgefaßt. Es wird davor gewarnt, Gottes Zorn zu erregen: »Ich, Gott, sehe alles.«

Ebenso wie beim Christentum ist im Islam der fanatische Wunsch anzutreffen, den eigenen, den einzigen Gott zu den Ungläubigen zu tragen. Die friedliche Missionsarbeit scheint über alle Zeiten hinweg immer wieder von Allahs Schwert abgelöst worden zu sein. Bereits 709 n. Chr. war ganz Nordafrika gewaltsam in islamische Hand gebracht worden, und der Siegeszug nach Spanien und Frankreich begann. 732 n. Chr. machten die Franken den Eroberungen europäischer Gebiete (Spanien, Frankreich) durch islamische Kieger ein Ende. In Afrika, Asien, China und Indonesien breitete sich der Islam seit dem 16. Jahrhundert aus. Wegbereiter waren auch hier kriegerische Aktionen, denen Missionsarbeit und Handel folgten. In unseren Tagen breitet sich der Islam in den jungen Staaten Afrikas auf friedliche Weise rapide aus. Drei Elemente des Islam sind vor allem den Männern Afrikas erstrebenswert: die Vielehe, die Abwesenheit von Rassendiskriminierung und, wesentlich, das Gefühl, einer wahren Bruderschaft anzugehören. Im Gegensatz zur friedlichen Missionarsarbeit bei den schwarzafrikanischen Stämmen streben in unseren Tagen die Fundamentalisten des Islam (Algerien, Lybien, Iran, Bangladesh, Afghanistan) mit Mord an Ausländern, Todesurteilen gegen Schriftsteller, Heilige Kriege und einem internationalen Terrorismus die religiöse Eroberung aller Kontinente an.

In der Frühzeit und im Mittelalter hat die Expansion des Islam allen Völkern, die sich unterwarfen, eine neue, blühende Zivilisation gebracht. Die Muslime übernahmen die Errungenschaften eroberter Kulturen und trugen sie zu den Ländern, die sie regierten. Ägypter, Syrer, Iraker und Perser beeinflußten die arabische Architektur, Literatur und Kunst. Die medizinischen, geographischen, astrologischen und philosophischen Erkenntnisse der Griechen, lange von den Christenkirchen gewaltsam unterdrückt, wurden von den Muslimen nach Arabien, Nordafrika und Spanien gebracht und somit für die Nachwelt wiederbelebt.

Ähnlich den Juden, aber im bewußten Widerspruch zur Dreifaltigkeit der Christen, kennt der Islam nur einen Gott. Allah schuf den Himmel und die Erde. Alles geschieht durch seinen Willen. Die

Botschaft Gottes wird den Menschen durch Engel überbracht. Wer sich Allah widerspruchslos unterwirft und die Lehren des Koran befolgt, darf sich einen Platz im Paradies erhoffen. Ungeachtet eines frommen Lebens ist der Einzug in das Paradies jedoch nicht sicher: Nach unermeßlichem Ratschluß entscheidet Allah am Jüngsten Tag in jedem einzelnen Fall darüber. Wer vom Weg abweicht, kommt unausweichlich in die Hölle. Für den gläubigen Moslem ist beides Realität, die Hölle ebenso wie das Paradies. Die Sehnsucht nach dem Paradies läßt den Tod in einem hoffnungsvollen Licht erscheinen, vornehmlich den Heldentod im Namen Allahs. Auch das irdische Schicksal des Gläubigen liegt allein in Allahs Hand, alles ist von ihm vorbestimmt. Der Genuß von Schweinefleisch ist dem Gläubigen untersagt. Gleiches gilt für Alkohol. Ein Verbot anderer Rauschmittel, wie Haschisch, Opium oder Betel, wird im Koran nicht ausgesprochen. Mit Verboten belegt sind aber Glückspiel, Wetten und Geldverleih gegen Zinsen. Das Erwirtschaften von Profiten ist erlaubt. Dem Gläubigen sind fünf Grundpflichten auferlegt: Das Bekenntnis zu Allah und dem Propheten. Das Gebet, fünfmal am Tag. Das Spenden von Almosen für die Armen. Die Pilgerfahrt nach Mekka. Das Fasten während des Ramadan.

*Nachmittagsgebet. Abflughalle des Flughafen von Dubai.*

Der Islam kommt ohne Dogmen aus, denn der Gläubige unterwirft sich Allah ohnehin bedingungslos: »Ich bezeuge, daß es keinen Gott gibt außer dem einen Gott.«

DA HABEN SIE ES ALSO, VEREHRTE LESER: Alle drei Glaubensgemeinschaften sagen, ihr Gott sei der einzig wahre Gott. Zwei von ihnen (Juden, Muslime) sehen sich als die historischen Besitzer des gleichen kargen Wüstenbodens. Wegen dieser Überzeugung wird am Ausgang des zwanzigsten Jahrhunderts jeden Tag gekämpft. Gestorben. Partei ergriffen. Und gehaßt. Quälend tief gehaßt. Liebe Leser, winken Sie an dieser Stelle bitte nicht ab und sagen mir, daß ich zur Sprache bringe, was ja schließlich jeder weiß. Denn in dem Fall hätte ich für uns alle eine Frage: Wenn das ein jeder weiß, warum folgen dann die Gläubigen nicht den Geboten ihrer Schriften? Sagt nicht die eine Schrift, das Leben sei als heilig anzusehen? Und fordert nicht die andere, daß die Menschen einander gut behandeln sollen? Warum also soll das Töten um Land und Gott auf ewig weitergehen? Warum stirbt der Haß nicht so leicht wie Körper sterben? Ich habe keine Antwort auf die Fragen. Es ist auch nirgendwo zu hören, daß einer unter uns gültige Antworten gefunden hat. Und genau da sind wir jetzt an dem Punkt, den ich gern mit Ihnen gemeinsam bedacht hätte. Ich hätte gern mit Ihnen über unser Einfühlungsvermögen gesprochen. Ob Sie nun Jude sind, Christ oder Muselmane, ich hätte gern gewußt, wo dieses Einfühlungsvermögen nach Ihrer Meinung wohl geblieben ist. Dieses erregende Vermögen, uns in das Wesen einer fremden Lebensart hineinzudenken. Wo ist es? Ich glaube nicht, daß es uns verloren ging. Nur scheint es damit so zu sein, wie es mit vielem anderen heute geht: Es wird in Eile abgetan. Unser Einfühlungsvermögen in das Wesen eines Fremden ist meist flüchtig genug, ihn wegen seiner Wurzeln abzulehnen, doch nur selten sorgfältig genug, dem Liebenswerten seines Wesens zu begegnen. Hat aber die Begegnung erst stattgefunden, wird der eine oder andere unter uns zum Töten nicht mehr in der Lage sein.

Einfühlungsvermögen. Ich sehe mir das Wort noch einmal an. Und mache Kringel auf dem Block mit den Notizen. Und denke an die Menschen auf der Insel der Araber, von denen dieser Brief erzählen soll. Und frage mich, wie es wohl mit meinem Vermögen bestellt gewesen wäre, mich an einem ganz bestimmten Tag in das Wesen der Jubelnden hineinzufühlen. Oder in die Sorgen derer, die damals leer ausgegangen sind. Ich denke an den Tag, als jener Gott, der drei verschiedene Namen trägt, das vorläufig letzte Wunder fertigbrachte. Es war der Tag, als der Gott der Beduinen ganz unverhofft unter Zelten, zwischen Ziegen, Erdöl aus dem Boden sprudeln ließ. Es war der Tag, an dem im Abendland Politiker und Journalisten ihr Bild vom minderwertigen Araber überdenken mußten. Und es war auch der Tag, an dem das Leben meines Freundes Ahmed in Dubai sich verändert hat.Von diesem Ahmed bin Sa'íd Al Maktoum möchte ich Ihnen, liebe Leser, jetzt erzählen.

ZUNÄCHST EINMAL DAS BILD DER JUGENDZEIT des Mannes: Sein Vaterhaus ist ein Palast: rotbraun, klein, nicht sehr hoch. Ein Rechteck im Sand. Mit einem Geschoß darüber für die Frauen. Das

Dach hat auf spielerische Weise eine Verstufung von Terrassen. Windtürme ragen über die Verschachtelung hinweg. Die Mauern zwischen Sand und Dach weisen jeden Fremden ab. Alle Fenster haben Gitter: schmiedeeisern, kunstvoll verziert, fest verankert in der Wand. Gelbgrauer Sand trennt das Haus vom Creek. An der Ufermauer machen jeden Morgen neue Schiffe fest. Dhaus, die aus Mombasa kommen oder aus Busheir. Ohne Segel, doch mit Dieseln in den dicken Bäuchen. Und mit Planken aus dem gleichen Holz wie das Portal von Ahmeds Haus. Vor dem Portal wacht ein Soldat. Seine Uniform stammt aus der Zeit der Briten. Auch das Gewehr sieht englisch aus, Zweiter Weltkrieg, mit vielen Kerben in dem Schaft. Sein Schloß glänzt schwarz vom Waffenöl.

*Seine Hoheit, Scheich Ahmed bin Sa'id Al Maktoum.*

Der Innenhof hinter dem Portal ist streng. Kennt keine Bäume. Vor rotbraunen Wänden wachsen keine Blumen. Es gibt auch keinen Rasen in dem Hof. Nirgendwo ein wenig Grün. Von Wand zu Wand streckt sich nur Sand, gelbgrau und schwer. Kein Wind hebt solch schweren Sand zwischen diesen Mauern hoch. Nicht einmal der »Schamal«, wenn er aus der Wüste kommend in die Stadt herüberweht. Der Sand im Hof läßt an Ahmeds Vater denken. Ein altes Foto zeigt ihn so. Hell, ausgemergelt, harsch wie das Land: Scheich Sa'íd bin Maktoum. Herrscher über Dubai, ein Leben lang. Das Volk verehrt den Mann. Er wurde zum Idol, weit über seinen Tod hinaus.

Der spätgeborene unter seinen Söhnen, Scheich Ahmed, kann sich an den Vater nicht erinnern. Seine Mutter war blutjung, als man den Fürst in Sterbetücher schlug. Der Herrscher hatte ein Leben in Bescheidenheit verbracht. Luxus, sagen die Leute in Dubai, sei ihm fremd gewesen. Sein Sohn ergänzt, Scheich Sa'íd habe ohne großen Aufwand den Tageslauf gelebt, den er von seinen Vorfahren her kannte: Hingabe an Gott. Almosen für die Armen. Erziehung der Kinder. Zuneigung der Frauen. Besuch der Emire aus den Nachbarländern. Tafelgelage. Männerlachen. Falkenjagd. Verhandlungen mit Bohrtechnikern aus Übersee. Fünfmal am Tage das Gebet. Nicht zu vergessen einmal wöchentlich das Rennen der Kamele.

Abendliche Anhörung der Nöte von Männern aus dem Volk. Eintreffen weitgereister Musikanten. Oft auch, auf gekreuzten Beinen hockend, die Betrachtung einer langen Reihe traditioneller Tänzer. Männertänzer.

Der kleine Ahmed ist mit Falkenjagd und Beduinenzelten aufgewachsen. Die meiste Zeit der Kindheit hat er im Sand des Innenhofes zugebracht. Sein Bruder und die weitverzweigte Familie übernahmen Vaterstelle. Lange Zeit hörte er die verwunderten Bemerkungen der erwachsenen Männer über den Ölreichtum der Saudis, und auch die Vettern in Abu Dhabi bohrten Öl, doch in Dubai war der Wüstenboden wie eine Frau mit unfruchtbarem Schoß. In dem Jahr, als die Familie Ahmeds achten Geburtstag zelebrierte, belohnte Allah seine Getreuen von Dubai schließlich doch noch mit dem verzweifelt erhofften Öl. Es schoß beim Bohren vor der Küste aus dem Meeresboden. Auf den Segen dieser Gabe seines Gottes hat der junge Ahmed jedoch noch gut zwanzig Jahre warten müssen. Vorläufig, während er heranreifte, beschäftigte man ihn mit den Lehren der Tradition und dem Erreichen guter Noten im Gymnasium von Dubai. Dann schickten sie ihn nach Cambridge zum Englischlernen. Sein Heimweh nach der Wüste, sagt Scheich Ahmed, sei enorm gewesen. Als die Familie ihn anwies, auf eine Hochschule zu gehen, hat er sich die Universität von Denver, Colorado, ausgesucht. Die Gründe zählt er lachend an drei Fingern ab: Viele seiner Freunde aus der Gymnasialzeit studierten in den Rockies, wohlhabende Araber waren schon immer aufs Skilaufen versessen, und Schnee ist für den Jungen aus der Wüste eine nie gekannte Sensation. Mit den Amerikanern, sagt er, sei er gut zurechtgekommen. Er belegte Politische Wissenschaften. Was er als junger Mann in Denver lernte, ist ihm noch immer anzumerken. Ahmed bin Sa'íd Al Maktoum ist zu einer Mischung aus nachdenklichem Araber und optimistischem Businessman der USA geworden.

*Ahmeds Vaterhaus am Creek, der ehemalige Palast des Herrschers von Dubai.*

IM HARSCHEN KLIMA DER WÜSTEN ARABIENS haben Beduinen besser überleben können, wenn sie viele Häupter zählten und sich aus Gründen der Verteidigung, des Wohlergehens und der Wahrung ihrer Tradition als Bewohner karger Regionen zu Großfamilien zusammenschlossen. Der geistige Zusammenhalt der Menschen lag in der bedingungslosen Hingabe an Allah. Ihre Anführer, die Stärksten und spirituell Wendigsten unter den Männern, wurden Scheichs genannt. Ihre Vorrangstellung verdankten sie meistens ihren Fähigkeiten, der Zugehörigkeit zu einer bestimmten Familie und persönlichem Geschick. Stammeshäuptlinge, die mit Weitsicht, Härte und Kampfesbereitschaft weit über ihre eigene Region hinaus die Hochachtung anderer Stämme errungen hatten, wurden zu Herrschern kleiner Reiche in der Wüste. Fremde aus dem Abendland nannten ein solches Staatsgebilde Scheichtum, die Araber gaben ihm die Bezeichnung Emirat.

*Ahmeds Vater, Scheich Sa'id, legendenumwobener Herrscher von Dubai.*

In der Weite der Wüste waren territoriale Ansprüche zunächst noch fließend. Beduinen vermochten nicht in festen Grenzen zu denken. Die Wüste gehörte jedem, und wenn es überhaupt eine Begrenzung gab, dann lag sie in der Reichweite des einzelnen Arabers und seines Kamels begründet, im Auffinden von Wasser und der Entfernung bis zu den Weidegründen in der nächsterreichbaren Oase. Die Begegnung mit europäischen Seefahrern, Handelsleuten und Kolonialbeamten brachte jedoch ein neues Verständnis von Eigentum in die Wüste. Mit den Fremden aus Europa wurden Verträge über Zusammenarbeit, Schutz gegen Piraten und die Errichtung neuer Häfen abgeschlossen. Das machte es notwendig, im Wüstenboden Grenzen abzustecken. Als der Zeitpunkt gekommen war, bevölkerten Scheich Ahmeds Vorfahren mit ihrem Stamm die Oase Liwa im heutigen Abu Dhabi. Eine mündliche Überlieferung besagt, daß die Familie Maktoum ihren kleinen Beduinenstamm anwies, das Dasein als Ziegenhirten und Olivenbauern in der Oase aufzugeben und an der Küste eine bessere Zukunft aufzubauen. Das war im Jahr 1833. Angeführt von ihrem Scheich Maktoum machten sich achthundert Beduinen der Beni Yas auf die Wanderung zum Meer. An der Bucht, die dem Leser dieses Briefes inzwischen unter dem englischen Namen Creek vertraut ist, besetzten sie eine Ansiedlung friedvoller Fischer und gründeten das Beduinendorf Dubai. Beim Betrachten der Seekarten, die ihnen arabische Händler und europäische Kapitäne überließen, erkannten sie die geographische Schlüsselstellung ihres neuen Scheichtums, das an den Schiffahrtswegen der Kauffahrteischiffe zwischen Indien, Persien und den Küsten Afrikas gelegen war.

*Fußballspiel im sandausgelegten Innenhof des alten Palastes der Maktoum. Hardy nennt ihn bewundernd »Ahmeds Sandkiste«.*

Die Maktoums wußten Allahs Fingerzeig zu schätzen. Sie errichteten hier ein Handelszentrum, bauten den Creek zum Hafen aus, schufen Lagerhäuser und richteten ansehnliche Ladengeschäfte ein. Aus Ziegenhirten waren Kaufleute geworden. Am Vorabend des zwanzigsten Jahrhunderts hatte Dubai die größten Suks am Golf zu bieten, und die Überlieferung berichtet, daß mehr als fünfhundert Geschäfte auf beiden Seiten des Creek an jedem frühen Morgen ihre Türen öffneten. In den Anfängen wurde am Golf von Mund zu Mund weitergegeben, was sich zugetragen hatte. Später entstand die eine oder andere Chronik. Einer der Autoren schreibt den schnellen Aufschwung am Creek der freizügigen Denkungsart der herrschenden Familie zu. Die Maktoums waren dem Islam gläubig zugetan, ließen dennoch andere Religionen in ihrem Scheichtum zu. Deshalb zogen schon früh Kaufleute aus Hinduländern nach Dubai, und in den Lagerhäusern trieben Christen ihren Handel mit Muslimen. Als auf der anderen Seite am Golf die Perser den Handel auf erschwerende Weise regulierten, lockerten die Maktoums die Bestimmungen in Dubai und gestatteten Persern ebenso wie Indern, Pakistanis oder Türken die Einwanderung an den Creek.

Erinnern Sie sich, geneigte Leser, was ich über den Vater von Scheich Ahmed schrieb? Über den Beduinenherrscher namens Sa'íd al Maktoum, den Allah zu sich rief, als sein jüngster Sohn das Licht der Welt erblickte? Sowohl Legende als auch gedruckte Chronik weisen ihn als den Begründer des Wohlstandes aus, den die Menschen in Dubai heute genießen. Genau gesagt werden Scheich

Sa'íd und sein Sohn Rashid in einem Atemzug genannt, wenn von dem guten Leben in Dubai die Rede ist.

Zur Verdeutlichung der familiären Zusammenhänge im Hause Maktoum habe ich den Stammbaum der Maktoum ausgeschnitten und lege ihn meinen Zeilen bei. Der Leser wird auf den ersten Blick erkennen, daß Scheich Sa'íd der Vater dreier Kinder war, die ihm von verschiedenen Ehefrauen geboren wurden: einer Tochter und zweier Söhne. Sein Letztgeborener ist Ahmed, und die Lebensart der Muselmanen macht möglich, was sonst selten ist: Die jüngste seiner Ehefrauen hat dem achtzigjährigen Herrscher im Jahre seines Todes einen Sohn geschenkt, den nahezu ein Menschenalter von dem Erstgeborenen Rashid trennt, welcher von einer anderen Mutter stammt. Beim Tod des Greises ging die Herrschaft an den Erstgeborenen über. Ahmeds Bruder muß an Weitsicht sogar noch den Vater übertroffen haben. In allen Veröffentlichungen, die ich habe finden können, wird Scheich Rashid bin Sa'íd Al Maktoum als ein unermüdlicher Arbeiter geschildert. Sein Volk, das den Weg zum Meer mit achthundert Menschen angetreten hatte, war auf dreißigtausend angewachsen. Der Herrscher mußte Sorge tragen, daß jede Familie ein eigenes Heim erhielt, und wenn er den Leuten ein

*Seiten 313/314: Die Vorfahren Scheich Ahmeds haben ihr Volk aus einer Oase an den Golf geführt.*

lebenswertes Dasein möglich machen wollte, brauchte er einen Hafen, der tief genug für große Frachter war. Scheich Rashid ging die reichen Nachbarn Arabiens um Kredite an. Dann, so schreibt die Chronik, stieß er seinen Krückstock in den Sand am Meer und sagte: »Hier baut ihr mir den größten Tiefseehafen der Region, mit Ladekränen, Trockendocks und allem, was zu einem Freihafen gehört, aber beeilt euch auch damit!« Zu einer Zeit, als Esel, Kamele und Fahrräder noch immer die Fortbewegungsmittel seines Volkes waren, ließ er schon die ersten Asphaltstraßen in dem steinigen Boden verlegen, und auch den Bau der ersten Brücke über den Creek hat er bereits gefordert, als es in Dubai Autos noch gar nicht gab.

IN DIE REGENTSCHAFT VON AHMEDS BRUDER fällt der alles verändernde Fund von Öl im Meeresboden. Und damit setzt eine neue Art von Zeitrechnung ein, inoffiziell, aber bei den Leuten ständig im Gebrauch: Es ist die Trennung in die Jahre vor dem Öl und in die Zeit danach. Das Beachtenswerte für die Zeit »nach dem Öl« ist, daß die Entwicklung in Dubai auf ungewohnte Art vonstatten ging. Im Gegensatz zu den benachbarten Potentaten nämlich, und im besonders krassen Gegensatz zu dem persischen Schah Reza Pahlewi an der anderen Küste, behielten die Maktoums das Geschenk ihres Gottes nicht allein für sich. Sie teilten es mit ihren Untertanen. Scheich Rashid ließ Meereswasser entsalzen und brachte Trinkwasser in alle Häuser. Elektrizitätswerke wurden

gebaut, Schulen errichtet, Krankenhäuser, Postämter, Supermärkte, Bürogebäude, Wolkenkratzer und Hotels. Draußen vor der Stadt ließ Rashid mit frisch gewonnenem Wasser aus dem Meer kargen Wüstenboden zu fruchtbaren Äckern machen, und in der Stadt hatten seine Leute Parks und Grünflächen anzulegen. Scheich Ahmed sagt, der Herrscher habe es mit der Veränderung eilig gehabt wie ein Mann, der befürchten muß, dieses eine Menschenleben, das ihm gegeben ist, reiche zur Verwirklichung aller Ziele niemals aus. Er stampfte eine Krankenversorgung für alle Bürger aus dem Boden und schuf eine gesetzliche Sozialversicherung. Die Gründung einer Handelskammer führte zum Aufbau von Dienstleistungsbetrieben und Fabriken aller Art. Eine Freihandelszone importierte Waren aus den Industrienationen und führte sie mit beachtlichem Profit nach anderen Ländern wieder aus. Ausländische Banken schickten ihre Vertreter an den Creek, und die Großindustrie Europas, der Vereinigten Staaten und Japans machten Niederlassungen auf. In kurzer Zeit gab es mehr offene Stellen als Menschen in Dubai, und das Emirat öffnete seine Grenzen für Hunderttausende von Gastarbeitern aus Indien, Bangladesh, Persien, Korea, den Pilippinen und Pakistan. Sie kamen durch die Luft, meist in Maschinen, die nur ein Fatalist besteigt. Den Flughafen für diese Luftbrücke der Arbeitswilligen hatte es schon vor dem Öl gegeben, und mit dem Flugplatz von Dubai bin ich wieder bei Scheich Ahmed angelangt.

DER FLUGPLATZ UND DER JUNGE SCHEICH scheinen einander vom Schicksal vorbestimmt. Beide haben das Geburtsjahr 1958. Das war die Zeit »vor dem Öl«. Beide, Ahmed und der Flugplatz, gerieten vorübergehend in Vergessenheit. Der eine war weit fort auf seiner Universität. Der andere lag recht unbedeutend zu Hause in der Wüste rum. Dann kam die Zeit »nach dem Öl«. Der Flugplatz wuchs. Turbos landeten zum Tanken. Wenig später Düsenmaschinen. Dann kamen Jumbos. Doch keiner blieb. Alle flogen weiter nach Fernost. Der Flugplatz war zur Tankstelle geworden, gelb und grau am Meer. Der Kerosinverkauf brachte harte Dollars in die Schatulle von Dubai. Ein paar Jahre gingen satt und gut dahin. Dann stieg in Kalifornien eine Boeing in den Himmel, die von Los Angeles aus ohne Zwischenlandung Frankfurt erreichen konnte. In elf Stunden Flug. Mit Passagieren vollbesetzt. Die Maktoums in Dubai ahnten, was das hieß: Wer solche Strecken schafft, erreicht von

London aus Hongkong. Startet in Paris und landet in Johannesburg. Mit einer Ladung Sprit. Die Tankstelle von Dubai war, das wußten die Maktoums, dazu verdammt, in Wüstenschlaf zurückzusinken. Nun hatten die Flugzeugbauer an der Westküste Amerikas diesen gewaltigen Schritt nach vorn ausgerechnet zu einer Zeit vollbracht, als der Herrscher von Dubai dabei war, eine Freihandelszone zu schaffen und das höchste Gebäude Arabiens zu errichten. Auf neununddreißig Stockwerke verteilt wollte er die Büros der Großindustrie aus aller Welt in seinem Scheichtum unterbringen. Er plante internationale Messen rings um den Turm herum. Versicherer sollten sich dort niederlassen. Banken. Und die Botschaften der Industrienationen. Den Bürgern von Dubai schien der Plan gewaltig. Ihr Herrscher hingegen nannte seinen Plan »im Ursprung simpel«. Er sagte, daß es ein Leben »vor dem Öl« gegeben habe. Und die Zeit »nach dem Öl« werde ein Leben bringen, wie es vorher war. Allah hatte seinen Gläubigen den Wohlstand nur auf Zeit beschert. Auf eine Zeit von nochmals fünfundzwanzig Jahren. Plus minus zehn Prozent. So drückten das die Ölbohrer aus, die von Texas hergekommen waren und das Öl mit großen Anstrengungen dem Meer abgerungen hatten. Diese Männer wußten, was sie sagten. Dubai hatte sich demnach auf eine neue Zeit einzurichten.

*Eine moderne Architektur erinnert sich an die Vergangenheit.*

EIN ARABER TUT DAS MIT ERFOLG, wenn er sich auf die alte Zeit zurückbesinnt. Es wird berichtet, daß der Herrscher von Dubai »zur Zeit des Öls« sich daran erinnerte, daß die Altvorderen nach einem Blick auf die Seekarten der Kapitäne ihrer Zeit den Warenumschlagplatz am Creek gegründet hatten. Wie, so mußte man sich in modernen Zeiten fragen, waren andere Handelsstädte inzwischen zurechtgekommen? Beispiel Nummer eins: Hong Kong. Bei den Wolkenkratzern der Chinesen und der Schotten hat es niemals eine Zeit »mit Öl« gegeben. Trotzdem hatten die Leute einen nicht unerheblichen Wohlstand angehäuft. Beispiel Nummer zwei: Singapur. Auch kein Öl. Zu keiner Zeit ein Geschenk von

Gott. Doch zu allen Zeiten: Fleiß der Menschen. Drehscheiben für internationalen Handel sind aus diesem Fleiß geworden. Die letzte Feststellung warf eine neue Frage auf: Wer hat den Fleiß erbracht? Antwort: Arbeiter aus anderen Ländern. Gastarbeiter. Für den Aufbau eines Welthandelszentrums reicht die einheimische Bevölkerung an abgelegenen Plätzen unserer Erde oft nicht aus. In den Häfen von Hong Kong und Singapur waren aus dem Grunde schon immer Menschen in fast allen Hautfarben des Regenbogens in Lohn und Brot gewesen. Menschen, die unterschiedliche Götter hatten. Oder die keine Götter anerkennen wollten. Und die einander trotzdem nicht bekämpften. Auch dieser Gedanke führte zurück zum Creek, zu der Tradition der Beduinen von Dubai: Die Maktoums hatten schon recht früh in ihrem Hafen andere Götter neben Allah zugelassen. Totschlag wegen eines fremden Glaubens hat es nie gegeben. Außerdem: Die Kriege um Palästina haben die Leute von Dubai nicht gekämpft. Und der letzte Krieg in ihrer Nachbarschaft, die Materialschlacht um Kuwait, erschien ihnen weit vom Creek entfernt. Ergebnis der Überlegung im Vergleich: Auch auf dem Gebiet des Miteinanderlebens zwischen seinen Bürgern und den Arbeitern aus anderen Ländern hält Dubai Schritt mit Singapur oder Hong Kong. Schließlich muß sich Scheich Rashid an die überlieferte Geschichte von den Seekarten der Fahrensleute auf den Windjammern erinnert haben, denn es heißt, der Herrscher habe Fliegerkarten an die Wände seines Palastes nageln lassen. Er sah Luftstraßen eingezeichnet, die aus allen Richtungen auf die Vereinigten Emirate zeigten. Also wurde deutlich: Dubai lag vor den Toren des Geschehens. Eine wahre Drehscheibe für drei Kontinente bot sich an. Das Bild der Zukuft zeichnete sich ab: Wer die neununddreißig Stockwerke des Trade Centre Tower mit Leben füllen will, braucht mehr als Frachtschiffe und Öltanker in seinem Hafen. Wer Zukunft will, in der Zeit »nach dem Öl«, muß die Langstreckenwunder auf dem Weg von Tokio, Taipeh oder Seattle zur Landung in der Wüste überreden. Und wenn schließlich einer auch noch die Passagiere aus den neuen Riesenvögeln als Kunden haben will, für alles, was er zollfrei zu verkaufen hat, dann muß er neben den Rand der Landebahnen glitzernde Geschäfte stellen.

Dies war der Stand der Überlegungen, als die Würfel fielen – dieser bildhafte Vergleich sei dem Mann des Westens an diesem Punkt gestattet, der sehr wohl vermutet, daß Scheich Rashid das

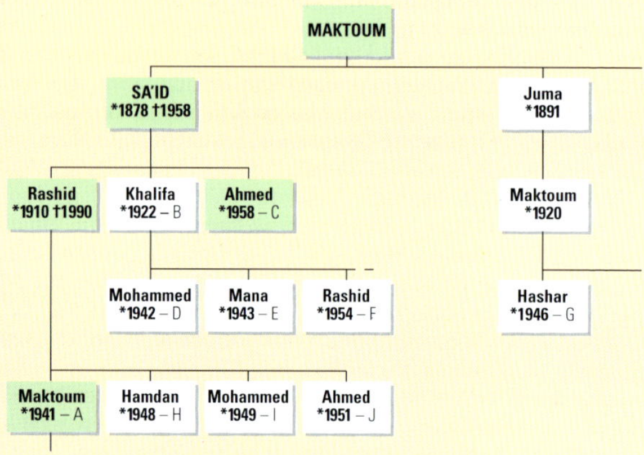


A Vizepräsident und Premierminister der Vereinigten Arabischen Emirate, Herrscher über Dubai
B Ehefrau, keine Ämter
C Leiter der Zivilen Luftfahrtbehörde, Präsident der Emirates Airlines
D Minister für Grund und Boden
E Leiter der Staatskanzlei
F Direktor der Verkehrspolizei
G Leiter des Informationsbüros
H Minister für Finanzen und Industrie
I Minister für Verteidigung der Vereinigten Arabischen Emirate, Minister für Polizei und Öffentliche Sicherheit
J Kommandant der Streitkräfte

Würfelspiel verabscheut hat. Aus meiner Sicht sind die Würfel auf beide zugerollt: Auf unseren jungen Scheich ebenso wie auf seinen Schicksalsgenossen, den verschlafenen Flugplatz in der Wüste. Der Herrscher von Dubai schickte Bautrupps an den Pistenrand. Und große Kräne. Architekten stellten etwas völlig Neues in den Sand: langgestreckte Gebäude mit hochgewölbten Bögen. Sehr arabisch, sehr elegant. Mit weiten Ankunftshallen, breiten Korridoren und Rolltreppen aus Chrom. Mit gläsernen Vitrinen und Läden. Vielen Läden. Meist für Luxuswaren, und alles zollfrei. Mit anderen Worten: Was sonst auf den Champs-Élysées anzutreffen ist oder auf dem Rodeo Drive, entstand an Dubais Flugplatzrand, und zwar vom alten Creek nicht weit entfernt.

Im gleichen Jahr kam Ahmed bin Sa'íd Al Maktoum von seiner Universität zurück. Aus den Rocky Mountains, Denver, Colorado.

Er habe, so sagt Ahmed, sich vorübergehend gar nicht zurechtgefunden. Aus der Tankstelle war ein Suk geworden. Ein Suk mit großen Boeings vor der Tür.

Eine Gemeinsamkeit oder ein Gefühl der Verbundenheit mit dem Flugplatz hat Scheich Ahmed, wie er mir sagte, bei seiner Heimkehr nicht gespürt. Er findet bis zum heutigen Tag, daß ich in die Sache hineingeheimnisse, was da nicht hineingehört. Es ist klar, daß ich nicht widersprochen habe, doch ich nehme den Faden gleich noch einmal auf. Zunächst aber weiter mit der Geschichte.

Bei seiner Rückkehr, erzählt Scheich Ahmed, habe ihm der Herrscher nicht unverzüglich eine Aufgabe anvertrauen wollen. Vielmehr hat er den kleinen Bruder angewiesen, sich erst wieder einmal einzuleben in dem Land, das schließlich so ganz anders war als Colorado. Die Arbeit, sagte er, werde dann den Fähigkeiten angemessen sein, die sich in der Zeit des Abwartens zu erkennen geben würden.

Sollte sich unter Ihnen, verehrte Leserinnen und Leser, jemand befinden, der vertraut ist mit der Tradition der Menschen auf ihrer Insel der Araber, dann weiß sie (oder er) natürlich, daß der Herrscher an einen zukünftigen Regierungsposten denkt, wenn er Scheich Ahmed eines Tages eine Arbeit geben wird. Es sind nämlich ausnehmend Mitglieder der königlichen Familie, denen die Verwaltung des Landes übertragen ist. Schauen Sie sich doch bitte noch einmal kurz die Ahnentafel der Maktoums an. Auf ihr habe ich die Ressorts, die von den einzelnen Prinzen geleitet werden, für sie in unsere Sprache übersetzt. Eine solche Verteilung der Pfründe ist in Dubai Selbstverständlichkeit, ist Tradition. Ob es nun um den Staatsschatz geht, um Gerichtsbarkeit oder Verteidigung, es ist immer ein Maktoum, der in die Verantwortung genommen wird. Schon unter den achthundert Beduinen, die an den Creek gekommen sind, soll das, laut Überlieferung, so gewesen sein.

Wenn Sie nun beim Betrachten der Ahnentafel einen Blick auf unseren Ahmed werfen, der mit seinem Geburtsjahr 1958 dort erscheint, dann finden sie ihn mit dem Titel »Leiter der Zivilen Luftfahrtbehörde« aufgeführt. Eine jede Regierung überwacht die zivile Fliegerei in ihrem Land durch ein Aufsichtsamt, und Scheich Ahmed ist der Vorsitzende der Behörde, die den Luftraum über den Vereinigten Arabischen Emiraten kontrolliert. Sein Büro hat er sich auf dem Flugplatz eingerichtet, der auch das Geburtsjahr 1958 hat, der einstigen Tankstelle in der Wüste, gelb und grau, die Scheich Ahmed vom Schicksal vorherbestimmt gewesen ist. Scheich Ahmed hält, wie gesagt, nichts von einer Vorherbestimmung in diesem ganz speziellen Fall, aber ich habe keinen Zweifel daran. Denn im Heiligen Buch des Islam steht geschrieben, daß Allah die Bewegungen der Menschen lenkt. Jede einzelne Bewegung eines jeden einzelnen Menschen. Tatsache und Vermutung greifen deshalb aus meiner Sicht auch schon mal ineinander über, und hier sind die Tatsachen der Reihe nach: Der Herrscher von Dubai sieht es für das Emirat als lebenswichtig an, daß Geschäftsleute aus den Industrienationen nicht auf sporadisch fliegende internationale Luftlinien angewiesen sind, sondern an jedem Tag der Woche zu seinem Handelszentrum vor den Toren dreier Kontinente fliegen können. Er wünscht einen ständigen Strom zahlungskräftiger Gäste für die Hotels an den Stränden von Dubai. Für beides braucht er eine Airline, die nach den ureigenen Bedürfnissen seiner Drehscheibe operiert. Den Angehörigen der Familie Maktoum, der ihm seine Luftlinie aus dem Boden stampft, kann er zunächst nicht finden. Haargenau zu diesem Zeitpunkt kommt Ahmed, der kleine Bruder, aus den USA zurück. Interessanterweise bindet der Herrscher ihn zunächst mit unterschiedlichen Aufgaben kleinerer Art an den Flugplatz von Dubai. Dann beauftragt er ihn mit der Gründung der Emirates Airline. Ahmed ist siebenundzwanzig Jahre alt. Die Familie gibt ihm einen Scheck und schickt den jungen Mann allein auf seinen Weg. Der engagiert Spitzenmanager der Luftfahrtindustrie, ausnahmslos Engländer, kauft nagelneue Fluggeräte, ausnahmslos Marke Airbus, und stellt Piloten ein, ausnahmslos Amerikaner, Deutsche, Briten. Er erwirbt Landerechte in London, Paris, Frankfurt, Rom, Delhi und Kalkutta. Bereits sieben Monate später, am 25. Oktober 1985, nimmt Emirates den Flugdienst auf. In den folgenden fünf Jahren kann Scheich Rashid die Anfangserfolge seiner Vision auf allen Ebenen erleben. Dann legen die Leute von Dubai ihren Herrscher, das Gesicht Mekka

*Das Zentrum für Kommunikation.*

zugewendet, ins Grab. Die Familie erkennt seinen Sohn als Nachfolger an. Dessen Name lautet der Tradition gemäß: Scheich Maktoum bin Rashid (Maktoum, Sohn von Rashid) Al Maktoum (aus der Familie Maktoum). Nach dem Stammbaum ist der neue Herrscher Ahmeds Neffe, wenn auch diesem an Jahren weit voraus, siebzehn, um genau zu sein. Scheich Maktoum setzt das Werk des Vaters fort. Er gibt Anweisung, den Flugzeugpark der Emirates zu verdoppeln. Scheich Ahmed bestellt Langstreckenmaschinen in Amerika. Er ist jetzt Vorsitzender des Vorstandes, fünfunddreißig Jahre alt und, wie es scheint, bis zum Ende seines Lebens an den Flughafen gebunden. Und damit stelle ich dem Leser (und Scheich Ahmed) jetzt die Frage, ob das nicht doch Vorherbestimmung ist?

AM ENDE MANCHER TAGE hole ich ihn von seinem Flugplatz ab. Oft muß ich im Büro auf ihn warten, weil er noch eine letzte Besprechung hat. Kürzlich saß eine junge Frau vor seinem Mahagonitisch. Eine Gruppe grauhaariger Männer in schweren Ledersesseln umringte sie: Direktoren der Fluggesellschaft, ausnahmslos Europäer. Die junge Frau in ihrer Mitte war Araberin. Sie trug die Abeiya über ihrem bodenlangen Kleid aus Rot und Gold. Das schwarze Kopftuch hatte sie nicht abgelegt, nur ein wenig aus der Stirn geschoben. Ihr gekräuseltes Haar blieb von dem Tuch bedeckt. Die Männer studierten Papiere mit dem Lebenslauf der jungen Frau. Einer von ihnen hatte vier goldene Streifen an den

*Emirates Airline, die von Scheich Ahmed geschaffene Luftlinie. Flughafen Dubai.*

Ärmeln seiner Uniform. Am Schluß der Unterredung führte Scheich Ahmed die Gruppe zum Fahrstuhl, der auf das Vorfeld hinunter geht. Er war traditionell gekleidet. Seine weiße Dishdasha brachte einen auffälligen Kontrast in das Bild, wie er da vor uns her zu einem abgestellten Airbus ging. Die junge Araberin wurde aufgefordert, in den Copilotensitz zu klettern. Der Mann mit den goldenen Streifen schob den Sitz der Frau nach vorn. Dann sah er zu, wie sie ihre Füße in den bestickten Pantoffeln auf die Pedale des Seitenruders stellte. Zu Scheich Ahmed gewandt sagte er, daß die junge Dame problemlos an die Ruder komme. Selbst die Bremsen könne sie erreichen. Der Kapitän sagte das in einem überraschten Ton, und alle lachten. Dann geleiteten sie die junge Frau zu einem Sportflugzeug. Es war ein amerikanischer Tiefdecker, einmotorig. Eine Piper Cherokee. Die junge Frau raffte ihre Abeiya und das rote Brokatkleid und stieg zur Tragfläche hoch. Als sie sich in das Cockpit gleiten ließ, waren für einen Moment knöchellange weiße Beinkleider unter ihrem Kleid zu sehen. Der Vierstreifenkapitän setzte sich auf den Copilotensitz. Die Araberin ließ den Motor an. Die Maschine rollte gemächlich über das Vorfeld auf die Startbahn zu. Ich konnte sehen, daß dies nicht der erste Flug der jungen Frau sein würde, und sagte das Scheich Ahmed auch. Auf dem Weg in die Stadt, der hohen Geschwindigkeit wegen zeitweilig tief in den Sitz seines Sportwagens gepreßt, erzählte er mir, was hinter der Szene mit der Araberin im Cockpit steckte.

*Hamda, streng gläubig erzogenes Mädchen aus der Wüste.*

»Wir müssen allmählich unseren erfahrenen Piloten ein paar junge Leute an die Seite geben«, sagte er. »Junge einheimische Leute. Deshalb haben wir in den *Gulf News* fünfzehn Ausbildungsplätze für Flugschüler ausgeschrieben. Hunderte haben sich gemeldet. Darunter auch zwei Frauen. Ehrlich gesagt, hat uns das überrascht. Frauen, die fliegen wollen, sind in der arabischen Welt noch immer eine Seltenheit, wenn auch die eine der beiden für uns kein Grund zur Überraschung hätte sein sollen: Sie hat bereits seit zwei Jahren als Fluglotse bei uns auf dem Tower gearbeitet. Auch das hatte es bis dahin hier nicht gegeben: Eine Frau auf dem Turm. Jetzt lernt die junge Dame fliegen, in Schottland, nicht weit von Edinburgh entfernt. Die Briten unterhalten da ihre Flugschule für Berufspiloten. Unsere zweite Bewerberin ist Hamda, die kleine junge Dame, bei der wir uns heute überzeugen mußten, ob sie vom Pilotensitz aus die Pedale überhaupt erreicht.«

Nur in Begleitung eines Bruders darf Hamda das Haus verlassen.

Ich mußte an eine junge Araberin denken, die ich vor Jahren mal auf dem Turm von Mogadishu traf. Sie erzählte mir damals von dem Anflug einer Maschine der Saudi Airways. Als der Pilot ihre Stimme hörte, hat er den Funksprechverkehr abgebrochen. Der Saudi fand es unzumutbar, sich von einer Frau einweisen zu lassen. Scheich Ahmed lachte über die Geschichte. Er hat ein stilles Lachen. »Solche Männer gibt es auch in Dubai«, sagte er. »Wir haben die ganze Skala voll besetzt: Konservative, Liberale, Halbtraditionelle, Kosmopoliten und auch welche von der zögerlichen Sorte. Nehmen wir einmal die Fluglotsin, von der ich sprach. Ihr Name ist Samar Badri. Sie kommt aus einem Elternhaus, das man als aufgeschlossen bezeichnen kann. Der Vater gilt als Kaufmann mit überseeischer Erfahrung. Samars Schwester arbeitet als Ärztin in einem Krankenhaus in München. Sie ist mit einem Ägypter verheiratet, auch Arzt und in der gleichen Klinik angestellt. In dem Haus der Familie Badri führt Samar das stille Leben einer Einheimischen, doch wenn wir ihr jetzt in der Menschenmenge begegnen würden, kämen wir wegen ihrer ganzen Erscheinung, hauptsächlich aber wegen ihres französischen Kostüms kaum auf die Idee, eine Araberin vor uns zu haben. Als Samar Fluglotsin werden wollte, war ihre Familie einverstanden, und auch ihrem Wunsch, Pilotin bei Emirates zu werden, hat Vater Badri nicht widersprochen. Der Fall der jungen Dame von heute abend hingegen ist das Gegenbeispiel. An ihrer Kleidung haben Sie bereits sehen können, daß dieses Mädchen in einer streng konservativen Familie zu Hause ist. Der Vater hat offenbar mehr als nur eine Ehefrau, denn im Lebenslauf der jungen Dame ist die Rede von recht vielen Geschwistern. Die

Flugelevin heißt Hamda Mohammed Abdullah. Sie stammt aus einem kleinen Wüstenort namens Shahama im Scheichtum Abu Dhabi. Schon als Sechsjährige hat sie dem Vater erklärt, daß sie einmal Pilotin auf Linienmaschinen werden wird. Vermutlich hat der gute Mann das als Kindheitsträumerei abgetan, bis er sich eines Besseren hat belehren lassen müssen. Zunächst einmal aber bringt er Hamda in einem Mädcheninternat der Universität Al Ain unter. Sie studiert dort Biologie und bekommt ausgezeichnete Noten. Ihr Vater ernährt die Familie mit einem Betrieb, der Ersatzteile für medizinische Geräte vertreibt. Mohammed Abdullah gilt unter Gläubigen als orthodox. Umso erstaunlicher ist es, daß er seiner Tochter den Eintritt in die Fliegerei, also in einen Beruf für Männer, nicht versagt. Im Gegenteil, er ermöglicht ihr sogar die Ausbildung in der Sportfliegerschule bei uns auf dem Flugplatz in Dubai. Das finanzielle Opfer ist nicht unerheblich, wenn man bedenkt, was eine Flugstunde mit der Piper Cherokee kostet und daß Hamda schon an die fünfzig Stunden abgeflogen hat. Einmal in der Woche kommt sie von Abu Dhabi zum Unterricht herüber. Das sind zwei Stunden Autofahrt, und jedesmal wird Hamda von einem Bruder her-

*Das andere Gesicht der Hamda: Sie will Pilotin auf Linienflugzeugen werden.*

gebracht. Oder es ist eine ältere Schwester bei ihr. Die Begleitperson muß dann geduldig vor der Schule warten, denn ohne Aufsicht läßt Vater Mohammed Abdullah keine seiner Töchter aus dem Haus. Wie das werden soll, wenn Hamda alle Prüfungen bei Emirates Airline bestehen sollte und wir sie zur Ausbildung nach Schottland schicken, ist mir noch nicht ganz klar. Denn zum einen kann es ein konservativer Vater seiner Tochter nicht gestatten, ohne Begleitung zu reisen oder gar über Nacht dem Elternhaus fernzubleiben, und zum anderen gibt es auf der Flugschule in Schottland keine getrennte Unterbringung der Geschlechter.«

Ich hatte jetzt sein schüchternes Knabenlachen erwartet, doch er verfiel in Schweigen. Für den Rest der Fahrt sprach er nicht mehr. Schließlich fragte er, ob ich mit ihm zum Dinner in seine Villa kommen wolle. Ich sagte, daß mir die Grillabende am Meer mit seinen Freunden gut gefielen, und auch den Wein, den er mir als einzig Nichtgläubigem neben meinen Platz auf dem Teppich stellen läßt, wisse ich als Beweis seiner Gastfreundschaft zu schätzen, doch das Abendmahl in Arabien beginne für meine Gewohnheiten stets um einige Stunden zu spät in der Nacht, und er möge mir meine Aufrichtigkeit verzeihen. Er nickte und setzte mich am Hyatt ab.

AN JEDEM MORGEN bringt der Kellner mit dem Frühstück die *Gulf News* der Araber an mein Bett im elften Stock, und abends hole ich mir bei Uli Hoppe in seinem Hotelbüro die *Herald Tribune* ab, die bekanntlich von Amerikanern gemacht wird – wenn ich nicht irre, in Paris. Auf der ersten Seite berichten beide Blätter an jedem Tag der Woche über die brutalen Ereignisse in den weiter nördlichen Regionen der Jezirat El Arab. Es scheint kein Friede möglich im Libanon, in Israel, am Gazastreifen, im Iran und Irak. Die Zeitungen in Scheich Ahmeds Bungalow sind arabisch geschrieben. In ihrer Berichterstattung scheinen sie von denen, die ich lese, nicht sehr abzuweichen. Die Auswahl der Fotos jedenfalls spricht eine Sprache, die identisch ist. In Scheich Ahmeds schönem weißen Bungalow kommen die Konflikte auch übers Fernsehen zu uns an den Mittagstisch. Wir wissen beide, daß die gewalttätigen Auseinandersetzungen eines Tages, wenn die Menschen nicht bald Obacht geben, die ganze Welt mit großem Unglück überziehen werden. Doch wenn wir über den Strand hinweg zum Golf sehen, sprechen wir von diesen Sorgen nicht, als solle die Blutrache der Leute im entfernten Norden keinen Eingang finden in das Gespräch mit einem neuen Freund.

Die Villa ist flach, geräumig, hat hohe Fensterscheiben und ist italienisch modern möbliert. Zu jeder Stunde des Tages kann das grelle Licht vom Golf herein. Die Männer zwischen den weißen Wänden kleiden sich in das gleiche Weiß. Es sind Bedienstete, Sekretäre, Bodyguards. Eine Frau gibt es nur ganz selten einmal zu sehen – jedenfalls, wenn ich im Hause bin. Auch in unseren Gesprächen werden Frauen kaum erwähnt. Die gleiche Zurückhaltung wie gegenüber politischen Themen und persönlichen Sorgen gilt auch für sie. Einmal kommt die Sprache auf den Palast, der ihn eines Tages erwartet. Es scheint ein großes Anwesen zu sein, von Fontänen eingerahmt und mit Rasenflächen bis zum Strand. Vor seiner Hochzeit darf es der junge Maktoum nicht beziehen. »Hochzeit«, sagt er, »Hochzeit, erst mal sehen. Hochzeit, ich weiß noch nicht mit wem.«

*Scheich Ahmed als Fremdenführer.*

EINMAL FAHREN WIR NACH NORDEN, wo es in der Wüste hohe Dünen gibt. Es ist ein Freitag, später Morgen und nach dem Gebet. Mit dem Motorrad rasen wir über eine schmale Asphaltstraße. Die japanische Maschine scheint mir nur aus Motor zu bestehen. Scheich Ahmed sagt, die Wahl des Motorrades sei gedankenlos von ihm gewesen. Zu Hause stehe noch eins im Stall, eine BMW, und mir zuliebe hätte er wohl besser die nehmen sollen. In T-Shirt und mit Jeans sieht er an dem Morgen wie ein Amerikaner aus. Wie einer von diesen braungebrannten »California dreamboys« am Strand von Santa Monica, wie ein dreamboy, der seinen Feuerstuhl immer nur mit Vollgas fährt. Beim Abholen vom Hotel hatte er Helme mitgebracht. In den mir zugedachten kam ich nicht rein. Das Ding saß klein und hoch auf meinem Haar. Ahmed hat gelacht: »Hiermit ist der schlüssige Beweis erbracht, daß dem Araber ein kleiner Kopf zu eigen ist.«

*Seite 327 bis 330: Erlebnisse wie aus tausend und einer Nacht.*

Vor einer hohen Düne endet die gut gebaute Straße. Ein Mann wartet da mit einem Jeep. Wir fahren tiefer hinein in eine Wüste, die an die Sahara denken läßt. In einer Senke stehen Beduinenzelte.

Eines ist gelb und reich verziert. Das andere ist schwarz, aus dicken Fellen gemacht. Über den Sand sind Teppiche gerollt. Bedienstete bringen Schalen mit Obst herbei. Vor dem schwarzen Zelt sitzen Ahmeds Falken aufgereiht. Heute ist Schulstunde für sie. Sie sollen die Jagd auf Tauben üben. Der Scheich rollt ein wattiertes Lederstück zum Schutz gegen die messerscharfen Krallen um meinen Unterarm und setzt einen seiner schönen Vögel darauf. Dann gibt er mir eine Kordel in die Hand, die den Falken zu meinem Gefangenen macht. Später nimmt er dem Tier die Kappe ab. Der Falke sieht mich mit strengen Augen an. »Ich bin mit ihnen aufgewachsen«, sagt Scheich Ahmed. »Bessere Gefährten gibt es für einen Beduinenjungen nicht.« Ein Bediensteter reicht ihm einen Vogel, der mir größer als die anderen erscheint. Wir steigen zum Kamm einer hohen Düne hinauf. Der Falke krallt sich fest. Trotz des Leders kann ich seinen Griff spüren. Hinter der Senke mit den Zelten kommen Männer auf Kamelen über die Kimm aus Sand. Als sie auf hundert Meter heran sind, werfen sie eine Taube in die Luft. Mein Falke will abheben, aber die Schnur hindert ihn daran. Scheich Ahmeds Falke schießt davon. Er jagt einem kleinen Punkt nach, der sich eilig retten will. Kurz danach mache ich den Punkt über den Dünen nicht mehr aus. Meine Augen haben nachgelassen. »Wie ist das, Hoheit? Hat er sie?« Der Falke stürzt, weit entfernt, dem Sand entgegen. »Er hat sie«, sagt der junge Scheich. Die Männer auf den Kamelen reiten eilig auf eine Senke in den Dünen zu. Ihre Stimmen klingen aufgeregt. »Warum das? Warum sind die Männer aufgeregt?« Scheich Ahmed lacht. »Sie müssen bei dem Falken sein, bevor der glaubt, die Taube sei sein Lunch.«

Als es heiß wird, sitzen wir bei einem Lammgericht in den Zelten. Das gelbe Zelt ist Scheich Ahmed zugedacht. Im Schatten des schwarzen hockt eine Gruppe alter Männer. Es heißt, sie seien aus einem Dorf hergewandert, das weit hinter diesen hohen Dünen liegt. Sie seien gekommen, dem jungen Scheich ihre Achtung zu bezeugen. Ein jeder von ihnen hat Ahmeds Vater noch gekannt. Am Abend singen die alten Männer. Das Lied, sagt Scheich Ahmeds Falkner, dreht sich um eine Heldentat, die der alte Scheich Sa'íd begangen haben soll. Ich frage, gegen wen es damals gegangen sei, aber die Alten beginnen jetzt zu tanzen, und der Falkner stellt sich zu ihnen in eine lange Reihe, die sich in Wellen auf die beiden Zelte zubewegt.

*Scheich Ahmed erzählt von seiner Kindheit im Sand der Wüste.*

Wie wir da nun sitzen und mit den Augen dem Tanz der alten Männer folgen, sage ich zu meinem jungen Freund: »Hoheit, eine Stunde wie diese hier habe ich noch nicht erlebt. Sie läßt mich an die Beduinenzelte in den Abenteurerbüchern meiner Jugend denken. Aber es fallen mir auch die Beduinenzelte ein, die es mitten in Dubai gibt. Gegenstände einer längst vergangenen Zeit, wie von den Altvorderen zurückgelassen als Anachronismen im Zentrum der Moderne. Die Zelte stehen vor den Häusern der Stadt. Ich kann mich nicht erinnern, daß ich sie vor den Bürogebäuden oder vor den Glaspalästen großer Firmen gesehen hätte. Sie sind auch nicht überall. Nur ab und an bin ich auf sie gestoßen. Wie schöne bunte Flecken stehen sie vor den flachen Einfamilienhäusern der Bürger von Dubai. Erst ist da dieses helle Haus mit seinem flachen Dach, dann folgt der Innenhof mit seinem Garten und der schützenden hohen Mauer, und nun kommt das, was ich nicht verstehe: Auf dem Vorplatz, also zwischen Schutzmauer und dem lärmenden Straßenverkehr, steht ein Beduinenzelt. In seinem Schatten sitzen Männer, lesen Zeitung, trinken Kaffee. In einem anderen Zelt, nur ein paar Blocks weiter, hocken Frauen. Viele. Sie haben ihre Kinder um sich und erzählen, wie es scheint, Geschichten. Warum? Die Mutter hätte es doch im kühlen Halbdunkel des Hauses beim Erzählen der Geschichte leichter. Warum die Märchenstunde vor dem Haus mitten im Straßenlärm?«

Scheich Ahmed legt die Hände auf die Knie und lacht. »Es ist wohl unsere Art der Erinnerung an eine längst verflossene Zeit. Tief im Herzen sind wir noch immer Beduinen. Wir hüten keine Ziegen mehr. Wir sind Kaufleute geworden. Rechtsanwälte. Meteorologen. Wir haben uns eine Stadt gebaut. Aber die Vergangenheit ist damit noch nicht abgelegt. Das Zelt bleibt ein Teil von uns, trotz der neuen Lebensart. Wir stellen es vor das Haus, an den Rand der Straße. Wenn die Mutter den Kindern ihre Geschichten erzählt, erstirbt für sie der Lärm der Straße.«

*Selbst in der Halle des Hyatt steht ein Beduinenzelt.*

Er sieht zu den Tänzern hin. »Diese Männer da«, sagt er dann, »das ist kein armes Volk vom Dorf. Die Leute leben in einer Oase. Der Boden, den sie bearbeiten, ist gut. Ihr Land wird mit entsalztem Wasser aus dem Meer versorgt. Mit ihrem Gemüse machen die Bauern gutes Geld. Wenn sie in die Stadt kommen, fühlen sie sich in der Marmorhalle des Hyatt Regency, um nur ein Beispiel zu nennen, durchaus nicht wie ein Dorn in des Hoteldirektors Fleisch. Doch seit Ihr Landsmann Uli Hoppe diese Andeutung von Beduinenzelt in seiner Halle errichten ließ, hat er den Bauern ein Stück Heimat zwischen die Springbrunnen und Marmortreppen hingestellt. Sie lassen sich auf den dicken Kissen nieder, trinken Kaffee, rauchen ihre Pfeife. In der Hotelhalle könnten sie sich nie zu Hause fühlen, doch in dem Zelt sind sie daheim. Das Gedränge der Fremden nehmen sie kaum wahr.« Er sah mich von der Seite an. »Lassen Sie mich Ihnen ein Geheimnis anvertrauen. Es gibt einige wenige Dinge im Leben, die ein Beduine immer bei sich haben muß: Seinen Gott. Seine Familie. Seinen Falken. Sein Kamel.« Er lachte. »Und sein Zelt.«

LIEBENSWERTE LESER, ich bin am Ende meiner Geschichte angelangt, und die Zeit, die mir im elften Stock verblieb, ist um. In ein paar Stunden werde ich quer durch Scheich Ahmeds Suk zu einem Airbus gehen. Diesen Brief schicke ich dann von Frankfurt aus an den Verlag. Wenn Sie jetzt sagen, das Leben dieses Mannes lebt vom Kofferpacken, dann haben Sie zweifellos recht. Doch Sie sollten auch wissen: Das Leben dieses Mannes ist besonders froh nach dem Auspacken zu Haus, mit dem leeren Koffer im Keller.

Ganz bestimmt gibt es noch vieles über Dubai zu erzählen, doch wenn alles gut geht, führt Sie ja eine Ihrer Reisen auch einmal an diesen Creek. Das wäre schön. Denn für das Selbsterleben gibt es nirgendwo Ersatz. Auch wenn ich mit der größten Freude einstweilen noch der Ersatzmann für Sie bin.

Möglich auch, daß wir uns mal begegnen werden. Vielleicht waren Sie bis dahin schon am Creek. Oder in Israel. Im Jordanland. Vielleicht auch in einer anderen Wüste des Jezirat Al Arab. Wo, fragen Sie mich jetzt? Wo sollte so ein Treffen möglich sein? Weiß auch nicht. Vielleicht in irgendeiner Bücherstube. Wenn ich zum Vorlesen der einen oder anderen Geschichte in Ihre Stadt gekommen bin. Vielleicht höre ich an dem Abend dann von Ihnen, was Sie über meine Frage denken. Was Sie über meine Sorge denken, die ich mit Ihnen durchgesprochen habe.

*Die Enkel der Beduinen mögen sich nicht von ihren Zelten trennen. Nicht einmal vor ihren Häusern in der Stadt.*

Am Ende dieses Briefes fällt mir Marvin ein. Sie erinnern sich? Utah, die Mormonen, der Telefonarbeiter... Marvin sagt, wenn seine Zeit gekommen ist, wird er sich im Paradies einen Fensterplatz ergattern, auf unseren blauen Planeten runtersehen und zugucken, wie der sich, in seiner ganzen Schönheit friedvoll bis in alle Ewigkeiten um sich selber dreht. Bei dem Wort »friedvoll« muß ich an die Astronauten denken. An Kosmonauten. Und Piloten. Wissenschaftler. Ingenieure. Männer ebenso wie Frauen. Russen ebenso wie Amerikaner, Ungarn, Mongolen oder Deutsche. Leute, die noch zu Lebzeiten Marvins Fensterplatz ergattert haben. Sie sagen, wenn sie vom Weltall aus die Erde sehen, fällt das Konzentrieren auf die Arbeit schwer. Sie sagen, der blaue Planet gebe ein Bild ab, das den Beschauer ruhig stimmt. Still werden läßt, Harmonie ausstrahlt. Es ist klar, daß ich bei dem Wort »Harmonie« an das Blutvergießen in der Wüste denken muß. Um Landesgrenzen und um Gott. Und nicht nur in der Wüste. Auch in Irland. In Afrika. Auf dem Balkan. Andernorts. Ob die Astronauten an das Blutvergießen denken, wenn sie aus dem Fenster sehen, kann ich jetzt nicht sagen. Jedoch gibt es ein Buch, in dem das nachzulesen ist. Mit einem Titel, der für Marvin wie geschrieben scheint: »Der Heimat-Planet«. Das Buch steht bei mir zu Haus im Schrank. Ich werfe also diesen Brief nicht schon in Frankfurt in den Kasten. Ich warte eher, bis ich daheim bei meinen Büchern bin. Dann schreibe ich noch die Gedanken eines Astronauten für Sie ab.

*Seite 334: Seit seiner Kindheit ist Scheich Ahmed mit Falken sehr vertraut.*

Bis dahin also. Oder bis zu Ihrer Bücherstube. Irgendwann einmal. Und bleiben Sie gesund.

P.S. Hier ist das Zitat. Es stammt von dem Astronauten Sultan Ben Salman Al Saud: »Am ersten Tag deutete jeder auf sein Land. Am dritten oder vierten Tag zeigte jeder auf seinen Kontinent. Ab dem fünften Tag achteten wir auch nicht mehr auf die Kontinente. Wir sahen nur noch die Erde als den einen, ganzen Planeten.«

**»Ein Buch voller Wärme, Sketche und köstlicher Verwechslungskomödien.«**

Hamburger Abendblatt

*»Ich glaube, dass sich das Leben oftmals wie ein Clown benimmt. Tragisches erzählt das Leben gern mit einem Grinsen im Gesicht. Ein andermal aber, wenn wir im Zelt vor Lachen brüllen, lässt der Clown Tränen über seine weiße Schminke fließen.«*

Der beliebte Schauspieler und Erzähler verwandelt die heitersten Begebenheiten seines Lebens in spannende Geschichten. Ein herrliches Lesevergnügen, das zuweilen auch nachdenklich stimmt.

ISBN 3-404-61533-6

BASTEI LÜBBE